高等学校医疗保险专业第二轮系列教材

总主编　周绿林

医疗保险国际比较

第2版

主　编　张　晓　王　冬

科学出版社

北　京

内 容 简 介

本教材是“高等学校医疗保险专业第二轮系列教材”之一，是原《医疗保险国际比较》的再版。教材立足于中国国情，以全面建立中国特色多层次医疗保障制度体系、全面推进健康中国建设为目标，通过对不同政治、经济、人口和文化背景的国家医疗保险制度的形成与发展进行系统、全面的分析比较，尤其是对各国目前医疗保险面临的共同问题与改革发展趋势等进行了修订、增补和完善，突出了不同国别医疗保险制度实践比较的整体性与系统性，注重对最新改革发展的前沿问题与现实需求的深入分析。

本教材可供高等院校的医疗保险、劳动与社会保障、公共事业管理、预防医学，以及保险学等专业的本科生、研究生使用，也可供国家医疗保障局、医疗保险经办机构、医疗保险基金监管机构，以及其他相关政府机构、医疗保险业务相关机构人员学习参考。

图书在版编目（CIP）数据

医疗保险国际比较 / 张晓，王冬主编. —2 版. —北京：科学出版社，2024.1

高等学校医疗保险专业第二轮系列教材 / 周绿林总主编

ISBN 978-7-03-076620-5

Ⅰ. ①医… Ⅱ. ①张… ②王… Ⅲ. ①医疗保险-对比研究-世界-高等学校-教材 Ⅳ. ①F840.684

中国国家版本馆 CIP 数据核字（2023）第 193558 号

责任编辑：郭海燕 李 媛 / 责任校对：周思梦

责任印制：徐晓晨 / 封面设计：陈 敬

科 学 出 版 社 出版

北京东黄城根北街 16 号

邮政编码：100717

http://www.sciencep.com

北京中科印刷有限公司 印刷

科学出版社发行 各地新华书店经销

*

2015 年 8 月第 一 版 开本：787×1092 1/16

2024 年 1 月第 二 版 印张：10

2024 年 1 月第二次印刷 字数：283 000

定价：49.80 元

（如有印装质量问题，我社负责调换）

高等学校医疗保险专业第二轮系列教材

编写委员会

《医疗保险国际比较》

编委会

主 编 张 晓 王 冬

副主编 黄李凤 张 莹 康 正 郭健美 张心洁

编 者（以姓氏笔画为序）

万美君 西南医科大学人文与管理学院
王 冬 南方医科大学卫生管理学院
王 琼 西南医科大学人文与管理学院
刘 蓉 东南大学公共卫生学院
严 妮 湖北经济学院财政与公共管理学院
李 青 广西医科大学人文社会科学学院
李长乐 内蒙古医科大学卫生管理学院
吴 敏 湖北经济学院财政与公共管理学院
余军华 湖北经济学院财政与公共管理学院
张 华 东南大学公共卫生学院
张 洁 西南医科大学人文与管理学院
张 勇 湖北经济学院财政与公共管理学院
张 莹 大连医科大学公共卫生学院
张 晓 东南大学公共卫生学院
张心洁 江苏大学管理学院
单凌寒 哈尔滨医科大学卫生管理学院
胡 月 南京医科大学医政学院
贺睿博 湖北经济学院财政与公共管理学院
郭健美 潍坊医学院管理学院
黄李凤 广西医科大学人文社会科学学院
康 正 哈尔滨医科大学卫生管理学院

总　序

自 1995 年“两江”（镇江市和九江市）医改试点启动以来，我国医疗保障制度建设取得长足发展，实现了历史性跨越。截至 2021 年年底，基本医疗保险覆盖 13.6 亿人，95%以上的国民有了基本医疗保障，全民医保体系初步形成。国际劳工组织盛赞中国社会保障取得的巨大成就，在《世界社会保障报告（2017—2019）》中指出，中国是实现养老保险和医疗保险快速扩面最成功的国家之一。2020 年《中共中央 国务院关于深化医疗保障制度改革的意见》提出“到 2030 年，全面建成以基本医疗保险为主体，医疗救助为托底，补充医疗保险、商业健康保险、慈善捐赠、医疗互助共同发展的医疗保障制度体系”。

为适应医疗保险事业的发展，我国医疗保险人才培养也走过了 20 多年历程。目前全国已有 40 多所高校在公共事业管理、劳动与社会保障等相关专业中培养医疗保险人才。令人欣喜的是，2020 年 2 月教育部印发的《关于公布 2019 年度普通高等学校本科专业备案和审批结果的通知》，决定增设备案医疗保险本科专业，充分体现了政府和社会对医疗保险专业建设的重视和认同。

教材是学校教育教学、推进立德树人的关键要素，教材建设也是专业建设中最基本的教学条件建设内容之一，教材质量直接体现高等教育和科学研究的发展水平，也直接影响本科教学的质量。在新文科建设背景下，紧密结合一流专业和一流课程建设，需要符合新时代发展要求的高水平教材。

为适应新时代医疗保险专业人才培养和高等医疗保险教育的需要，体现最新的教学改革成果，2014 年 5 月“中国医疗保险教育论坛”理事会发起编写高等学校医疗保险专业第一轮系列教材（简称第一轮系列教材）。第一轮系列教材出版后，受到了教材使用高校和社会读者的广泛好评。随着时间的推移，近年来公共管理理论和方法有了新的进展，国内外医疗保障改革发生了巨大变化。为此理事会决定启动编写第二轮系列教材并成立了“高等学校医疗保险专业第二轮系列教材编写委员会”，特邀林闽钢（教育部高等学校公共管理类专业教学指导委员会委员、中国社会保障学会副会长、南京大学教授）担任主任委员，申曙光（中国社会保障学会副会长兼医疗保障专业委员会主任委员、中山大学教授）、杨翠迎（教育部高等学校公共管理类专业教学指导委员会委员、上海财经大学教授）担任副主任委员。

此后在全国范围内进行了主编、副主编、编者的申报遴选工作。2020 年 11 月，在江西中医药大学隆重召开“高等学校医疗保险专业第二轮系列教材主编、副主编聘任暨全体编委会议”。编委会要求教材编写时应遵循“三基”（基本理论、基本知识、基本技能）要求，以必需和够用为度，体现现代教育思想，反映学科建设和医改发展最新成果，把第二轮系列教材编成有特色、有创新、有深度、有影响力的精品教材。教材编写过程中，适逢党的二十大胜利召开，为此，编委会要求推进党的二十大精神进教材、进课堂，落实立德树人根本任务，努力践行社会主义核心价值观。

第二轮系列教材体系沿袭第一轮系列教材确定的 12 门专业基础课和专业课教材，其编写是在第一轮系列教材基础上吸收了国内外医疗保险最新理论研究与改革实践成果，是全国 40 余所高校从事医疗保险专业教育工作者的集体智慧。第二轮系列教材的编写出版，希冀为提升新时代我国医疗保险专业人才培养质量与专业学科建设水平发挥积极作用。

“中国医疗保险教育论坛”理事会
高等学校医疗保险专业第二轮系列教材编写委员会
2023 年 1 月 10 日

前　言

医疗保险制度（简称医保制度）是世界上大多数国家选择和实施的一种制度和政策。无论是发达国家，还是发展中国家，其政府都一直在致力于为其国民提供公平、可及、高效和经济上可承受的医疗保障服务。但是，由于各国国情差异和资源禀赋的约束，医疗保险制度的实践结果与国民的获得感和满意度存在一定的差异，且饱受苛责，成为困扰全球多数国家的一个难题，各国一直都处于不断的发展与改革探索之中，试图找到让国民满意的方案。

为观察、分析和借鉴各国医疗保险制度实践，获取有价值的制度改革设计和改革措施，本教材对全球主要国家在医疗保险制度改革的价值与动因、改革方向和重点，改革的主要策略选择，以及改革方式等进行了比较，为健全和完善中国特色多层次医疗保障制度体系和积极探索中国医疗保障制度改革实践，不断满足百姓对医疗保险的需求，以及实现医疗保障制度高质量发展提供参考和借鉴。

本教材在结构与编写上，分为八章。第一章绪论，主要介绍了医疗保险国际比较的意义、内容与方法；该章由东南大学公共卫生学院张晓老师编写。第二章医疗保险制度的形成和发展，主要介绍了医疗保险制度的萌芽、创立、发展和改革，对医疗保险制度发展有直接影响的主要理论基础和基本观点，以及医疗保险制度发展的社会文化基础与政治经济基础，医疗保险制度体系的主要内容、功能与发展特征，以及改革的动因、重点、难点和改革的主要趋势等；该章由江苏大学管理学院张心洁老师编写。第三章医疗保险制度模式的划分与国际比较，主要介绍了医疗保险制度模式划分概述、划分依据，以及各国医疗保险制度模式选择、政策目标与运行效率比较分析等内容；该章第一节和第三节由广西医科大学人文社会科学学院黄李凤老师编写，第二节由西南医科大学人文与管理学院王琼老师编写。第四章医疗保险立法与法律体系的国际比较，主要介绍了医疗保险法律制度建设与依法治理的基本概念，对医疗保险立法体系和法律体系进行了国际比较，并在介绍我国医疗保险立法体系和法律体系现状的基础上，提出国外医疗保险立法和法律体系建设对我国的启示与借鉴；该章由哈尔滨医科大学卫生管理学院康正老师、单凌寒老师，西南医科大学人文与管理学院万美君老师编写。第五章医疗保险管理体制国际比较，主要从医疗保险筹资管理、组织管理、信息管理、监督管理等方面进行了国际比较，探索和分析了医疗保险的组织管理体制，以对我国的医疗保险管理体制提供参考；该章由湖北经济学院财政与公共管理学院余军华老师、贺睿博老师、张勇老师、严妮老师、吴敏老师编写。第六章几个典型国家的医疗保险介绍，主要介绍了德国与英国、日本与韩国、美国与加拿大的医疗保险制度；该章由东南大学公共卫生学院张晓老师、刘蓉老师，南京医科大学医政学院胡月老师，内蒙古医科大学卫生管理学院李长乐老师编写。第七章医疗保险面临的共同问题与改革趋势，主要介绍了各国医疗保险面临的共同问题与改革的发展趋势，该章由潍坊医学院管理学院郭健美老师编写。第八章医疗保险国际经验对中国的启示，主要介绍当前医疗保险制度改革与发展的国际经验，以及对我国医疗保险改革的启示，该章由大连医科大学公共卫生学院张莹老师、南方医科大学卫生管理学院王冬老师编写。东南大学公共卫生学院张华老师、广西医科大学人文社会科学学院李青老师、西南医科大学人文与管理学院张洁老师参与了本教材部分章节的编写工作。南方医科大学卫生管理学院王冬老师最后对全书进行了统稿。

本教材是《医疗保险国际比较》高等学校医疗保险专业第一轮系列教材的再版，在保持原版基本框架不变的基础上，根据国际医疗保险制度最新的改革与发展现状，进行了修订、增补和完善。

本次修订突出了以下特点。一是注重整体与系统，强调了相互比较。教材较为充分地分析了国际医疗保险理念与制度发展的新方向，对不同医疗保险制度模式进行了较为系统全面的比较分析，重点是对几个典型国家的医疗保险制度比较，具有一定的学术意义。二是注重前沿性，章节的逻辑清晰、层次分明，在介绍各国最新的医疗保险制度最新的发展现状时，着重地对不同制度体系进行了整体比较分析，每章节最后都有案例分析，以加强理论与实践结合的学习。三是编写队伍聚集了目前国内主要高校相关专业的师资力量，具有较强的权威性。

由于本教材各章节由不同作者撰写，写作风格各有千秋，各作者在内容选择和阐述上，也各有侧重和关注。本教材如有不当之处，敬请广大读者批评指正。

《医疗保险国际比较》教材编写组

2023 年 1 月

目　录

第一章　绪　　论

内容提要

医疗保险制度是社会保障制度体系的重要内容之一，无论是发达国家还是发展中国家的政府都一直在致力于为其国民提供公平、可及、高效和经济上可承受的医疗保险服务。但是，由于各国的国情差异和各自的局限性，医疗保险制度的实践结果因难以使得国民完全满意而饱受苛责，这成为困扰全球多数国家的难题，各国一直处于不断的发展与改革探索之中，在试图找到让国民满意的方案过程中，形成了不同的保险保障模式。为了解、观察和借鉴各国的医疗保险制度实践，获取有价值的制度改革设计和改革策略措施，本章拟从三个方面对全球主要国家在医疗保险制度改革的价值与动因、改革方向和主要策略选择，以及改革的方式上进行比较，以为我国的医疗保险制度改革提供助力，不断满足百姓对医疗保险的需求，健全和完善医疗保险制度建设，为实现医疗保险制度的高质量发展提供参考和借鉴。

第一节　医疗保险国际比较的意义

一、比较的目的

医疗保险是保障国民健康的重要制度与策略，它在人类社会经济发展中起显著作用。自 1883 年德国制定了世界上第一部医疗保险法——《疾病社会保险法》以来，医疗保险已有 140 年的历史。由于历史背景的不同，各国的医疗保险制度模式也各不相同。特别是在第二次世界大战以后，许多国家在发展经济的同时深刻认识到，健全医疗保险制度、发展卫生事业、保证公民基本卫生服务，不仅可以解决或缓解一些尖锐的社会矛盾，而且作为一种开发人力资源不可缺少的健康投资，还有利于促进本国经济的持续发展和国民素质的不断提高。为此，绝大多数国家都根据本国政治、经济、文化和民俗等因素，建立了各具特色的医疗保险制度。但是，迄今为止，还没有哪个国家的医疗保险制度是完美无缺的，它们也都在不断地进行着探索和改革。

目前，世界上主要存在的四种医疗保险制度模式为全民医疗保险制度模式（又称贝弗里奇模式）、社会医疗保险制度模式（又称俾斯麦模式）、市场主导的医疗保险制度模式和储蓄医疗保险制度模式。但四种医疗保险制度模式的历史发展、理论基础、基本政策、制度特点差异明显，国际比较需要深入研究各种医疗保险制度模式产生的背景条件、医疗保险制度体系的形成和发展，以及医疗保险运行的模式与机制，如融资模式与水平、享受条件、保障项目、保障待遇水平、医疗服务提供、政府责任等，来多角度比较分析这种差异，归纳各种模式的优缺点，探求医疗保险制度的理论基础、政治基础、经济基础和社会基础。“他山之石，可以攻玉。”通过医疗保险国际比较，可以不断学习和借鉴国外医疗保险制度的经验，吸取教训，以解决我国医疗保险制度建设中存在的问题，促进我国医疗保障制度的建设和完善，构建长效可持续运行的医疗保险制度体系与运行机制，满足群众对医疗保障的需求，保障全民健康，最终实现健康中国的战略目标。

二、比较的意义

医疗保险作为社会保障制度的重要组成部分，是伴随着经济发展和城市化的进程发展起来的，因而西方发达国家的医疗保险制度建立和发展的时间比较长，既有丰富的经验，也有深刻的教训。对国外医疗保险制度建立和发展过程中的一般规律和经验进行总结，对各种不同的医疗保险制度模式的特点进行剖析，对指导中国建立和完善社会保障制度具有重要意义。

（一）总结发达国家医疗保险制度的建设和发展规律，分析总结各种主要医疗保险制度模式的特点

19 世纪末到第二次世界大战结束，大部分西方国家都建立起了各自的医疗保险制度。通过研究各国医疗保险制度建立和发展的历程可以发现，几乎所有的国家都经历了从社会医疗救助到建立专门医疗保险制度的过程，从覆盖部分职业人群逐步发展到覆盖大多数或者全民的医疗保险制度体系，从最初的疾病津贴发展到不仅提供医疗津贴和医疗服务，甚至将预防保健、健康教育、康复护理等也纳入医疗保险制度体系的过程。各国在建立和完善制度过程中遇到的规律性问题和经验教训，更值得我们认真研究和总结。

经济发展水平不是影响医疗保险制度的唯一因素，政治、文化和思想理论也会对医疗保险制度产生重大影响。所以，经济发展水平相同的国家的医疗保险制度体系的制度模式可能不同，不同经济发展水平的国家的医疗保险制度体系的主要制度模式可能是相同的。并且，从主要的医疗保险制度体系构成来看，任何国家的医疗保险制度都不是单一的，为了适应不同人群的医疗服务需求，通常都会形成一个多层次、多形式的医疗保险制度体系。尽管各国的医疗保险制度模式不同，但是构成各国医疗保险制度体系的主体制度有很多是相同或相近的，如德国的社会医疗保险、法国的法定医疗保险、日本的国民健康保险和韩国的雇员医疗保险属于相同的制度模式，加拿大的公共卫生保健制度、澳大利亚的全民卫生保健制度及英国的国家卫生服务保障制度属于相同的制度模式。

（二）医疗保险制度的国际比较对中国构建医疗保险制度具有指导意义

在中国这样一个人口大国建立医疗保险制度，要立足国情，同时还要借鉴发达国家的经验。虽然各国的情况不同，但是其建立、发展和改革医疗保险制度的目的都是一致的，即保障人民的身体健康，减轻疾病负担；虽然各国医疗保险的制度模式不同，但是都经历了或将要经历同样或类似的发展历程。通过比较研究对各国医疗保险发展的过程和趋势、原因和结果、正面和反面的经验进行深入分析，在总结经验的基础上探索中国医疗保险制度的未来发展之路。

第二节　医疗保险国际比较的内容

一、模式选择比较

就全球范围来看，医疗保险制度模式选择与一个国家的政治、经济、社会文化，以及医疗服务体系和服务模式等因素密切相关，也与政府参与治理的方式和参与程度有关。不同的医疗保险制度模式，其筹资模式、就医服务、支付体系、监管方式等也是有差异的。据此，目前世界上主要存在四种医疗保险制度模式：全民医疗保险制度模式、社会医疗保险制度模式、市场主导的医疗保险制度模式和储蓄医疗保险制度模式。

（一）国际上现行的医疗保险制度模式比较

1. 全民医疗保险制度模式

全民医疗保险制度模式是指由政府直接组办的医疗保险，主要通过税收的方式筹集基金，并采

取国家财政预算拨款，并将医疗保险基金分配给医疗机构，由医疗机构向国民提供免费或低收费的医疗服务。该模式有以下四个特点。

1）具有全民性和公平性。政府对所需医疗的公民，无论其贫富，均提供公平、可及的医疗和保健服务。

2）实施免费医疗。即医疗费用由社会保险机构直接拨付给医院医生或药品供应者。医生的报酬同服务数量及服务质量不发生任何连带关系，患者对卫生服务的利用程度与其经济利益也不发生任何关系。其结果导致医疗机构微观运行缺乏活力，医疗资源浪费。

3）医疗保险费用增长过快。供需双方缺乏费用意识，使得医疗消费水平较高，政府不堪重负。

4）住院等待期较长。患者享受国家卫生服务住院时，不仅免交医药费，而且连伙食也是免费供应的。但由于资源的有限性，公共产品的提供会发生拥挤，致使排队住院现象出现，等待时间较长。

2. 社会医疗保险制度模式

社会医疗保险制度模式是指国家通过立法强制实施，由政府、雇主和个人按一定比例缴纳保险费，建立保障基金，支付雇员（有时包括家属）医疗费用的一种医疗保险制度。该模式有以下三个特点。

1）国家医疗保险制度与市场经济有机结合。根据医疗保险的需求，保险机构在国家宏观调控下灵活地调整费率。

2）医疗保费稳定增长。在实行医疗保险的情况下，以劳动所得为缴费基数，课以一定的保险费，这不仅是一种与政府其他政策领域没有竞争的独立财源，而且其保险基金的用途是特定的，因此具有很高的稳定性。

3）保险和服务机构独立核算、职责分明，双方相互制约，有利于卫生资源的合理有效利用，且患者择医的自由度较高，对服务质量的满意度较高。

3. 市场主导的医疗保险制度模式

市场主导的医疗保险制度模式是指由商业保险公司承办、市场运作的保险业务，保险公司根据需求开发产品以提供给市场，参保人自愿参保，供求关系由市场调节。该模式有以下四个特点。

1）参保自由，灵活多样，适合多层次的需求。

2）缺乏健康保障。美国的医疗保险制度完全信奉依赖市场的原则。由于医疗保险费支出较大，被保险人负担较重，在实行商业保险制度下，贫困者难以得到医疗保障。

3）医疗消费主要通过市场来调节，缺乏有力的制约，容易造成费用的失控。

4）医疗保健制度不健全，管理混乱。医院、医生对被保险人没有承担起相应的责任，医疗质量低，过度服务和费用转移现象严重。

4. 储蓄医疗保险制度模式

储蓄医疗保险制度模式是指依法强制性地以家庭为单位建立医疗储蓄基金，逐步积累，以为今后在患病时支付费用，是个人积累式的医疗保险制度模式。该模式有以下三个特点。

1）强调自立与责任，患者如需享受某种医疗服务，必须自己支付相应的费用。

2）雇员缴纳的医疗保险费完全记入个人账户，存款属个人所有，透明度高。

3）直接与个人利益联系在一起，有利于对医疗资源使用的制约和对医疗单位的监督。

该模式的不足之处在于：强调“纵向”积累，缺乏“横向”互助共济。

四种医疗保险制度模式的简要比较如表 1-1 所示。

表 1-1 四种医疗保险制度模式的对比

保险模式	代表国家	保险人群	筹资方式	管理运行方式	优点	缺点
全民医疗保险制度模式	英国	全民	国家一般税收	国家直接管理、财政二次分配	公平	效率低
社会医疗保险制度模式	德国	产业人群，覆盖多数国民	保险费（企业、个人）	非营利性组织、社会保障机构、疾病基金会（Sickness Fund）存在竞争、现收现付	相对公平	选择性低
市场主导的医疗保险制度模式	美国	保险消费者	保险费	商业保险公司、营利性或非营利性市场竞争、现收现付	富有效率	公平性差
储蓄医疗保险制度模式	新加坡	工薪人员	保险费	国家管理、纵向积累、自保为主	权责清晰	公平性差

资料来源：Porzsolt F，Kaplan R M. Optimizing Health：Improving the Value of Healthcare. New York：Springer-Verlag New York Inc.，1988；乌日图. 医疗保障制度国际比较. 北京：化学工业出版社，2003.

（二）制度模式选择的价值取向

1. 全民医疗保险制度的价值取向

全民医疗保险制度的价值取向是平等主义（equalitarianism）[①]的思想。平等主义与自由主义相对立。商品平等主义（commodity egalitarianism）认为，有些特定商品应该平均分配，这些特定的商品如投票权、食品、住房、教育、医疗等，具有公共产品的某些特性[②]。在医疗领域，一方面，平等主义者要求按需分配医疗资源，医疗消费不应该受到人们收入水平或财富水平的影响，即国家强制全体社会成员参与社会医疗保险，主张把健康包括在自然权利之内，医疗服务也主要由政府按照需要来提供；另一方面，医疗融资以公共融资为主，按照支付能力融资，即收入较高的人缴纳较高的保险费或承担较高的税赋。

2. 社会医疗保险制度的价值取向

社会医疗保险制度的价值取向是社会市场经济理论。这种理论体系演绎产生了一种以政府为主、市场为辅的医疗保险制度模式，主要以国家实行强制性医疗保险为特点，以商业保险作为补充。主张放弃传统的单一的极端保守性或激进性政策选择，实行介于两者之间的调和性政策选择，强调优先的国家干预与有限的市场调节相结合，主张社会保障中的国家责任、社会责任与个人责任平衡，强调社会保障水平与经济发展水平的协调等。这种理论强调对医疗服务的支付更多地按照收入水平来确定，而医疗服务的利用更多地按照需要来分配。由于社会医疗保险的重要性及复杂性，如果完全由市场自发组建，可能会导致医疗保险的缺失，而导致市场失灵，这为政府的广泛介入提供了理论基础。同时，政府出面组织医疗保险可以以国家意志形成强有力的管理机制和约束机制。各国政府都对此采取了广泛介入的态度，从医疗服务人员和医疗服务机构的从业资格、卫生资源的合理分配到医疗消费品的价格制定、疾病的诊疗规范和社会医疗保险的支付制度都有一系列严格的规定。因此，社会医疗保险的经济运行将在很大程度上受到政府政策性因素的影响。这种医疗保险就是国家以法律手段强制个人参加社会医疗（疾病）保险机构，个人以企业或者组织为单位进行参保，目前此种模式在世界上最为普遍，被绝大多数国家采用。社会医疗保险制度的原则是横向统筹、现收现付、互保共济。

---

① 平等主义是基于所有个人要求在社会上的平等政治主张，以及所有人应平等地得到社会保障。社会保障包括法律权利、政治权利、公民权利等。平等主义的核心思想是平等，必须不分种族和不分性别，所以政府的政策不应因个人的性别、种族和宗教信仰而有所偏袒。

② 克里斯托弗・伍达德. 平等主义. 李淑英译. 国外理论动态，2012，(5)：51-62.

3. 储蓄医疗保险制度的价值取向

储蓄医疗保险制度的价值取向是自由主义和个人主义。新加坡采取的是公积金制度，其中医疗储蓄账户是作为本人及其家属住院部分以及门诊部分项目的医疗费之用，实质上是在政府统一制度下的家庭共济。政府有保证基金保值、增值的作用。这种医疗保险制度模式以个人责任为基础，政府分担部分费用，强调个人通过积累支付部分医疗费；享受的医疗服务水平越高，付费也越多，这样可避免过度利用医疗服务行为的发生，减少浪费。这一模式要求每个有收入的公民都要为其终身医疗需求而储蓄，以解决自身的医疗保健费用，从而避免上一代人的医疗保健费用转移到下一代人身上。储蓄医疗保险制度模式的缺陷是，不能实现社会互助共济、共同分担疾病风险，低收入人群得不到医疗保险，或者难以得到更好的医疗服务。

4. 市场主导的（商业）医疗保险制度的价值取向

市场主导的（商业）医疗保险制度的价值取向是自由主义。自由主义强调尊重人们的自然权利，其中两项重要的权利是生存权和拥有权。如果人们拥有或给予某种东西时并不会影响其他人的利益，则这种行为就是合理的，否则就触犯了自然权利。因而自由主义不主张政府干预，认为税收应该控制在最低水平。在医疗领域，自由主义认为医疗的可及性和人们的收入水平相关，富有的人可以比其他人获得更好的医疗服务。按照自由主义的思想，医疗服务的融资主要由私人提供，如商业医疗保险或个人自己支付。医疗服务提供中的政府参与应控制在最低水平，政府只提供最基本的服务，满足穷人的医疗需求的可及性。就是不论收入高低，个人自愿向保险机构投保，国家对此不做强制性规定。

（三）制度模式选择比较的结果

不同类型的医疗保险制度模式在保障对象、政府责任、保障功能、保障水平、社会管理体系中的地位等方面存在差异，具体比较如表 1-2 所示。

表 1-2 医疗保险制度模式的选择

模式	全民医疗保险制度模式	社会医疗保险制度模式	市场主导的医疗保险制度模式	储蓄医疗保险制度模式
保障对象	覆盖所有国民	主要覆盖一般收入人群，高收入人群和低收入人群也可以被强制纳入	主要覆盖一般或高收入人群	主要覆盖有收入的人群
政府责任	政府主办	政府以法律强制形式引导，由社会主办	政府监管，市场主办	政府鼓励，个人自保
保障功能	包括疾病医疗、预防保健等，一般不包括疾病、生育津贴	一般包括疾病医疗，也包括疾病和生育津贴，有逐步扩展到预防、保健的趋势	一般包括住院保险，重大疾病保险	一般包括住院医疗费用和门诊特殊疾病
保障水平	保障基本健康需求，保障水平较高	保障基本的医疗需求，保障水平随国家经济发展水平的不同而有所不同	一般保障较高水平的医疗需求	保障基本医疗需求
社会管理体系中的地位	一般作为一个国家制度体系的主体	一般作为一个国家制度体系的主体	一般作为一个国家制度体系的补充，也有个别国家作为制度体系的主体	可以作为一个国家制度体系的基础部分
典型制度举例	英国、加拿大、澳大利亚等国家卫生服务制度	德国、法国、日本等国家的法定医疗保险	美国的私人医疗保险	新加坡个人储蓄制度

资料来源：Porzsolt F，Kaplan R M. Optimizing Health：Improving the Value of Healthcare. New York：Springer-Verlag New York Inc.，1988；乌日图. 医疗保障制度国际比较. 北京：化学工业出版社，2003.

（四）医疗保险制度/政策运行的关键要素

医疗保险制度/政策运行一般涉及八个关键要素：①医疗保险政策的可行性；②医疗保险基金的筹资方式与筹资机制选择；③医疗保障所覆盖的人口；④医疗保障服务的内容和成本控制；⑤医疗服务提供者的参与、选择和费用支付；⑥医疗保险管理的组织结构体系和管理方式；⑦医疗保险政策的实施；⑧监测与评估。

1）医疗保险政策的可行性在于确定建立或扩大医疗保险的主要政治、经济和社会文化，以及管理技术的先决条件，需要分析和评估国家在政治、经济和社会文化背景下医疗保险政策的发展差距和主要障碍，并规划如何为解决这些差距和障碍奠定基础，并为健康保险的发展或扩大做好准备，包括政治进程、基金的融资战略和社会文化问题等。

2）医疗保险基金的筹资方式与筹资机制选择。对于医疗保险基金，关键是要清楚医疗保险基金的筹资方式和筹资机制选择。要了解不同医疗保险制度模式的筹资方式与筹资机制的异同，以及如何将不同的机制结合起来。要认识到医疗保险不会自主改善贫困人群的经济保障和获得感，需要公共政策的干预。同时，要了解不同筹资机制的优势和挑战，特别是它们与各自国家的卫生服务系统和卫生筹资的目标相互关联时。

3）医疗保障所覆盖的人口。医疗保障制度/政策的核心是其所覆盖的人群，即政策的受益人口。确定如何覆盖难以触及的人群，如低收入人群、农村人口、非正规部门工人，将是重点，也可能是难点，并且在制度政策实施中，扩大人口覆盖面与保障待遇水平之间的权衡将是一个持续的挑战。

4）医疗保障服务的内容和成本控制。这是医疗保险的待遇保障水平问题，需要关注的是确定哪些保障应该包含在待遇服务清单中，以及测算清楚医疗保障待遇服务内容和费用有效控制，尤其是了解待遇保障水平与人口覆盖率之间的均衡关系，以及成本的有效控制方法。

5）医疗服务提供者的参与、选择和费用支付。这是医疗保险的一个核心关键要素。首先是要了解如何确定、选择和签约医疗服务提供者；其次是要了解所选择的支付方式及支付系统如何创造激励机制，帮助（或阻碍）提高保障的服务质量、服务效率和惠及弱势群体；最后是要预见不同医疗服务提供者对医保支付方式和支付机制运作的反应和对其成本控制的有效影响，如表 1-3 所示。

表 1-3 医疗服务提供者支付方式及特点

付费方法	付费单位	服务提供者的财务风险	对医疗服务提供者的激励			管理的复杂性
			服务数量	服务质量	费用控制	
按服务付费	每个服务项目	提供者：低 付款人：高	倾向于提供	促进高质量	低	一般
薪资	每月付款，不论提供什么服务	低	对服务数量影响不大	对服务质量影响不大	高	容易
按人头	每个患者	提供者：高 付款人：低	倾向于不提供	可能牺牲质量来控制财务风险	高	一般
病例付费	每个病例的诊断不同而不同	中	对服务数量影响不大；倾向于增加病例	可以促进更高的质量	中	复杂
项目预算	预算线	低	倾向于不提供	为了控制成本，可能会牺牲质量	中	容易
总额预算	所有的服务	提供者：高 付款人：低	倾向于不提供	可能会牺牲质量	高	一般
基于成果（P4P）	完成预定目标的验证	高	可以与上面列出的任何一种激励方法相结合，实现可衡量的目标			复杂

资料来源：Wang H，Switlick K，Ortiz C，et al. Health Insurance Handbook—How to Make It Work. World Bank Working Paper，NO.219. 2012：37.

注：所有支付方式都可以被组合。

6）医疗保险管理的组织结构体系和管理方式。该关键要素的重点是在现有的法规体系下，建立起医疗保险管理的必要职能和与之相适应的管理组织结构，这是医保有效运行的基础和可持续发展的保证。一般最好是批判性地审查各国现有的机构，以确定如何能最好地利用现有资源禀赋优势，以解决医疗保险制度运行中的短板、难点和重点问题。同时，也需要确定有助于医疗保险健康持续发展、确保医疗保险高质量发展的关键组织特征。

7）医疗保险政策的实施。该关键要素的核心是确保医疗保险顺利运行和实现医疗保险目标的运作系统的能力建设；关键在于了解医疗保险高效运行所需的核心能力，以及在决定如何有效执行，以实现相关目标时需要考虑的核心要素。这些要素涉及基金的财务管理、预算制度、基金支出跟踪制度、成本管理、合同（协议）管理、参保人识别及登记、信息系统及监测等。因此，确定本国医疗保险具体操作的优势、弱点，优化和加强运行系统与执行能力的建设，提高运行质量，将是医疗保险有效运行的基础。

8）监测与评估。评价是对正在进行或已经完成的活动的设计、实施和结果的系统与客观的评估。通过评估可以确定计划的目标是完全实现还是部分实现。监测是一项根据计划任务跟踪进展的持续活动。监控包括持续监督计划程序的正确执行，并及时提供信息以改进管理。针对医疗保险的监测与评估，需要熟悉评价的指标，作为管理者、经营者、管理人员和评估人员评估医疗保险的运行绩效，以评估其是否达到预期的目标。其中，了解保险计划监测与评估的数据来源，知晓如何利用信息做出基于证据的决策，以及改善医疗保险的绩效至关重要。

上面讨论了医疗保险的关键要素及要素之间的关系，可帮助政策制定者和其他利益相关者认识和处理这些要素，所有要素都是相互交织的。但最重要的还是各国的政治、经济和社会文化环境中的可行性问题，监测与评估是基础。在进行比较分析时，必须注意这种相互联系，因为每一个决策都会同时影响多个要素。

二、制度模式设计比较

（一）制度模式设计的理念

1）全民医疗保险制度模式：从制度设计理念来看，国家卫生服务制度是面向全体公民的。在福利型的英国、瑞典等国家，所有的公民都享受统一的医疗保障待遇，实行这种模式的国家秉承普遍、公平、免费（或付少量费用）的宗旨，建立人人享有的“从摇篮到坟墓”的社会保障制度，其中的医疗保障待遇优厚，不分种族、年龄和性别地同样享受各种保障待遇。在这几种医疗保障制度模式中，全民医疗保险制度模式是最体现社会公平的制度模式。

2）社会医疗保险制度模式：该模式的公平性是有限的，只有在缴费的基础上才能享受有关待遇，因此，从理论上讲，社会医疗保险制度无论何时都难以覆盖全体公民，所以，实施社会医疗保险制度是以追求大多数人的社会公平为目标的，为绝大部分人提供医疗保障。从微观上看，它是权利和义务对应原则基础上的互助共济，保证了医疗保险参与者在待遇上的公平，参加社会医疗保险的人群，不论其参加时的收入水平、年龄大小、健康状况、性别差异，都能够按规定的范围和水平享受社会医疗保险待遇，在制度范围内体现了公平性。

3）市场主导的医疗保险制度模式：其本质是按人群设计的制度安排，但该模式具有鲜明的选择性。商业医疗保险机构或私人医疗保险机构对投保人采取市场筛选的办法，从机制上说，会尽量将医疗风险小的人群即健康人群纳入保险范围而排斥社会弱者如已有病史人群、老年人和贫困人群。尽管理论上也可以而且事实上也设计了针对老年人、贫困人群和已有病史人群的医疗保险产品，但由于这部分人群中大部分是低收入人群，他们没有能力购买为其提供的市场主导的医疗保险产品。所以在大多数国家，市场主导的医疗保险的客户主要是高收入人群。因此，市场主导的医疗保险制度模式在宏观上无法体现社会公平。因此，很多国家都将市场主导的医疗保险作为主体的医疗保障制度的补充，共同构成一个完善的医疗保障体系。

4）储蓄医疗保险制度模式：该模式在实现社会公平方面比市场主导的医疗保险制度模式要稍好一些，主要体现在强制储蓄，在缴纳公积金时，由雇主和雇员共同缴纳，在保值增值方面，政府给予优惠政策，使尽量多的人能够参加并享受储蓄医疗保障。和社会医疗保险制度模式相比，由于个人储蓄医疗账户与个人收入直接联系，所以高收入人群和低收入人群的个人储蓄医疗账户资金额差距比较大，再加上没有社会共济的功能，所以它的公平性比社会医疗保险制度模式要差。

（二）政策制定的价值取向

1. 保障型价值取向的医疗保险制度模式

对于社会医疗保险制度模式，大多数国家都是通过立法强制实施的，而非个人或者保险人的自由选择，这是与市场主导的医疗保险制度的重要区别之一。强制实施的主要目的是防止出现逆向选择风险，保证不同收入和不同健康状况的人员能够在同等条件下参加保险，同时保证医疗保险基金有足够的抵御风险和互济的能力，从而实现医疗保险的保障目的。与此类似的是全民医疗保险制度模式。这两种制度在制定上把保障目的放在第一位。

2. 基金安全型价值取向的医疗保险制度模式

在政策制定的价值取向上，市场主导的医疗保险制度模式和储蓄医疗保险制度模式更侧重于基金的安全。市场主导的医疗保险制度模式是一种“第三方”支付的机制，参保人发生的医疗费由保险组织向医疗机构支付。医疗服务作为一种特殊商品，面向社会所有成员，其供求关系由市场进行调节，保险机构根据市场的不同需求开展业务，基金安全有保障。储蓄医疗保险制度模式要求每个有收入的国民在年轻时就要为其终身医疗需求储蓄资金，从而避免了医疗保健费用的代际转移，强调个人的自我保障意识和责任，保持医疗消费水平与国家经济发展相适应。个人储蓄医疗账户的资金只能用于个人和家庭成员的医疗消费，雇主、雇员的缴费比例实行动态调整，这样就能尽量避免医疗保险基金风险。

三、管理体系比较

（一）单独管理体制：单一购买者

全民医疗保险制度模式是一种由单独机构管理的福利型制度，在“福利国家”（welfare state）向全体国民免费提供，在其他国家向特定人群免费提供。在绝大多数实行全民医疗保险制度的国家，政府是该制度的直接组织者（但不一定是管理者，如德国的疾病基金会），政府通过建立医疗机构，或购买私人医疗服务，直接向全体国民或特定人群提供医疗服务，医保管理机构往往是单一购买者，不存在“第三方支付”。例如，英国国家卫生服务（National Health Service，NHS）的管理机构由上至下包括中央卫生部、大区卫生管理局、区卫生局、全科医师委员会和社区卫生服务委员会。德国、日本、韩国等，包括我国现行的医保管理，就是相对较为独立的管理，采取“单一购买”的方式进行管理。

（二）单一管理体制：一个部门管理

社会医疗保险的管理是依法设立、实施社会化管理、医疗保险机构作为“第三方支付”组织的一种管理模式，这些经办机构一般都是依法设立的公共管理机构，这与商业医疗保险机构不同，其中最主要的区别是不以营利为目的。这些机构代表参保人统一管理医疗保险基金，并按规定向为参保人提供医疗服务的医疗机构支付医疗费用。这些社会医疗保险的经办机构一般有三种类型：第一种是由政府举办的公共事业机构，经办机构的业务经费、人员工资均由财政负责，比如日本国民健康保险的经办机构。第二种是民办法定社团机构。该机构通过参保人群选举产生管理委员会下设的经办组织，管理费用从医疗保险经费中按国家规定的比例提取，如德国的社会医疗保险各类疾病基金会。根据德国法律，医疗保险疾病基金会被定义为“受国家法律制约的私人公司”，它们实行自主经营、自我管理和自负盈亏，政府不会给予任何补贴。第三种是行业和企业举办的社团协会。对员工达到一定规模的企业和行业，法律允许其在行业（企业）内组建医疗保险经办机构，负责企业内部雇员及其家属的社会医疗保险经办业务。其管理费用可以从基金中提取，企业也可以投入一定的经费，比如日本的由大企业管理的雇员健康保险等。

（三）联合管理体制：两部门及以上的联合管理

市场主导的医疗保险制度模式也是一种“第三方”支付的机制，但却要接受两部门以上的联合管理。在市场主导的医疗保险制度模式下，政府的责任是制定与医疗保险相关的法律法规，从制度上规范保险市场和医疗服务市场的行为，而医疗保险机构的规范是由联邦政府、地方保险部门和一些民间机构三个层次来实施的。即医疗保险组织作为雇员保险金提供者，它们接受联邦政府的监管；作为保险公司，它们又接受地方保险部门的监管；另外，在医疗保险行业还存在着一些自律性的机构和独立的标准制定机构，它们对医疗保险的业务操作有重大的影响。

在管理体系上，储蓄医疗保险制度模式通常也是由几个部门联合管理的。以新加坡为例，新加坡的卫生服务行政管理是由三个政府部门负责的，包括卫生部、环境部及人力资源部。其中卫生部负责制定全国卫生政策，协调公立和私营卫生服务部门的发展和规划，制定诊疗标准，负责提供预防、治疗和康复服务；环境部负责与环境有关的公共卫生服务、传染病控制、食品安全；人力资源部负责职业卫生事宜。

四、运行机制的比较

从系统论观点看，医疗保险的运行主要涉及五大内部机制和两大外部体系。五大内部机制是筹融资机制、费用支付管理机制、待遇保障机制、财务监管机制、绩效评价机制等。两大外部体系，则主要指医疗保障服务提供体系与服务监管的法律法规体系。

五、制度改革与发展的比较

不同的医疗保险制度模式有其各自的优势和不足，具体涉及政策设计与实施、筹资方式、覆盖人群、保障水平、服务提供者管理、管理体制管理结构、经办方式和运营过程、监测与评估等，并形成各自明显的优势和挑战，如图 1-1、表 1-4 所示。

表 1-4 不同医疗保险制度模式的主要优势和挑战

保险模式	资金来源	优势	挑战	例子
全民医疗保险制度模式	一般税收收入	人口的全面覆盖； 累进式收入筹资； 融资空间大； 简单的治理模式； 潜在的行政效率	资金取决于政治压力和可用的税收收入； 由于缺乏竞争和服务提供者选择，医疗服务提供可能存在低效率的问题	英国、加拿大、哥斯达黎加
社会医疗保险制度模式	工资税	为健康调动雇主资源； 通常指定用于卫生的资金； 可以进步； 强烈支持覆盖人口	覆盖范围仅限于正式部门的员工； 如果税收有上限，累进就会减少； 支付工资的负担可能会增加失业率； 管理起来更复杂； 员工可以离开正规部门以逃避工资税	法国、德国、日本、泰国

续表

保险模式	资金来源	优势	挑战	例子
市场主导的医疗保险制度模式	由家庭或雇主/雇员支付的保费	为高收入人群提供财务保护； 可以补充国家或社会保险覆盖范围； 能够建立当地专业的保险管理能力	通常仅限于高收入人群； 竞争健康/富有的成员（“奶油脱脂”）； 增加基于收入的准入差异； 管理成本高	纳米比亚、南非、美国
储蓄医疗保险制度模式	保费由个人支付	个人责任，健保双全； 对其他融资机制形成有益补充	对个人的财务保护有限； 抵御风险的能力可持续性弱； 排除没有补贴的最贫困人口，使其依靠救助； 需要国家层面的政治和财政支持，以实现广度和深度	新加坡、马来西亚

资料来源：Wang H，Switlick K，Ortiz C，et al. Health Insurance Handbook—How to Make It Work. World Bank Working Paper，NO.219. 2012：14.

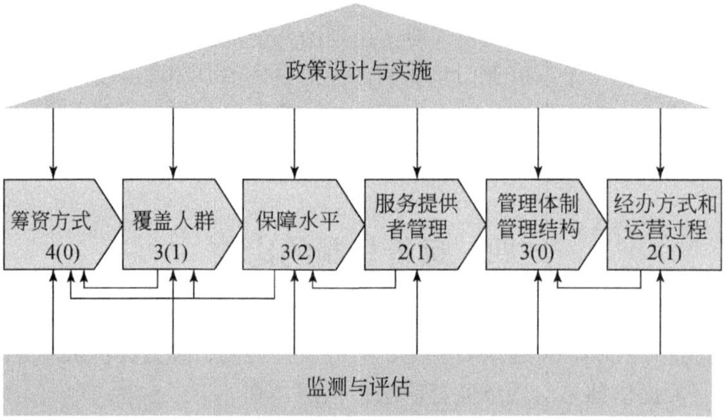

图 1-1　健康保险计划的要素

资料来源：Wang H，Switlick K，Ortiz C，et al. Health Insurance Handbook—How to Make It Work. World Bank Working Paper，NO.219. 2012：3.

注：图中数字表示信息流入和流出种类，括号外数字为流入种类，括号内数字为流出种类

（一）改革的动因

1. 社会经济发展

（1）劳动力市场变化

中国经济的快速发展，带来了劳动力市场的变化。首先，工业化、城镇化推动了就业模式的转变，大量就业者从农村迁移到城市，从农业转向非农部门，农民丧失了作为主要生产资料的土地，成为出卖劳动力的雇佣工人。逐步开展的机器大生产又导致家庭手工作坊逐渐衰退，家庭的实物生产功能逐渐丧失，其保障能力下降，导致医疗保障的需求增加。工业化、城镇化伴随着人均预期寿命的延长，工业化既依赖于科学技术，又促进了科学技术的进步。医疗技术的进步与生活水平的提高是工业化国家人均预期寿命延长的主要原因，它们又与工业化和城镇化互为因果。这也会增加对医疗保障的需求。同时，完善的医疗体系也是维持经济持续稳定增长的必要保证。

（2）失业与流动

随着我国的改革开放和城乡经济的不断发展，劳动力的流动逐渐频繁，流动人口的数量迅速增

加。流动人口的社会保障问题已成为我国社会保障体系亟待解决的严峻问题，其中医疗保险问题尤为突出。同时，失业人口数量也有所增长，失去收入后其家庭抵御医疗财务风险的能力大大降低，失业者医疗保险的接续等问题突出。新常态经济形势下的劳动力失业和流动现象会更加活跃，这对现在的医疗保险制度体系提出了新的问题和挑战，对医疗保险的改革势在必行，以满足经济新常态的发展需要。

2. 医疗支出的压力：医疗费用的快速上涨

（1）人口老龄化

人口老龄化是指一个国家或地区在一个时期内老年人口比例不断上升的现象或过程。按照联合国标准，一个国家或地区 60 岁及以上人口超过总人口的 10%，或 65 岁及以上人口超过总人口的 7%，即称为人口老龄化，或老年型社会或老年型国家。

人口老龄化将增加劳动年龄人口的负担，还会对社会公共福利、医疗卫生等方面产生影响。19 世纪以来，科技发展及医学进步使人类得以通过各种疫苗、抗生素、卫生用水、卫生设施和各种保健常识等，在整体上成功地降低婴孩的死亡率，控制了各种传染病的蔓延并延长了人类的寿命。

1999 年 10 月 13 日《人民日报》报道：据新华社萨格勒布 10 月 12 日电，波黑时间 12 日凌晨零时 02 分，一名 3.6 千克重的男婴在波黑首都萨拉热窝一家医院降生，成为地球上的第 60 亿位居民。这表明 20 世纪末的最后几个星期，全球人口已经突破 60 亿人。联合国经济和社会事务部发布的《2022 年世界人口展望》报告显示，全球人口预计在 2022 年 11 月 15 日达到 80 亿人；预计将在 21 世纪 80 年代达到约 104 亿人的峰值，并在 2100 年之前保持这一水平。

由于 21 世纪人类生育率和死亡率的大幅度降低，人口老龄化造成劳动力衰退的问题暂时取代人口爆炸的忧虑，成为 21 世纪人类所面临的最大的挑战。随着生产人口和新生婴孩数量的增长速度放缓，老龄人口急剧上升而造成的社会成本将重重地降临在日渐减少的生产人口的肩上。数量日渐缩减的生产人口将需要负担起数目日益庞大的老龄人口的医疗保障费用，甚至陷入不胜负荷的境况。

（2）医药技术的发展

高新技术的发展，促进了医学进步，有利于提高健康水平，创造更大社会价值，但同时引发了医疗费用高速上涨，大大加重了社会负担。首先，医学高新技术发展加剧卫生资源分配不公，临床医学中强调的广泛而昂贵的治疗虽然挽救了某些危重患者的生命，延缓了死亡进程，但是这种关注疾病而忽视患者的倾向，以及为患者和社会带来的沉重经济负担越来越受到人们的批评。过分依赖医疗高新技术造成的误诊也会导致医疗费用上涨。在医疗过程中，医生最重视的是手中的检查报告，忽视了患者心理社会因素对疾病的影响。其次，有些医院为了经济利益，采取各种物质奖励办法促使医生多开高新技术检验单，导致某些医生在开检验单时，考虑诊断疾病的适应性和患者的经济承受力少了，考虑自身的经济利益多了，造成了大量的卫生资源的浪费。

（3）消费主义运动

一般认为，消费主义运动包括了过度医疗和医疗高价格。过度医疗的典型症状为大处方、滥检查、滥用高档耗材，以及“小病大治”“大病豪治”等。医疗的消费主义是一种将医疗服务本身当做目的，并对其实行不正当消费的价值观。在这种价值观的支配下，社会的政策只考虑医疗技术本身的发展及其所带来的效益，而不考虑社会整体的公平与公正。医方将医疗作为赢利的手段，从而产生过度医疗、欺骗性医疗等行为。患者把医疗服务等同于健康，从而产生重治疗轻预防、过分地依赖医疗来维持健康等错误观念。这种非理性的消费观念将在很大程度上导致医疗支出的增加，由此增加医疗保险基金支出，给财政带来压力。

（二）改革的方向

1. 改革的目标趋同

在医疗改革的问题上，每个国家有每个国家不同的问题，同一个国家的不同时期有不同时期的问题，但是，对于医疗改革的发展趋势和发展方向，国与国之间的差别是不大的。各国医疗保险体制改革的主要目标是通过医疗改革逐步实现全民医疗保险制度的三个转变，即由疾病保险向医疗保险转变、由医疗保险向健康保险转变、由健康保险向健康管理转变。

2. 理念与原则趋同

医疗保险制度设立的目的是保障社会的公平性，各种医疗保险制度模式改革的原则基本类似。第一，控制医疗成本。具体措施包括减少医疗资源浪费、欺诈行为和高额的管理费用等，减少不必要的医疗检查和医疗服务，减少那些只增加成本、不改善医疗服务的无效行为。第二，维护家庭财务稳定。通过减少企业、个人承担的医疗保险费用及其他医疗支出，使家庭财务状况处于良好状态。防止家庭成员因患病尤其是重病而陷入财务危机。第三，增加疾病预防和保健方面的投入。具体内容包括减少肥胖人群、吸烟人群的比例等，增加体育运动和预防性治疗服务等方面的投入。第四，增加医疗保险的可流动性。改变将人们的医疗保险锁定在一个就业岗位上的做法，增加医疗保险的可流动性。第五，保证全民享有医疗服务。通过医疗改革，最终使每个国家的公民都能够享受到社会为其提供的医疗保险或医疗服务。第六，增加经费投入，保证医疗质量。增加经费投入，以防止因改革而降低医疗品质的情况发生。

（三）改革的主要措施

1. 改革制度设计

推动医疗卫生管理体制改革，早日实现医药分业，公立医院与私立医院并存发展，医疗卫生资源合理配置的改革思路已运行多年。医疗卫生体制包括医疗机构（主要是医院）的补偿机制问题和药品生产、流通体制问题。参考当今世界各国的社会保障体系可以发现，大多数国家在向福利多元化的方向发展。这种多元化表现为：行政手段与市场手段并举，政府与非政府组织、营利与非营利组织密切合作，个人、家庭、企业、社区和政府共同分担等。然而在中国，社会保障改革仍然只有政府一家有积极性，企业和个人都还没有找到自己的位置，社会团体更是要耐心等待政府的号令。但是，如果没有全社会的积极参与，保障的社会化就不可能形成，所谓社会保障最终也只能是政府保障。

2. 改革支付方式

医疗体制改革是一项复杂的系统工程，而医保的付费方式是关乎改革成败的关键。要实现医疗体制改革，就必须从医保支付方式的改革切入，通过支付方式的改革，带动医改的发展。实行科学合理的医保支付方式，可以带来四个方面的改善：一是有效控制医疗费用的不合理上涨；二是鼓励医疗机构加强医疗质量管理，提高诊疗水平；三是改变医院激励因素，提高医疗效率，降低经营成本，促使医院走集约化道路；四是提高病案管理质量，促进信息化、标准化管理。

第三节　医疗保险国际比较的方法

一、健 康 政 策

健康政策（health policy）的概念，目前没有公认的定义，世界卫生组织（WHO）认为，健康政策是各种机构（尤其是政府）针对健康需求、可用资源及其他政治压力而发表的正式声明或制定的程序，用以规定行动的轻重缓急和行动参数。在2009年中国人民大学出版社出版的《社会政策导论（第二版）》一书中，英国社会政策学者肯·布莱克默（Ken Blakemore）认为，“健康政策”可以从狭义和广义两方面来定义。狭义的定义是指政府为改善公民健康状况而采取的医疗卫生服务政策。广义的定义是指政府的任何影响卫生和公民健康的活动，不只是卫生部门、NHS、医疗专业人员或其他医疗服务活动。他还认为，广义的定义表明健康政策与其他许多政策密切相关，如住房政策、烟草销售税、空气和水污染管理、食品安全和工作环境安全等，这些都会对民众健康产生影响。

根据胡锦涛同志在党的十七大报告中对“完善国民健康政策”的阐述，结合我国国情，可以抽象地概括出一个比较切合中国实际的定义：健康政策是政府或其他机构为了实现人人享有基本医疗卫生服务的战略目标，提高全民健康水平而制定的决定、计划和行动。这一定义包括了五个方面的内涵：一是制定健康政策是为了实现人人享有基本医疗卫生服务；二是健康政策不同于“卫生政策”的内涵，与“健康政策”相比，“卫生政策”的内涵明显窄了许多；三是在健康政策的概念框架内，基本医疗卫生政策仍处于核心地位；四是健康政策的政策措施体现了坚持公共医疗卫生的公益性质，把基本医疗卫生制度作为公共产品向全民提供的政府责任；五是健康政策的核心是实现人人享有基本医疗卫生服务的目标，体现了在健康方面达到平等和促进社会公平正义。

党的十九大提出了国家实施健康中国战略，明确了要普及健康生活、优化健康服务、完善健康保障、建设健康环境、发展健康产业，把提升公民全生命周期健康水平作为国家的战略目标。

党的二十大报告明确提出要：“推进健康中国建设。人民健康是民族昌盛和国家强盛的重要标志。把保障人民健康放在优先发展的战略位置，完善人民健康促进政策。优化人口发展战略，建立生育支持政策体系，降低生育、养育、教育成本。实施积极应对人口老龄化国家战略，发展养老事业和养老产业，优化孤寡老人服务，推动实现全体老年人享有基本养老服务。深化医药卫生体制改革，促进医保、医疗、医药协同发展和治理。促进优质医疗资源扩容和区域均衡布局，坚持预防为主，加强重大慢性病健康管理，提高基层防病治病和健康管理能力。深化以公益性为导向的公立医院改革，规范民营医院发展。发展壮大医疗卫生队伍，把工作重点放在农村和社区。重视心理健康和精神卫生。促进中医药传承创新发展。创新医防协同、医防融合机制，健全公共卫生体系，提高重大疫情早发现能力，加强重大疫情防控救治体系和应急能力建设，有效遏制重大传染性疾病传播。深入开展健康中国行动和爱国卫生运动，倡导文明健康生活方式。”

二、健康政策的价值

健康政策或者卫生政策的价值主要体现在通过合理的健康资源投入，保证国民能够及时获得安全、有效、可及和可负担的医疗保健服务。健康政策与医疗服务提供、健康促进、疾病预防、劳动卫生、环境保护、医学科学研究、技术开发和关联产业政策等各种社会活动密切相关。

三、制度/政策绩效评价

制度/政策绩效评价包括评价的目标、运行绩效和指标的变化。医疗保险政策评价是依据一定的标准和程序，对医疗保险的绩效、效率及价值进行判断的一种评价行为，目的在于取得有关这些方面的信息，作为决定政策变化、政策改进和制定新政策的依据。所谓医疗保险政策绩效评价，可视为基于绩效导向的健康政策评价。医疗保险政策绩效评价是指健康政策行为对目标群体需要、价值与机会的满足程度的评价。或者说，医疗保险绩效是在一定时期内政府政策在特定施政领域的成绩与效益。其实质是用绩效标准来衡量健康政策工作量或投入量的成果，在比较政策的实际成就与原来希望的理想水平后，衡量政策是否产生了预期的成果。一方面，绩效受政策的推动，是一种客观存在；另一方面，其又是社会公众和权威当局所认定的满意程度，是一种主观判断。所以绩效是既客观又主观的存在，是对比政策实际结果与期望值之间的判断，所以它是相对的，而非绝对的。

四种主要的医疗保险制度模式都是各国基于各自的国情、综合多方面因素构建起来的，都有各自的制度目标，评价医疗保险制度的核心是几种制度是否实现了原设定的目标，例如资金是否按时按量到位、待遇水平是否达标、保障项目是否全面、政府责任是否落实到位等，是否解决了设立医疗保险制度需要解决的问题。同时，衡量用于实现这一目标所投入的成本，评价成本效益。

就医疗保险而言，目前还没有一个理想模式作为绩效评价的标准。国际卫生组织在对各国的医疗卫生服务体系进行评价时提出了“公平、效率、透明度、可及性和适用性”的五项衡量指标，这一标准是针对全社会卫生资源的利用情况的，是一个制度外在的衡量指标。医疗保险的目标是有一定的差异的。因此结合国际卫生组织提出的医疗卫生资源的评价标准和经济学的一般评价指标，结合医疗保险自身的目标，提出公平、效率和适用性三项指标对各种制度模式进行比较分析是可行的，但在具体评价时，则应有明确的目标和相应的评价指标及指标体系。

思考题

1）医疗保障制度国际比较的意义、方法和内容是什么？
2）健康政策的制定过程是什么？
3）如何评价一个国家或地区的医疗保障制度？
4）各国健康保障制度改革发展的方向是什么？

（东南大学公共卫生学院　张　晓）

第二章　医疗保险制度的形成和发展

内容提要

本章首先介绍了医疗保险制度产生的背景条件，包括医疗保险制度产生的标志性事件，医疗保险制度的萌芽、创立、发展和改革四个发展阶段，对医疗保险制度发展有较大影响的主要理论和观点——福利经济学、凯恩斯主义、自由主义经济学和马克思对社会保障的观点等，医疗保险制度发展的社会文化基础和政治经济基础等。重点介绍了医疗保险制度体系形成的标志和过程，医疗保险制度体系的主要内容，医疗保险制度体系的功能以及医疗保险制度体系的发展特征。最后介绍了医疗保险制度体系改革和发展的相关内容，包括医疗保险制度体系改革的动因、改革中遇到的难题以及目前医疗保险制度体系改革的主要趋势分析等。

第一节　医疗保险制度产生的背景条件

一、医疗保险制度产生的标志

欧洲是医疗保险的发源地。欧洲的工业革命促进了生产的社会化，这是医疗保险形成的根本原因。1601 年，英国颁布《伊丽莎白济贫法》对贫困人群实施救济，其中包括对患病者和身体不健全者提供救济和医疗服务，这是历史上第一个政府对社会救助做出的制度安排，也是现代医疗保障最早的制度法规。1883 年，德国颁布了《疾病社会保险法》，这是世界第一部医疗保障法律，标志着一种用社会保险机制实现医疗保障的新制度的诞生，也使德国成为世界最早建立社会医疗保险制度的国家。继德国之后，西欧和北欧各资本主义国家也纷纷建立起自己的医疗保障制度。医疗保险制度的形成和发展可以分为四个阶段：萌芽阶段、创立阶段、发展阶段和改革阶段。

（一）医疗保险制度的萌芽阶段

人类进入中世纪后期，社会保险开始萌芽，最典型的是 13～16 世纪在欧洲盛行的基尔特（行会）、公典和年金制度。手工业者自发成立“行会”组织，会员定期缴纳会费，筹资帮助生病的会员渡过难关。人类从有互助意识到建立现代社会保障制度，经历了几千年的时间。由于各国的经济发展程度不同，医疗保障制度的发展也各有不同。

17 世纪初，英国颁布《伊丽莎白济贫法》，主要通过建立“贫民习艺所”“收容所”等解决当时受工业革命影响产生的失业、贫困和无家可归等问题。17～18 世纪初，资本主义进入工场手工业阶段，生产条件十分恶劣，工人工资微薄，工伤事故经常发生，劳动者自发组成了“预防互助会”“共同救济会”等集体互助组织，为医疗保险制度的产生奠定了基础。为确保资本主义再生产必需的劳动力和获得更大利润，资本家逐渐意识到健康投资的重要性，加之工人为维护自身利益不断通过罢工等方式提出由企业主提供部分医疗费用的要求，于是开始有企业主介入医疗互助行列，为雇员提供部分医疗费用。这是医疗费用筹措方式的一大进步。由于医生也希望患者能够支付起医疗费用，确保自身的经济收入，这种医疗费用筹措方式也得到了他们的赞同和参与，由此形成了由雇主、雇员和医生共同参与的多种形式的基金会和劳动者救济组织。随着政府的支持和不断参与，官方或者半官方形式的组织逐渐成为现代医疗保险制度的雏形。

（二）医疗保险制度的创立阶段

从 19 世纪末到 20 世纪中期，大部分国家建立了包括医疗保险制度在内的社会保障制度。1883 年，德国俾斯麦政府颁布了历史上第一部医疗保障法律《疾病社会保险法》，标志着社会医疗保险制度的诞生。意大利在 1898 年和 1910 年分别制定《老龄残废保险法》和《生育保险法》；瑞典在 1910 年出台《疾病保险法》并在全国普遍推广，1947 年又制定了《国民健康保障法》；英国于 1911 年出台了《国民保险法案》；法国于 1928 年在全国范围内推行《社会保险法》。

在欧洲的影响下，其他各大洲先后有部分国家出台医疗保险相关政策法案并建立医疗保险制度。亚洲最早建立医疗保险制度的国家是日本（1922 年），美洲最早建立医疗保险制度的国家是巴西（1923 年）和智利（1924 年），大洋洲最早建立医疗保险制度的国家是新西兰（1938 年）。

（三）医疗保险制度的发展阶段

20 世纪 40～70 年代是医疗保险制度的大发展时期，第二次世界大战后的 20 多年对医疗保障的发展具有极其重要的意义。建立社会保障体系成为国际潮流，主要表现在两个方面：一方面，早期建立医疗保障制度的国家从单一制度向多元化的制度体系发展；另一方面，以前没有社会保障制度的国家纷纷建立了包括医疗保障在内的社会保障制度。

1952 年国际劳工组织制定并通过了《社会保障制度最低公约标准》，虽然该标准对各国不具有实质的约束力，但是表明社会保障制度已经被国际社会所接受。随着世界经济的复苏和第三世界国家民族独立运动的胜利，亚洲、拉丁美洲等国家也相应开始建立包括医疗保障制度在内的社会保障制度，1970 年联合国资料表明，全球实施社会保障制度的国家已增至近 80 个，是医疗保险制度的大发展阶段。

（四）医疗保险制度的改革阶段

医疗保险制度的改革是与经济发展密切相关的，20 世纪 70 年代，资本主义国家爆发了战后最严重的经济危机，包括医疗保障制度在内的社会保障制度面临严峻的考验。同时，医疗科技发展带来医疗成本的提高和人口老龄化带来人均医疗费用的增长更是雪上加霜。西方国家不得不纷纷调整和改革医疗保障制度，一方面开源与节流，削减待遇水平和提高筹资能力；另一方面进行“多元化”“私营化”改革，建立私人提供的补充医疗保险，以缓解政府财政的压力。社会主义国家阵营在此时期也发生了重大变化，苏联和东欧的社会主义国家遭逢剧变，在经济上实行激进的“休克疗法”，原有福利供给体制不复存在，进而进行了社会保障制度的改革。纵观亚洲各国的医疗改革，韩国、日本、中国最为引人注目。从 20 世纪 70 年代后期开始，这些国家对原有的医疗保障体系进行了根本性的改革，对医疗保障制度进行了重建，原来意义上的由国家供给制的保障形式已经被逐渐改变，代之以社会医疗保险制度的多元化形式存在。随着社会的经济发展和医疗费用的不断上涨，医疗保障体制必须不断地进行改革才能适应社会形势的发展。

二、医疗保险制度产生的主要理论基础和观点

医疗保险制度的产生、发展和改革都与社会经济发展有着密切的关系，经济学发展历史上的一些重要理论和主张为医疗保险制度的发展提供了坚实的理论基础，也为医疗保险制度的改革和完善提供了重要的理论工具。

（一）福利经济学的主要理论

1920年庇古出版了《福利经济学》一书，标志着福利经济学的产生。庇古认为，经济福利在相当大的程度上取决于国民收入的数量和国民收入在社会成员之间的分配情况。因此，要增加经济福利，就必须在生产方面增大国民收入的总量，或者是在分配方面消除国民收入分配的不均等。他在社会保障方面提出的理论主张主要有：向高收入者征收累进所得税、向低收入者和丧失劳动能力的人增加失业补助和社会救济；改善劳动者的劳动和生活条件，使患病、残疾、失业的劳动者能得到适当的社会服务和物质帮助；实行普遍的社会保障制度，通过有效的收入转移支付来实现社会公平。20世纪30年代以后，新福利经济学开始对庇古的旧福利经济学进行批判。新福利经济学主张序数效用论，并根据帕累托最优理论和序数效用论，提出了自己的福利命题：社会福利取决于组成社会的所有个人的福利；如果至少有一个人的境况好起来，而没有一个人的境况坏下去，那么整个社会的境况就算好了起来；个人是他本人的福利的最好判断者。

尽管新旧福利经济学在具体的福利理论上有所不同，但其出发点和关切点是相通的。总体来说，福利经济学的社会保障理论的基本价值取向有公平性、普遍性和福利性这三点。公平性是西方社会保障理论最显著的特征，是构筑其社会保障经济理论的基础，具体包含了公平的筹资和公平的待遇；普遍性表现在两个方面，一是认为社会保障是一项基本的人权，应做到“人人有份”，不应把一部分人排斥在外；二是社会保障制度的门槛应低，应具有可及性，方便所有社会成员获得。福利性主要体现在社会保障的内容应对每个公民由生到死的一切风险，不仅要满足人们的社会保障需求，而且要满足人们的社会福利需求。

（二）贝弗里奇关于“福利国家”的理论

英国政府于1942年底发表题为《社会保险和相关服务》的报告，即《贝弗里奇报告》。其中心观点是：社会保障是对基本生活的保障，旨在维持生存的最低限定的收入。报告建议，英国社会政策应以消灭贫困、疾病、肮脏、无知和懒散五大祸害为目标，主张通过建立一个社会性的国民保障制度，对每个公民提供残疾津贴、失业救济、儿童补助、养老金、丧葬补助、丧失生活来源救济、妇女福利7个方面的社会保障。实现这些福利的基本方法有三种：社会保险、社会救济和商业保险。该报告提出了社会保障的三个核心原则：政府统一管理原则、全面保障原则或公民需要原则和社会保障的普遍性原则。

贝弗里奇不仅在理论上确立了社会保障的主要内容、基本功能与原则，而且说明了社会保障在实际运行中的机制。贝弗里奇的社会保障理论为西方现代社会保障理论的发展奠定了基础，是西方社会保障理论发展史上的一个里程碑，也为英国1948年成为世界上第一个“福利国家”做出了最为直接的贡献。时至今日，福利主义仍然是社会保障理论界一大重要流派，其思想还将对今后的社会保障制度建设产生深远的影响。

（三）凯恩斯主义对医疗保障制度的影响

凯恩斯主义以需求管理为基础建立了社会保障理论，从根本上论证了社会保障制度存在的合理性和必要性。凯恩斯认为，资本主义制度必然会存在有效需求的不足，政府必须扩大支出来增加有效需求，从而解决这一问题。增加社会福利开支是扩大政府支出的主要手段之一，它和国家从事公共工程设施建设、扩大就业等，都属于国家扩大支出干预经济的表现形式。凯恩斯主义改变了西方经济学的蓝图，也塑造了西方国家经济的基本制度。其对社会保障理论最大的贡献是把“社会保障是国家干预经济的一种重要手段，也是调节经济运行的‘均衡器’或‘稳定器’”这样一种观念输入社会保障理论体系。西方国家将建立社会保障看作是进行经济干预的一种手段。如20世纪30年代经济危机时，美国尝试将建立社会保障体系作为国家干预经济的措施来加以实施，以期改善经济环境。这充分反映了凯恩斯主义对社会保障实践的影响作用。

经济繁荣时期，政府税收增加，失业率会降低，社会保障支出会减少，由此可抑制个人消费需求和投资需求的过度增加；相反，经济萧条时期，政府税收将会减少，失业率会增加，社会保障支出也将会增加，由此既可以维护失业者的基本生活，又会刺激消费需求与投资需求的增加，从而使经济走出萧条境地。这里，社会保障发挥了经济稳定和调节功能。尽管凯恩斯主义不是专门的社会保障理论，但是对推动建立医疗保障制度起到了重要的作用。

（四）新自由主义经济学对医疗保障制度的影响

新自由主义经济学是西方经济学的一个主流和传统。但在社会保障理论领域，一直到 20 世纪 70 年代后，以新自由主义为代表的经济主义理论才战胜在这以前活跃的凯恩斯主义，重新抬起了头。新自由主义的代表如社会市场经济学派、公共选择学派、现代货币主义等都认为社会保障破坏了市场机制的功能，严重影响了自由竞争的市场秩序，因而反对“福利国家”，主张社会保障的市场化、私人化、多元化。在社会保障领域，企业保险和私人保险计划的异军突起，构成了社会保险私有化进程的重要组成部分。以费里德曼为代表人物的新自由主义以坚持自由市场经济、反对国家干预经济，以及减轻国家支出负担为理由，对国有企业、社会福利制度等发起进攻。他们认为，政府作用的加强是影响经济利益和个人自由的祸根，过分的宏观管理和社会保障会形成官僚主义，导致非效率性的发生。同时他也指出，为了使自由市场能够有效运行，不应实现“福利国家”论者主张的“公平”，而应当保持“不公平”，各人所得福利的多少依据其支付能力的大小而定。

新自由主义对医疗保障体系建立的影响表现在国际上越来越多的国家采用多层次的医疗保障制度。智利创造养老保险方面的智利模式之后，英美“福利国家”开始尝试以自由市场政策为主导的激进式改革。美国作为新自由主义理论影响社会保障的典型，其医疗保障基本上是按照新自由主义的原则，由市场来运作的，而政府仅仅对老年人和穷人进行在医疗照顾和救助方面的有限责任的履行。社会保障中的多元性表现为：营利与非营利组织、政府与非政府组织密切合作，行政手段与市场手段并举，个人和家庭、企业、社区和政府共同分担等。体现多元性的社会保障制度分为两个部分：一部分是由政府承诺满足的基础性社会保障，另一部分是由多元主体提供、自主选择参与的社会合作制度。新自由主义理论在确保患者和公众合理的满意度情况下提供成本效果良好的各种医疗服务组合，同时也控制了医疗费用。新自由主义在整个 20 世纪 80 年代对刺激西方经济再次发展起到了主要作用。

（五）马克思经典理论对建立社会保障制度的影响

马克思在《哥达纲领批判》中表述了社会保障的思想，并直接提出设立济贫基金是一种社会扣除，反映出将社会保障制度化的思想。恩格斯从阶级与阶级的利益和冲突的角度看待和分析工业革命初期的贫苦现象，认为慈善事业和救济金的存在具有重要意义，并且恩格斯认为英国《伊丽莎白济贫法》规定的照顾穷人的生活是教区的责任是天真幼稚的，其所造成的社会问题也是非常惊人的，恩格斯认为《济贫法委员会所获得的情报资料的摘要》（*Extracts from Information Received by the Poor-Law-Commissioners*）中对《伊丽莎白济贫法》的不良作用的描述基本上是正确的：救济金鼓励懒惰，促进“多余的”人口的增长[①]。列宁在领导无产阶级政党和工人阶级同沙皇政府统治的斗

① Engels F. The Condition of the Working Class in England. Oxford：Oxford University Press，2009.

争中，提出了“最好的工人保险形式是国家保险”[①]的论断。

1903 年 7～8 月，由列宁倡导召开的俄国社会民主工党第二次代表大会通过的纲领提出了以下主要内容。一是明确提出了国家保险的概念，列宁及其领导的工人政党把“国家保险”的口号第一次写在了党的旗帜上。二是明确地提出了国家社会保险基金由企业主供给而不得向工人征收。三是提出了工人在年老、工伤、生育等全部或部分丧失劳动能力时有权得到全面的社会保险补偿。四是农业也包括在国家保险的覆盖范围之内。1912 年初，列宁在为俄国社会民主工党第六次全国代表会议起草的文件中，更加完整地表述了关于工人的国家保险的思想：提出国家对工人丧失劳动的一切情况给予保障；保险包括所有劳动者及其家属；一切保险费用由企业主和国家负担，不得向工人借口征收；各种保险由统一的组织办理；等等。这些原则一直被社会主义实践者所推崇，使得这种以政府集中管理、国家和企业承担完全责任为特征的国家社会保险的制度模式在相当长的一段时间里被广泛运用。在 20 世纪七八十年代之后，国家社会保险的集中统一模式被逐渐打破，社会保险也逐渐成为一种改革的潮流和发展的模式。

三、医疗保险制度产生的社会文化基础

早在 15～16 世纪，法国就已经存在一些社会保障方式，例如中世纪以来形成的行业互助组织、由教会主持的慈善赈济活动，以及政府对流浪的贫民所提供的劳动技能培训、集中资金、统一管理等。但这些方式都带有道德上的救济性质，是慈善活动，不被看作是国家和社会的责任。日本也在第一次世界大战以后展开了广泛的争取劳动保护的工人运动，建立了由工会兴办的工伤救济和疾病救济等互助会组织。这样的互助会形式对日后的社会保障制度建立产生了很大的影响。

19 世纪 70 年代，与其他欧洲国家一样，德国社会主义、工人运动频发，社会问题和阶级矛盾不断激化，要求社会改革的呼声越来越高，作为统治者的俾斯麦一方面反对革命，但另一方面又面临着工人运动这样的社会现状，无奈之下选择了社会改良来调和劳资双方的阶级矛盾。此外，其他发达国家相继建立起符合自身国情的医疗保障制度或者全民医保体系，这引起了本国家公民的社会认同和共鸣，从而进一步推动了各自国家医疗保障制度的建立。进而，这些发达国家就在这种认知、对比、完善的循环中健全本国的医疗体制。

德国新历史学派的社会改良主张为德国实施社会保险奠定了理论基础。该学派强调伦理道德因素在经济生活中的地位和作用，为改良主义的社会政策提供了理论根据。新历史学派的社会改良政策有两个支撑点：一是主张国家至上，国家应当直接干预经济生活的管理，肩负起文明和福利的职责。国家必须通过立法，实施包括社会保险、孤寡救济、劳资合作及工厂监督在内的一系列社会政策措施，改善工人的劳动条件和生活条件，借以缓和工人阶级与资产阶级之间的矛盾。二是从理论道德出发，认为劳资冲突是感情、教养和思想上存在的差距引起的对立，劳资问题只是一个伦理道德问题，所以不需要通过社会革命和阶级斗争的方式来解决，只要对工人进行思想方面的教育，改变其心理和伦理道德的观点便可得以解决。

医学科技和健康理论在德国有了新发展。早在 18 世纪末 19 世纪初，德国社会医学先驱弗兰克发表了《全国医学监督体制》，用大量事实阐明健康、疾病与社会这三者之间的关系，提出政府应实行统一的医学监督计划。这种思想在整个欧洲都产生了重大影响。后来许多欧洲国家也先后建立了医学监督机构，为健康保险奠定组织基础。1848 年，法国革命更激发了德国改革家的热情。维尔啸提出“政治学只不过是广义上的医学”[②]主张，要求从社会政治、经济等方面解决工业化带来的

---

① 凌文豪. 列宁社会保障思想论析. 平顶山学院学报，2008，23（3）：7-9.

② Wittern-Sterzel R. “Politics is nothing else than large scale medicine”–Rudolf Virchow and his role in the development of social medicine. Verh Dtsch Ges Pathol，2003，87：150-157.

一系列健康问题。诺尔曼提出人民有健康权，政府有责任保障人民享受此种权利，这为健康保险奠定了思想基础。

四、医疗保险制度产生的政治经济基础

第一，是政府维护社会稳定的需要。19 世纪 70～80 年代，欧洲一些国家如法国和德国继英国完成了工业革命之后，逐步从自由资本主义阶段向“古典”式的帝国主义阶段过渡（相对于现代帝国主义而言），资本主义的商品经济趋向于发达，各种矛盾也更加错综复杂而趋向尖锐。这一方面推动着资本主义制度的变革，另一方面又促使着资产阶级利用手中的政权来巩固其统治。建立社会保障制度，实施医疗保险，各种经济、服务援助能避免社会成员因疾病、伤残、意外等不幸事件的发生而陷入绝境的局面，发挥着保障、稳定和风险分担等不同功能。因此，执政的各党派均把实施社会保障作为政府的职责，并作为稳定统治的手段加以推崇。

第二，社会和经济发展为医疗保险的顺利实施提供了现实的可能性，排除了部分社会阻碍。社会保障的物质基础是社会储备基金。社会储备基金通过将社会中已有财产进行提存、积累，在必要之时用以援助保障对象。社会生产力水平越高，国民收入越多，人均收入越高，人民生活水平越高则越有可能实行享受范围广、项目多、待遇标准高的医疗保险。第二次世界大战后，各国生产力提高，经济迅速增长，为医疗保险的广泛实施提供了现实的可能性。

第三，是社会化大生产的客观要求。生产力水平低，生产的社会化程度低，人们的基本生活保障不能得到完全的解决。所以在以农业为主体的社会中，生产的狭小规模和社会结构的封闭形式，使得维持再生产的保障问题只能靠个人、家庭或单位加以解决。在工业革命之后，社会进入了大生产中，劳动者是机器生产大工厂中的被雇佣者，他们一旦失去了劳动能力就等于失去了生活来源。这时就只能依赖政府出面，通过强制性保险筹集更多资金，以分摊劳动者因意外或不幸所造成的损失。同时在社会化大生产中，频繁的机器操作使劳动紧张程度提高，使劳动者在生产中的危险因素增加，职业病、伤残事故、身体损害等屡见不鲜，客观上要求建立医疗保险、伤残保险，以保障劳动力再生产的需要。

第二节　医疗保险制度体系的形成与发展

一、医疗保险制度体系的形成

医疗保险制度是指以社会保险形式设立的、为国民提供因疾病所需医疗费用补助的一种社会保险制度。它是社会保险制度体系的有机组成部分，医疗保险始于 1883 年德国颁布的《疾病社会保险法》，这一法令的颁布标志着医疗保险作为一种强制性社会保险制度的产生，是医疗保险制度化的开端。19 世纪末至 20 世纪三四十年代，世界各国医疗保险制度建立之初，学者主要围绕医疗保险筹资模式和筹资来源展开研究，形成了一系列的研究成果，并将研究成果运用于实践之中，结合本国实际，形成了不同的医疗保险制度。20 世纪 50 年代后，西方各国普遍建立起比较完善的医疗保险制度。例如，英国建立了国家税收式的医疗保障制度，筹资主体是国家财政；德国、日本、法国等建立了社会医疗保险制度，以雇主和雇员缴费为主；新加坡建立了以个人缴费为主的储蓄医疗保险制度；美国则以商业健康保险制度为主。

从发达国家医疗保险的制度建立、发展和演变可以看出，几乎所有国家的医疗保障都是从最初仅仅涉及贫困人群的医疗救助制度和少数产业工人的医疗保险制度等，逐步发展到针对各类不同人群以及不同需求的各种不同制度的组合，即多层次的医疗保障制度。任何一个国家的医疗保险制度体系都不是由单一的制度构成的，而是多种制度的集合体。此外，各国的医疗保险制度都是不同的，

特别是欧美发达国家，医疗保险制度经过几十年乃至上百年的发展和演变，已经形成了一个庞大的、复杂的制度体系。

二、医疗保险制度体系的基本内容

医疗保险制度受到社会制度、经济制度及其发展水平、传统文化、价值观等因素的影响，目前世界上已大体形成了四种医疗保险制度体系：全民医疗保险制度模式、社会医疗保险制度模式、市场主导的医疗保险制度模式和储蓄医疗保险制度模式。绝大多数采取全民医疗保险制度模式的国家实行了国家卫生服务制度，政府是该制度的直接组织者，资金主要来源于国家财政预算，以国家雄厚的财政实力为后盾，个人不承担或只是少量承担医疗费用，政府可以根据资金投入量来控制医疗费用总量。社会医疗保险制度模式是由政府承担主要责任、由国家通过立法形式强制实施相对统一的医疗保障制度，由雇主与个人按一定比例缴纳保险费建立社会医疗保险基金，以用于劳动者个人及其家属看病就医补偿的一种医疗保险制度模式。市场主导的医疗保险又称为商业医疗保险或自愿医疗保险，包括商业医疗保险制度模式和私人医疗保险制度模式，是以合同的形式将被保险人由遭遇疾病造成的经济损失风险转移给保险人，是一种自由投保的形式，并且通过由收取投保人费用建立的医疗保险基金的调剂使用达到补偿被保险人医疗费用的目的。储蓄医疗保险制度模式是依据法律规定，强制劳方或劳资双方缴费建立以个人或家庭为单位的医疗储蓄账户，政府给予适当补助，用以支付日后家庭成员患病所需要的医疗费用的医疗保障制度。

但是值得注意的是，从制度体系的研究角度来看，用一种制度模式代表一个国家的医疗保险制度，既不能反映这个国家的医疗保险制度全貌，也不能反映这个全民医疗保险制度的特点。因为任何一个国家的医疗保险制度都是一个多种制度有机结合组成的体系。比如，商业医疗保险在美国，无论是从参保人数方面，还是从保险资金所占医疗市场的份额方面，都可以被认定是美国医疗保险的基本制度，但是这个制度并不能完全体现美国的医疗保险制度，因为在美国还有由政府承担主要责任的、针对老年人和穷人的医疗保险制度。

（一）医疗保险筹资制度体系

医疗保险筹资制度是指医疗保险管理机构按照规定的征缴对象、缴费比例和标准，收缴医疗保险费用的行为过程，其直接关系到能否建立充足稳定的医疗保险基金，是医疗保险制度的基本内容和首要环节。医疗保险筹资制度涉及四个基本要素。第一，筹资的征缴对象，包含向企业征缴、向个人征缴和政府的财政资助。企业缴纳医疗保险费的多少取决于各个国家的实际情况，有的实行等比制，有的实行级差制，政府主要通过税收、利率和财政政策来筹集医疗保险基金。第二，征缴方式，目前世界各国的医疗保险基金的征缴方式主要有自由投保式、强制缴费式、国家税收制和储蓄账户式。不同的征缴方式在很大程度上决定了该国的医疗保险制度模式，每种征缴方式均有其自身的优缺点，各国应选择适合本国经济社会发展的征缴方式。第三，医疗保险基金的构成，即征缴基金的划分形式，通过对医疗保险基金的划分可以明确基金的使用范围。一般来说，可以将医疗保险基金划分为个人医疗账户资金、社会统筹资金、储备金和管理费。其中社会统筹资金由医疗保险管理机构统一支配，起到互助共济和调剂作用。第四，医疗保险基金的积累方式，指将征缴基金按一定比例进行储备以供今后使用，主要有现收现付制、完全积累制和部分积累制三种。现收现付制是一种以近期横向收支平衡原则为指导的基金积累方式；完全积累制是一种以远期纵向收支平衡原则为指导的基金积累方式；部分积累制是介于现收现付制与完全积累制之间的混合方式，在满足现实一定支出需要的基础上留有一定的积累以应对未来需要。

（二）医疗保险支付制度体系

医保支付制度与医疗保险制度相伴而生、如影随形，是医疗保险制度内在的不可分割的组成部分。在医疗保险制度建立之初，我们就开始了对医保支付制度的探索，并一直处在不断的改进完善之中。医疗保险支付主要指保险机构和被保险人在获得医疗服务后，向医疗服务供方支付医疗费用的行为。医疗保险支付的作用体现在维持医疗保险基金收支平衡、调节医疗服务供需双方的行为、调控卫生资源的配置与利用和体现医疗保险的制度取向等方面。医疗保险的需方支付方式包括起付线、共同付费、最高限额和混合支付方式等。医疗保险的支付方式是各方利益最直接、最敏感的环节，也是影响医疗保险各方行为主体的主要因素，因此各国都在探索一种既公平合理又具有较好效益的支付模式。目前国际上主流的医疗保险支付方式总体可以分为后付制和预付制，前者主要包括按服务项目付费和按业绩支付，后者主要包括总额预付、按人头付费、按病种付费、按服务单元付费等方式。按服务项目付费是指医院从给患者提供的各项服务中单独获得补偿，如检查费、手术费、挂号费等。按业绩支付是指医院的支付与业绩指标相关，如患者满意度、两周复诊率等，这一方式通常与其他的支付方式共同执行，如按人头付费，目的是在控制费用的同时，保证医疗服务的质量。总额预付是指根据一定区域内参保人数、年均接诊总人次数、次均接诊费用水平测算一定区域内年度统筹补偿控制总额，经办机构定期预拨，实行总额控制、包干使用、超支分担的支付方式。按病种付费是指将不同的医疗服务根据疾病类别进行打包，然后根据疾病类别进行支付。以分娩为例，支付方规定正常分娩的支付额度为 5000 元，则 5000 元应包括与分娩相关的所有服务费，如检查费、床位费、药品费等。按人头付费是指将个人一段时间内的所有医疗服务打包给医疗机构，医疗机构获得固定额度的支付。由于个体的差异性，按人头付费通常伴随着风险调整，即人头费用的水平根据投保人的健康状况或者医疗花费风险进行调整。按服务单元付费是将医疗服务的过程，按照一个特定的参数划分为相同的部分，每一部分称为服务单元，如一个门诊人次、一个住院床位或者一个住院床日等，医疗保险机构按照服务单元确定的预算额度向医疗服务提供者支付费用，也可以看成是介于按项目支付与按病种支付之间的一种费用支付形式。公平有效的支付模式，能够让医院不仅有意愿为患者提供高质量的医疗服务，同时又激励其选择合理的医疗手段，并主动减少过度医疗，从而提高医疗投入的效率产出。合理的支付制度的确立，对深化医疗体制改革、巩固已取得的改革成果具有深远影响。

（三）医疗保险管理制度体系

医疗保险管理制度体系主要包括医疗保险制度的行政管理、医疗保险制度的业务管理和医疗保险监督管理三个方面。在医疗保险制度的行政管理方面，包括医疗保险法规及实施办法的制定、管理机构的设置及人员配备和医疗保险的法制管理。在医疗保险制度的业务管理方面，主要包括定点医疗机构和药店的管理、服务项目的管理、费用结算管理和参保人就医程序的管理等内容。医疗保险监督管理是指在医疗保险管理工作中，按照有关的法律规定、协议和合同，通过一定的方式、程序和方法对医疗保险系统中各方的行为进行规范、控制和管理的过程。医疗保险监督管理包括：对需方的监督，如选择就医机构、医疗保险证、诊断和治疗监督和费用结算监督等；对协议定点医院的监督，如就诊过程的监督、收费的监督、履行协议的监督等。政府在医疗保险管理制度体系中的作用尤为重要，需要制定医疗保险政策、负责筹集和分配基金、组织医疗保险工作、规范医疗保险市场、弥补医疗市场的不足及立法等工作。

三、医疗保险制度体系的功能

医疗保险制度体系是一系列医疗保险制度安排的集合体，关于医疗保险制度体系的功能，目前学术界主要有以下三种观点：①生活保险，即避免因病造成的生活困难；②医疗费用支出保险，即医疗保险制度的主要功能是保证国民“看得起病”，不至于因病致贫；③健康保险，即医疗保险制度的设计不仅仅要关注医疗费用的给付，还要关注扩大化的健康保险。通过分析各国（地区）的医疗保险制度，可以看出相对完善的医疗保险制度体系主要应该涉及三个方面功能的制度安排，即由疾病造成的暂时或者永久性的收入损失补偿制度、疾病治疗产生的医疗费用补偿制度以及包括治疗、预防、保健、康复等服务在内的健康保险制度。鉴于此，医疗保险制度体系的功能主要体现在以下几个方面。

1）医疗保险制度体系具有优化医疗资源配置、促进社会公平正义的功能。医疗资源配置主要体现在三个方面，即资源数量增加、资源配置结构调整优化以及服务资源的利用。其中，资源数量增加需要以效率为基础，是资源配置的基本内容；资源配置结构调整优化以均衡为基础，是资源配置的重点；服务资源的利用以公平为基础，是资源配置的终极目标。

医疗保险制度设计过程中的支付范围、支付标准、支付方式等均会影响医疗资源配置。完善的医疗保险制度体系具有多层次、多维度的制度设计，可以优化医疗资源配置。比如 2016 年 1 月 12 日国务院发布《国务院关于整合城乡居民基本医疗保险制度的意见》（国发〔2016〕3 号），明确构建城乡一体化的城乡居民基本医疗保险制度，医疗保障水平不断提升，打破了原来制度分散、管理分立、基金分流的城乡二元结构的医疗保险制度，实现了城乡医疗保险在管理、经办、基金、待遇、网络等方面的一体化，保障重点逐步由扩大范围转向提质增效，有助于推动医疗资源在城乡之间合理流动，助力分级诊疗的落实，促进社会公平正义的实现。

2）医疗保险制度体系具有充当社会“减震器”，助力和谐社会建设的功能。健康是人类社会的主题，是人类的永恒追求，良好的健康状况是人类发展的根本目标。当今社会，健康已被认为是一种社会权利。健康服务是社会成员的基本需求之一，医疗保险制度作为健康保障制度的重要环节，它使劳动者在患病、伤残、生育时的收入损失可以从医疗保险基金中获得补偿，与此同时，疾病治疗所产生的医疗费用损失也可以获得补偿，这为人们的生存发展筑起了一道“安全网”。建立健全医疗保险制度体系，有助于切实帮助人们解决“看病难、看病贵”的问题，减少社会冲突，助力和谐社会的实现。

3）医疗保险制度体系具有补偿疾病经济损失（收入损失和医疗费用损失）、分散劳动者和企业风险、推动社会经济发展的功能。各国政府通过医疗保险制度这种社会政策，使劳动者在因病不能工作或失去收入而陷入困境时可以从医疗保险制度体系那里得到收入损失或医疗费用损失的补偿，有助于劳动力再生产的实现。就全社会范围来看，采用医疗保险的福利性公共服务方式，比由劳动者或雇主的单一主体来承担疾病风险责任更具有规模经济的合理性，并且提高了风险承受能力，节约了风险应对成本，促进了社会经济的发展。

四、医疗保险制度体系的发展阶段及其特征

各国医疗保险制度体系的发展与本国的社会政治经济变迁密切相关，呈现出不同的特点。但就世界范围来看，大致可划分为以下发展阶段。

（一）社会医疗保险制度体系的建立阶段

1883 年，德国俾斯麦政府颁布《疾病社会保险法》，面向工人实施强制性医疗保险。该法案规定医疗保险组织以原有的地方基金和职业基金为基础，定位为非营利机构，让由按出资比例选举的工人代表和雇主代表共同组成的委员会进行自治管理。议会和政府仅限于制定监管框架和法律标准，并对医疗保险组织进行监管。到 20 世纪初，德国社会保险立法日渐成熟，1911 年颁布了《社会保险法典》，1919 年修订时正式将境内 8500 个社区疾病保险组织转为地方疾病保险基金，并建立了农业工人疾病保险基金，规范了医疗保险机构的组织管理程序。

对于筹资，雇主雇员各一半，由国内各个疾病基金会实行自治管理，政府只是监管仲裁，并在必要时给予补贴。这样社会医疗保险制度体系在全国范围内统一起来。德国医疗保险基金组织的自我管理，就是职工与雇主各自都负有管理社会保险体系的责任。通过自我管理，能够更清楚地表达和组织起对医疗保险方面的需要。政府在医疗保险制度中主要起到协调各方利益和控制医疗费用的作用，对医疗保险管理一直都是采取自主管理、鼓励竞争的模式。经济收入是决定参保人缴纳保险费多少的唯一因素，它与享受医疗保险的程度没有关系，任何缴纳了占工资一定比例的医疗保险费的参保人员都有享受同等医疗待遇的权利，这使得健康人与患者之间、高风险者与低风险者之间、单身者与非单身者之间、高收入者与低收入者之间彼此进行共济互助，充分体现了社会医疗保险的公平性质。

第二次世界大战以前，继德国之后，欧洲国家多数都模仿德国实行了这种俾斯麦式的各方筹资、强制参保的社会医疗保险，奥地利（1887 年）、挪威（1902 年）、英国（1910 年）、法国（1921 年）相继通过立法实施了医疗社会保险。同时，医疗保险还由欧洲传入其他国家。1922 年，日本通过《健康保险法》；1924 年，南美的智利也建立了医疗保险制度。由于各国国情的不同，其具体组织管理方式不同，如有的采取由国家机构统一管理医疗保险基金，而不是德国的社会组织自治管理式。在第二次世界大战前，医疗保险在工业化社会中初步建立起来。这一阶段的医疗保险制度体系还不够成熟，惠及的劳动人群有限，提供的医疗服务和收入补贴也有限，但国家出面组织以全社会力量来克服劳动者疾病风险的社会医疗保险制度诞生了，这一伟大创举标志着现代社会保障的诞生。

（二）“福利国家”时期全民卫生服务的扩展

第二次世界大战之后，英国在《社会保险和相关服务》的报告基础上先后颁布了一系列社会保障法案，于 1948 年正式宣布第一个建成“福利国家”。同年发布于 1946 年的《国民健康服务法》正式生效，该法案规定，无论是劳动者还是非劳动者，无论个人支付能力大小，都应得到免费的全方位医疗服务，这标志着英国正式建立起覆盖全民的 NHS 制度。英国 NHS 在此基础上建立，宗旨是实现全民覆盖，国家税收是其主要资金来源，约占全部国民保健费用的 80%以上[①]。其余的由人们缴纳的国民保险费、看病处方费、受益人为享受及时的较高档次的医疗服务而支付的费用来弥补。享受国民保健服务的条件是，凡有工作的国民，每人每月缴纳工资的 0.75%，雇主缴纳工资总额的 0.6%，独立劳动者和农民缴纳收入的 1.35%作为医疗保健费[①]，即可包括其家庭在内享受国家统一规定的免费医疗待遇。NHS 的服务原则是：全民享有、免费医疗、按需服务（不是按支付能力提供服务）。所以，在英国，只要你享受免费医疗，不管是富人还是穷人，不管是工人还是农民，不管是公务员还是普通百姓，不管是有工作的还是失业的，所享受的都是无差别的医疗服务。其服务提供了大部分的医疗保健，包括初级保健、住院服务、长期医疗、眼科和牙科等。

英国 NHS 是世界上最大的医疗服务体系，也是世界第五大雇主。这种免费的国家医疗体系有利于扩大医疗保健服务面，使得人人都享有卫生保健。从这方面看，免费医疗制度对广大民众是非常有利的。以公正、友爱、社会正义为原则为英国大众，不论穷人或富人，免费提供高质量的卫生服务。虽然其整体满意度较高，但是该体系仍然存在一些问题。英国首相卡梅伦曾在会议讲话中指出关于 NHS 调查报告中显示的英国医疗体系的“三大漏洞”：只关注财务和数据、病患护理无人负责、自我防卫和自满情绪[②]。由于 NHS 运行所需开支的八成以上来自财政拨款，“免费午餐”的质量很大程度上取决于它的提供者——政府的财政状况。NHS 的支出像滚雪球一样越滚越大，成为财

① 姚卫光，李贝，王丽芝. 卫生事业管理学. 广州：中山大学出版社，2012：310.

② 新华社. 当年的“英国骄傲” 现在的“十分糟糕”. http://news.sina.com.cn/o/2013-02-09/073926244418.shtml［2022-11-29］.

政和纳税人不可承受之重。到 2017 年，NHS 支出在急剧上涨的近 60 年里已经增长了 10 倍，每年支付超过 1400 亿英镑，约占当年 GDP 的 7%。就政府的财政收入而言，1956 年 NHS 的支出占当年公共服务支出的 11.2%，到 2017 年已经增长到 30.1%。随着政府支持的减少，一些缺乏职业道德的医院管理者在“开源”无望的情况下就想到“节流”——在患者身上省钱，为患者提供的医疗服务开始低于标准。从英国急诊的关键目标——4 小时内得到诊疗来看，近年来除 2014 年的实现率为 95%外，此后几年都呈递减之势。在英格兰之外，威尔士和北爱尔兰地区的表现更加糟糕，表现稍好的苏格兰地区 2018 年的实现率也一直徘徊在 90%以下。[①]

加拿大的全民医疗保障体系始于 20 世纪 40 年代末期。1964 年皇家委员会指出：“医疗保健是公民的一项基本权利，而不是特权。”[②]1966 年，联邦政府的《医疗保健法案》（The Medical Care Act）规定联邦政府与省政府以 1∶1 的大致比例共同承担医院医疗服务费用，1972 年加拿大各省和地区均已实现将私人医生门诊费用纳入公费医疗计划，至此加拿大形成了具有广泛性（包括所有的医疗和必需服务）、普遍性（所有的公民都享受免费医疗，费用由省政府支付）、可及性（覆盖率为 95%）、可移动性（可在加拿大境内任何地方使用）、非营利性等特点的医疗保障体系。该体系可分为公费资助的医疗卫生服务（如必要的公共和私人医疗服务）、私人或雇主付款的补充性医疗服务（如眼科和牙科诊疗）、公费和私人资金共同承担的某些服务（如处方药和家庭护理）、公共卫生体系等不同部分。

加拿大大多数社区都有很好的医院、诊所或医师办公室。所有加拿大居民（公民和永久居民），在注册加拿大国家健康保险计划后通常都可以得到免费的服务。联邦政府和各省卫生署都严格执行“医院综合预算制度”，这是指医院与政府商定预算数额后，医院的费用必须限定其内，超支向上追加，省里不予保证，致使医院有强烈的控制总费用的责任心。因此加拿大是当前西方发达国家中在控制医疗费用过度增长的同时，较好地解决医疗卫生服务公平性的典范。2018 年 5 月 23 日《柳叶刀》发布的全球医疗可及性和质量排行榜显示，在 2016 年医疗可及性和质量（Healthcare Access and Quality，HAQ）总体分值中，加拿大为 94 分，排全球第 14 位，与居第 12 位的日本、居第 13 位的奥地利同值，与最高分值 97.1 分的冰岛只差 3.1 分。[③]加拿大以政府为主、私人保险为辅的医疗保障制度，为不同收入、不同地区、不同阶层的公民提供了平等的医疗服务，给人带来了安全感，又有以盈利为目的的私人保险公司作为补充，因而多数加拿大公民对这种混合式的保险制度基本是满意的。

实行这种医疗卫生体制的代表性国家还有瑞典、丹麦、挪威、芬兰、意大利、西班牙（1986 年以后）、澳大利亚、新西兰等。第二次世界大战后，随着公民社会权利的扩展、资本主义“福利国家”的建设，到 20 世纪 80 年代全球性社会保障改革浪潮掀起时，发达国家的医疗保险制度体系已是成熟的全民公共福利制度。

（三）医疗保险制度改革阶段

随着经济的发展和生活改善，人们的健康需求不断提高。人口老龄化严重和医疗科技进步等又促使医疗费用持续上涨，政府不堪重负，世界各国一直都在医疗服务领域受到困扰。最受关注的是医疗费用持续过快上涨。为此各国政府都在积极探索既能提高医疗质量又能抑制医疗费用上涨的方法。20 世纪 80 年代至今，医改都处于不断深化的过程，是一个世界性难题。最主要途径是通过引入竞争机制和开展疾病诊断相关分组（diagnosis-related group，DRG）支付方式改革，致力于在加强成本控制的同时提高医疗保障的可及性，主要改革措施见本章第三节。

---

① 杨海若. 英国“全民免费医疗”谋变. https://baijiahao.baidu.com/s?id=1645003116425287363［2022-03-18］.

② Ford A B. Royal Commission on Health Services，1963. Vol I. JAMA，1964，190（13）：1138.

③ 转引自许飞琼等. 加拿大医疗保险制度及借鉴. 中国医疗保险，2018，（8）：68-72.

第三节 医疗保险制度体系的改革和发展

一、医疗保险制度体系改革的动因

（一）财务危机

20 世纪 70 年代中期以后，发达国家经历了能源危机、经济滞涨等，依靠财政支持的医疗保险制度受到经济承受能力下降的影响，开始出现财务危机，收不抵支。在整个 80 年代的“反福利国家”时期，西方发达国家虽奉行里根主义和撒切尔主义政策，大幅削减福利支出，却没敢动福利医疗体系。1980~1990 年，经济合作与发展组织（OECD）部分国家公共卫生方面支出占 GDP 的比例很大，随着经济水平的提高，该比例还在逐年增长。OECD 部分国家平均增长水平从 7%增长到 7.6%，其中美国增长速度尤为突出，1990 年占比达到 12.1%。[①]之后经济发展时快时慢，但高失业常常和高通胀紧随，经济危机一直持续到 80 年代。1990 年，全世界用于医疗卫生的总支出约为 1.7 万亿美元，占全世界收入的 8%，其中政府支出为 1 万亿美元以上，占总支出的 60%。90 年代后，德国的疾病保险筹资收入不能适应支出增长，“收支鸿沟”日益扩大，直接体现为平均缴费率持续上升和政府补贴的同步增长。医疗费用入不敷出不仅影响了德国医保体系本身的正常运行，而且在经济全球化冲击下，企业、个人和政府都不堪重负，到了筹资极限，制约经济发展。随着法定缴费率的不断提高，个别法定医保机构的缴费率已达到 16.7%，和其他社会保障费用一起抬高了德国劳动成本。如何遏制医疗费用快速上涨和稳定缴费率成为德国医保改革的重要课题。

（二）医疗费急剧上涨

就世界范围来看，医疗费用占 GDP 的比例平均增长率快速上升。1970～2004 年，24 个经济发达国家的医疗费用占 GDP 的比例平均值从 5.4%增至 8.7%；人均医疗费用的平均值从 175 美元增至 2721 美元。2018 年，24 个经济发达国家的医疗费用占 GDP 的比例平均值进一步增至 11.4%，相较 2004 年增加了 31%。人均医疗费用的平均值也增至 5333 美元，相较 2004 年增长了 96%[②]。美国国家医疗统计室统计数据显示，1960~1993 年的三十多年间，美国的医疗总支出增长了 32 倍，从 271 亿美元增长至 8842 亿美元[③]。以 1989 年为例，其全年的医疗总支出为 6000 亿美元（人均医疗费用为 2000 美元），平均每年以近 1000 亿美元的速度上涨，1992 年已经达到 8385 亿美元，消耗 GDP 的 1/7。[④]2015 年，美国的医保支出更是已经高达 3 万亿美元，人均 9523 美元。人们在健康上的支出 60 年来翻了一番，占 GDP 的 18%（2016 年），而且据报道很快将会达到 20%。[⑤]2018 年美国医疗总支出总体增长 4.6%，达到 3.6 万亿美元，占美国 GDP 的近 18%，平均每人的医疗保健支出为 11 172 美元[⑥]。1975 年 NHS 的开支占 GDP 的 3.8%，1995 年是 5.7%，2003 年达到 7.7%。根据 NHS 统计，1990~1991 年，英国政府用于 NHS 的费用占政府总支出的 10.34%，总开支为 230 亿英镑。

---

① 李亚青. 我国与 OECD 国家卫生支出情况比较. 中国卫生经济，1996，（8）：21-22.

② 总医疗保健支出. https://cn.knoema.com/atlas/topics/健康/医疗保健支出/医疗保健支出 GDP 百分比［2024-1-12］.

③ 杨华生. 美国医疗. 合肥：中国科学技术大学出版社，2002：137.

④ 毛群安. 美国医疗保险制度剖析. 北京：中国医药科技出版社，1994：259.

⑤ 王成，孙宁. 美国医保制度与奥巴马医改进程. 世界文化，2016，（11）：8-11.

⑥ 报告显示：2018 年美国医疗支出 3.6 万亿美元，三分之一用于医院. https://www.163.com/dy/article/EVND87N40514DTKM.html［2022-03-18］.

1985 年以来，英国医疗费用呈现大幅度上升的势头，政府财政压力持续增加。[①]各国医疗费的快速上涨直接冲击其筹资体系，必须进行改革和控制。

（三）卫生资源分配不合理

有些发达国家卫生支出偏重医疗，而对初级保健却投入不足，致使社会各阶层没有从预防、免疫和健康促进服务中获益，医保体系效率低下，浪费严重。美国的人均医疗费用和医疗费支出占 GDP 的比例是最高的，但人均寿命和健康指数却不高。2008 年，美国将国家 16%的经济份额投入到卫生保健上，自 1998 年以来几乎增加了 1/4[②]，然而，许多花费并没有给患者带来好的结果。国家卫生服务体系在医疗服务质量上也未能令人满意，经常令患者缺乏安全感，只是在人们生病时等着去治疗，而不是将重点放在维护人们的健康上，所提供的医疗服务是碎片化的，缺乏协调。

我国改革开放以后，随着卫生事业的发展，医疗费用不断增长，1978～2004 年我国医疗费用年均增速为 11.95%，同期 GDP 增速为 9.39%。2009～2019 年我国医疗费用年均增速为 14.1%，而同期 GDP 年均增速只有 6.1%[③]，2019 年我国卫生总费用达 65 841 亿元。但我国人均卫生费用的上涨更多地体现为个人费用的上涨，居民个人医疗负担不断加重。我国是一个城乡二元福利结构社会，医疗资源集中在大城市大医院，改革开放后，政府在卫生领域的投入没有相应增加，市场机制的导入又缺乏有效监督，导致了医疗领域的扭曲服务和低效，出现了日益严峻的"看病难、看病贵"问题。"看病难"主要表现为"全国人民上协和"，大医院人满为患，无法分流，产生各种社会问题和矛盾。居民普遍认为药价虚高，以药养医机制是"看病贵"的主要原因，医疗公平性下降造成了医患间的信任度明显降低，同时医药生产流通环节的问题不断暴露，医疗领域的过度商业化引起了全社会的关注。所以中国新医改中重要的一环就是均衡医疗资源配置，向下沉淀，支持县级以下医院发展。

（四）医疗卫生体系效率低下

英国 NHS 的最大瓶颈集中在两点：一是资金不足，二是效率低下。英国的医保制度关注健康而非大病医治，国家将医疗保障预算的 75%～80%投入基层，而投入专科和住院医疗的比例相对就低了，由此造成排队等候问题。等候时间长成为 NHS 之痛。2011 年，一项包含 11 个 OECD 国家的比较研究显示，英国患者当天或隔天能见到医生护士的比例只有 70%，专科预约需要等待两个月以上的比例达到 19%，有近 85 万名患者等着进 NHS 的医院[④]。NHS 的住院服务包括伙食，需采购大量的食品，由此也产生了政府采购质次价高的通病，而这样的供给是以"处方药物"的名义发放给患者的。能否自由择医、是否必须在社区首诊，是影响患者选择的重要制度安排。在英国，患者必须在社区首诊，经基层全科医师（general practitioner，GP）允许，才能转诊到指定医院，急诊除外，也就是所谓的"守门人"制度。患者选择权确实很小，这主要是为了控制费用。

二、世界各国医疗保险制度体系改革的主要趋势

国际医疗保险制度改革虽然举措各异，但是总体都是围绕两个核心问题展开的：一是控制医疗

---

① 全世超，瞿舒婧，潘景业. 英国 NHS 的 CCG 医改备受争议带给中国医改的启示与借鉴. 2015 年浙江省全科医学学术年会论文汇编，2015.

② 巴拉克·奥巴马. 美国医改：现状与未来. 中国农村卫生事业管理，杨善发译. 2016，36（8）：1004-1009.

③ 国家卫生健康委. 2020 年我国卫生健康事业发展统计公报. http://www.nhc.gov.cn/guihuaxxs/s10743/202107/af8a9c98453c4d9593e07895ae0493c8.shtml［2024-1-12］.

④ 陈秋霖. 如何看英国的医改经验？http://finance.sina.com.cn/roll/20120804/052012758325.shtml［2022-03-18］.

费用，二是提高医疗服务效率。国际医保改革的实践证明，要实现医疗保险制度的“降费增效”，仅仅依靠需方成本分担制度，并不能有效控制医疗费用的持续增长，需要从供需两个方面开展医保费用控制，特别是利用供方的信息优势提高供方医疗费用控制的激励与约束，这是国际医疗费用控制的基本趋势。世界各国医疗保险制度改革的总体趋势集中表现在以下几个方面。①医疗费用支付从后付制转向预付制，如 DRG 支付方式，其本质就是一种预付制支付方式。当前世界上已经有超过 30 个国家和地区引进 DRG，将其作为医院支付的工具。②回归风险共担，注重扩大医疗保险基金收入。③注重构建多层次医疗保障体系。

（一）英国改革

英国 NHS 是具有社会福利性质的公费医疗制度，是一种典型的全民医疗保险制度模式。但是我们在看到其覆盖面广、福利性强的同时，也要关注到政府财政压力大、获取医疗服务等待时间长、就医体验感差等问题。为了控制医疗费用、减少政府财政压力，同时提升医疗服务质量，英国政府先后开展了医疗服务制度多方面的改革，但是其基本框架依然没有动摇。具体改革措施包括：①进一步扩大投资。布莱尔政府以“布莱尔主义”为指导，2000 年出台了“NHS 计划”(The NHS Plan)，开始对 NHS 进行现代化改革，明确提出要将 NHS 改造成为“以患者需要为核心”的医疗服务体系，并为此加大资金投入、增加医务人员、建设新医院。英国政府计划五年内增加一半卫生预算，扣除物价因素预算至少也要增加 1/3；五年内增加 7500 名会诊医生和 2000 名全科医师；到 2010 年，新建 100 家医院和 500 座一站式初级医疗中心。②实施机构重组，通过合同管理方式将身份为自我雇佣者的全科医师融入 NSH 中，进而提高医疗服务能力，同时全科医师处理大约 90%的健康问题，有效控制了医疗费开支。③与国际医疗保险公司签订价值 20 亿英镑的合同，积极引进、利用国外先进的医疗技术、护理技术和管理技术，以弥补英国整体医疗资源的不足，实现了英国医疗资源总量的集约型增长。④加强对全科医师的管理，提高医疗服务质量。会诊医生一般是既在 NHS 中领取工资，又开设私人诊所的专家，政府以聘任的形式，强化对其监督，作为交换，允许其工资进行最大幅度为 20%的增长。改革后的医疗风险移交给全科医师。全科医师可以组成“全科医师联盟”，由全科医师代表患者购买所有的医疗服务。这一点与美国的医生公司运行模式相似，不同的是：在美国，支付方含保险公司，英国则从 1948 年 7 月成立 NHS 体制开始，一直由政府与其签约。

英国 2014 年开始对 NHS 系统进行新一轮的医疗领域改革，更加注重将资源下沉到社区并积极探索与各种创新诊疗模式配套的支付方式改革，以推动更加精细化的管理，保证医疗卫生领域各项改革的顺利开展。随着 2014 年医改白皮书“五年展望”和 2017 年白皮书“五年展望的下一步”的推进，英国将进一步提升基层的医疗、心理健康和社会护理等方面的服务能力。英国的改革将着力将资源向基层倾斜，并且赋予基层全科医师更大的责任，引导并且推动其配套的支付方式改革，主要的内容可以概括为两点：一是探索多样化精细化的支付方式（组合）作为新型诊疗模式的辅助工具；二是对基层和全科医师更加重视，进一步完善基层支付工具——基础医疗服务合同质量与结果框架（quality and outcomes framework，QOF）。从英国新医改的内容可见，其主要举措是通过打破政府对医疗资源的高度行政管理垄断，推进管办分离，提高医疗服务效率。同时，注重对全科医师的赋权和会诊医生的管理，优化医疗资源配置，提高医疗服务水平，同时达到有效控制医疗费用的目的。

（二）美国改革

美国医疗保障制度极具特色，政府举办的社会医疗保险实际上是针对老年人、残疾人、穷人、儿童、军人等提供的公共保险计划，对于普通民众的医疗保障则以私营保险机构举办的商业医保为主。美国民众获得医疗保障的最主要渠道是购买私营医疗保险，其中又以雇主为员工购买的团体医疗保险为主要形式，个人购买的为少数。2010 年 3 月，奥巴马签署了《患者保护与平价医疗法案》（The Patient Protection and Affordable Care Act），该法案又称为奥巴马医改，被誉为继 1965 年医疗保险计划（Medicare）后美国医疗系统最重要的改革法案。法案的主要目的在于降低医疗费用、扩大医保覆盖面、提高医疗质量。

奥巴马医改主要包括三个方面的内容。①强制参保。一是要求从 2014 年开始，符合条件的每一名美国公民及其家庭必须参保，否则将被处以罚款，且罚款逐年增加，比如 2014 年的罚款为按家庭每个成年人 95 美元或家庭收入 1%的较大值进行处罚，2015 年为 325 美元或收入的 2%，2016 年为 695 美元或收入的 2.5%，儿童人口支付一半罚款，但每个家庭的总罚款数额不超过 2085 美元。二是对企业雇主则要求从 2016 年开始，全职雇员（每周工作时间在 30 小时以上）人数在 50～99 人的中小型企业必须为员工购买医保；拥有 100 人及以上全职雇员的企业在 2015 年之前需为 70%的全职雇员购买医保，到 2016 年这一比例需达到 95%，否则将被罚款。三是帮助中低收入人群购买保险。从 2014 年开始，政府对收入在联邦贫困线水平 133%～400%的个人和家庭进行保费补贴，补贴按保费占收入的一定比例确定。对低收入小型团体进行保费退税补助。②不得拒保。一是规定保险公司不得以客户健康状况为由拒保或收取高额保费。禁止保险公司基于客户的健康状况进行区别定价，将既往病症排除在保障范围以外。二是要求保险公司提供终身保障条款。除非投保人欺诈，否则禁止保险公司解除合同。三是规定了大型团体保险计划的医疗赔付率不低于 85%，小型团体保险计划和个人保险计划的医疗赔付率不低于 80%，否则保险公司需要退还多余的保费给客户。③重视医疗服务质量的提升。一是于 2012 年 1 月 1 日开始成立责任医疗组织（Accountable Care Organization），该组织旨在鼓励医生、医院和其他医疗保健服务提供者，通过一体化的医疗服务体系来对患者的医疗需求负责，以便提高医疗安全和质量，降低医疗成本。从 2014 年开始，责任医疗组织为 150 多万名老年人医疗保险患者提供服务，节约成本超过 3.8 亿美元[①]。二是以按价值付费方式代替传统的按服务项目和服务数量付费方式。建立以价值为基础的医疗采购计划（Hospital Value-Based Purchasing Program），对提供高质量服务的医院进行奖励，同时减少对表现不佳的医院的资金支付。三是 2015 年 1 月，奥巴马总统在“两院联合议会”上宣布了“精准医疗计划”（Precision Medicine Initiative），往医改中加入了新的元素。“精准医疗计划”期望在推动基因等高科技方法解决疑难杂症的同时，减少不必要的过度治疗和医疗成本。

奥巴马医改使得美国医疗保险的普及达到了前所未有的水准，但同时也触及了中产阶级、资本家、保险公司的利益，因其限制市场自由、增加财政负担而饱受社会各界批评。2017 年 1 月 20 日，特朗普上任后签署的第一条行政令即限制奥巴马医改的运行。2017 年 5 月 4 日，众议院以 217 票赞成对 213 票反对的微弱优势通过了取代奥巴马医改的相关议案。美国正式开始进入特朗普医改（Trump Care）时代。特朗普医改主要旨在取代奥巴马医改，其主要内容包括废除强制参保、改变补助机制和改革医疗补助计划（Medicaid）三个方面，如表 2-1 所示。

表 2-1 奥巴马医改与特朗普医改的主要内容对比表

项目	奥巴马医改	特朗普医改
强制参保	①强制个人参保；②全职雇员人数在 50 人及以上的公司强制雇主为员工投保，不得拒保与设置限额	①不强制；②使用价格杠杆激励参保
拒保与限额	不得拒保与设置限额	可以拒保与设置限额
价格歧视	保险公司可以对参保的老年人征收 3 倍保险金	①保险公司可以对参保的老年人征收 5 倍保险金；②各州可自行决定去除 5 倍上限
免税健康账户	个人 3400 美元、家庭 6750 美元	个人 6550 美元、家庭 13 100 美元

① 邹武捷. 美国医疗保险改革分析——以奥巴马医改与特朗普医改对比为例. 中国保险，2020，(3)：61-64.

续表

项目	奥巴马医改	特朗普医改
Medicaid 补贴	联邦政府财政为所有符合资格的人提供援助，并将资格放宽至贫困收入线的 133%～400%	联邦政府财政援助将具有上限，并要求各州对接受援助的人征税
税收	医疗投资收入税、高收入家庭税、医疗保险公司税、医疗器械公司税	免除左述四种税

资料来源：邹武捷. 美国医疗保险改革分析——以奥巴马医改与特朗普医改对比为例. 中国保险，2020，(3)：61-64.

（三）新加坡改革

新加坡通过近 20 年的医疗改革，明确了政府角色，实行管办分离，医疗保障筹资机制多元化，按功能分流建立医疗服务体系，逐步实现了以政府较低投入为每个国民提供基本医疗保健的目标。市场竞争机制使服务水准得以保证，而价格却降低了，平均每次门诊费用仅 10～15 新元（包含药费）。2008 年，新加坡为医疗服务支出约 10.2 亿新元，占 GDP 的 3.9%，为卫生服务支出 2.7 亿新元，占 GDP 的 1%[①]。维持医疗卫生支出占 GDP 比例不足 4%的较低水平使新加坡政府在整个国际社会都甚感自豪。

当然，在个人负担部分资金的基础上引入社会融资机制功不可没。新加坡实行医疗保障资金以个人负担为主，由个人（保健储蓄）、社会（医疗保险）和政府（医疗津贴）共同分担的模式。通过混合融资体系，利用市场机制来促进竞争，扩大透明度，新加坡实现了医保全民覆盖，形成了由医院医疗、保健储蓄、健保双全和医疗基金构成的多层次保护。特别是第一层保护值得称道，新加坡医疗体制改革的初衷是“建立国民付得起的医疗保健制度”，通过政府津贴（门诊 50%，住院 0～80%），使居民基本能够负担得起医疗费用。截至 2007 年，新加坡全国保健储蓄金额达 400 亿新元（约合人民币 2080 亿元），平均足够每个国民住院 10 次[②]。在支援护理领域（如养老院、社区医院和收容所），则主要由志愿福利机构提供服务，其中大部分机构都得到了政府资助。总体上，两级依照不同功能建立的医疗服务体系及公私双轨制的实行减轻了公立医院的负担，提高了医院的人力、设备资源的有效利用和工作效率。

不过，新加坡的医疗改革亦面临着挑战。首先，其医疗保健费用持续上升快于一般消费物价指数。2011~2016 年，新加坡医疗通货膨胀每年平均为 2.4%，高于 OECD 的值（1.6%）。因此，国民医疗保健支出不会停留在 GDP4%的水平，随着人口老龄化的加剧，将进一步上升。新加坡《联合早报》报道，2011～2015 年新加坡国家医疗开支增加超过 60%，从 115 亿新元提高到 188 亿新元[③]，以建造更多医疗设施和聘请更多医疗人员，来满足新加坡持续增长的医疗需求。其次，更多的医生并没有导致医疗价格下降，虽然政府和国民的医疗开支越来越多，但国民似乎并没有因此获得更好的健康；相反，患者的期望却不断上升。另外雇主和纳税人都不愿再为医疗保健买单。因此，新加坡的医疗体系虽目前适应本国发展，但还须应对可能出现的挑战。

思考题

1）医疗保险制度体系的基本内容包括哪些？
2）请简要概括当今世界医疗保险制度体系面临哪些问题。
3）世界各国医疗保险制度体系改革的主要趋势是什么？

（江苏大学管理学院　张心洁）

① 孟庆涛. 新加坡医改：政府主导与市场机制二重奏. https://www.cn-healthcare.com/article/20121114/content-436473.html［2022-03-18］.
② 转引自李斌，任荣明 .新加坡医疗体制及公立医院改革的深层逻辑. 医学与哲学：A，2012，(1)：47-49.
③ 新加坡医疗支出五年增六成达 188 亿新元. https://www.skymigration.com/country/singapore/countrydynamics/8235.html［2022-12-01］.

第三章　医疗保险制度模式的划分与国际比较

内容提要

医疗保险制度模式是基于一个国家或地区的政治、经济、社会和文化，在医疗保障实践中对医疗保险筹资、支付与管理的方式方法。医疗保险制度模式的划分主要基于医疗保险制度安排的筹资方式、保障范围及项目等主要因素的特点。许多国家仅选择一种模式，或是选择以一种模式为主、多种模式混合的方式，以实现不同的政策目标。尽管医疗保障的价值目标会趋于一致，但由于管理体制和机制的不同，各种医疗保险制度模式的具体目标和运行效率也不尽一致。

第一节　医疗保险制度模式分类比较概述

一、全民医疗保险制度模式

全民医疗保险制度模式又称国家卫生服务模式或全民免费社会医疗保险，指政府直接举办社会医疗保险和医疗事业，通过税收方式筹措社会医疗保险基金，采取预算拨款的方式让国立医疗机构、医生及有关人员享受国家统一规定的工资待遇，向国民提供免费或低收费服务，保障公民享有规范医疗服务。其典型代表国家有英国、瑞典、意大利。

（一）全民医疗保险制度模式的特点

1）医疗活动的垄断性。政府直接举办社会医疗保险事业，参与医疗机构的建设，管理医疗机构，向医疗机构拨款。

2）保险资金来源的单一性。保险资金的筹集来源于税收，政府向公民征收国民保险税，公民在看病的时候免费或者低花费地获得医疗服务。

3）医疗服务覆盖的广泛性。全民医疗保险制度模式下，医疗服务几乎覆盖全体国民。

4）实行计划配置并调节医疗资源与社会医疗保险基金的管理体制，市场几乎不发挥作用。

（二）全民医疗保险制度模式的优缺点

1. 全民医疗保险制度模式的优点

1）公平性高，互济性好，人人都能享受到同等的医疗服务。

2）计划性强，有利于政府统一管理卫生行业，社会医疗保险资金来源稳定。

3）政府能有效控制医疗费用支出。

4）有利于实施基础医疗卫生保健。

2. 全民医疗保险制度模式的缺点

1）政府承担大部分的医疗费用，国家财政负担沉重。

2）医院运行效率低下，医务人员积极性不高，医疗服务缺乏活力。

3）由于没有费用支出意识，公民在就医时容易提出更多需求，造成医疗资源的浪费。

（三）典型代表国家：英国

1. 英国全民医疗保险制度模式的起源

19 世纪以前，英国已经完成了工业革命资本主义的原始积累，但医疗保障制度仍然没有建立起来，并且“以穷人养活其穷人”“穷人懒惰”“惩罚穷人”的制度理念一直贯穿于各种社会保障法案之中。虽然当时的政府没有足够重视医疗保障，但是在英国一直有志愿文化和慈善文化的传统，慈善组织发展历史悠久，且渐成规模，为英国社会提供医疗服务，服务的对象主要是无力承担疾病风险的下层社会民众[①]。17～18 世纪，英国出现了私人社会医疗保险和工人医疗互助制度，19 世纪末至 20 世纪初，“友谊社”“工人俱乐部”“共济会”等民间组织已经逐渐发展成地区自愿性包括健康在内的民间自愿健康保险机构。它们是由一些熟练工人组成团体建立起来的一种非营利性社团组织，由参加者缴纳一笔保险金，由社团自己管理，在成员生病时支付一定数量的救济金，有的社团还会与医生签订合同。自愿健康保险实行至 1908 年，已帮助产业工人解决了很多实际困难，由此，医疗保障逐渐为英国政府所重视。英国于 1911 年颁布法律，首次正式提出《国民保险法案》，规定因疾病、生育不能工作者，给予现金补贴和医疗照顾。自此，民间自愿健康保险渐渐为社会医疗保险所取代。在 1911 年法律中，英国承诺政府在国民健康保障中的责任，这是英国社会医疗保险的开始，其国家负担原则在后来也被其他国家所认可。

2. 英国医疗保险制度建立与发展

第二次世界大战结束前夕，为鼓舞士气，战胜德国法西斯，英国政府承诺要变“战争国家”（warfare state）为“福利国家”，于 1942 年通过了以“国民保健服务”（Nations Health Service）为支柱的《社会保险和相关服务》。1944 年正式提出“国民保健服务”方案，1946 年颁布了《国民健康服务法》。法律规定，英国实行惠及乡村的全民免费医疗制度，所有民办医院和市政医院都收归国有。中央政府实行卫生规划，使医生在全国各地区均匀分布，地方政府则负责规划医院和分配预算的经费，《国民健康服务法》和其他 4 个法律一起构成了英国的社会保障体系。也正因如此，英国首相艾德礼于 1948 年自豪地宣称，英国在世界上第一个建成了“从摇篮到坟墓”的“福利国家”。

3. 英国医疗保险制度的内容

英国 NHS 从 1948 年建立之初，就是具有社会福利性质的公费医疗制度，是英国社会福利的一个重要组成部分，也是英国社会保险制度的重要内容。该系统的建立对提高英国公众医疗健康水平、促进医学研究发展发挥了极其重要的作用。自英国 NHS 制度建立以来，基于治病不如防病的观点，已经发展成一套完整的预防保健体系[②]。

英国的全民医疗保险制度形成了初级医疗卫生保健服务（全科医师提供）、二级医疗卫生保健服务（由政府提供的社区服务）和三级医疗卫生保健服务（专科医疗服务）的三级服务体制。一般常见病的患者必须先到初级医疗卫生保健服务中心看全科医师，医生根据病情的需要把患者转到相应的上一级医疗机构治疗，在转诊的时候如果认定病情复杂，可以直接转给三级医疗机构。全科医师为自我雇佣者，全科医师向公众提供医疗服务后，可以向政府申请津贴，该津贴根据就诊人数和医疗工作量发放。

4. 英国医疗保险制度主要问题与改革

在英国这种全民医疗保险制度模式下的医疗保障，绝大部分责任由国家承担。此种模式在实施

---

① 元瑾，张培芳. 浅析英国国家卫生服务模式历史沿革. 中国继续医学教育，2017，9（36）：12-14.

② 潘景业，全世超，郭清. 英国国民卫生保健（NHS）如何服务国民. 全科医学临床与教育，2006，（1）：5-9.

过程中存在以下几方面的问题[①]：①医疗费用迅速增长；②医务人员工作积极性不高，服务效率低下；③医疗供需矛盾较大，从等待的时间来看，找全科医师看病（初级医疗）一般需要等1～2天，等待手术的时间更长，一般要18个月左右，直接导致很多患者不能及时得到治疗；④私人医疗机构和私立医疗保险事业的发展对国家卫生服务制度的冲击越来越大。

因此，英国NHS从1948年创立至今，历经数次改革。主要分为三个阶段：NHS初建阶段（1948～1959年）、医疗服务机构及人员建设阶段（1960～1980年）以及卫生服务“内部市场化”改革阶段（20世纪90年代以来）。

在第二阶段过程中，1967年的《萨拉蒙报告》（The Salmon Report）阐明了发展护理人员结构建议和专业人员在医院管理中的地位。20世纪六七十年代，医学科学技术突飞猛进，医疗服务质量大幅提高，医疗服务需求得到释放，科学的医疗服务框架也逐渐形成，使得现代NHS格局基本形成，患者基本实现有序就医[②]。

第三阶段包括了多次重大改革。①1989年的撒切尔改革是卫生服务市场内部化的第一次改革，英国政府对卫生系统、医院以及社区医生分别进行了改革，将卫生系统的角色逐步转变为卫生服务购买者，与各类医疗机构形成合约关系；要求大型医院自主转变成为自主管理的NHS组织；对社区医生的医疗活动进行控费，转变成为患者的代理人身份等。②随后，2000年进行的布莱尔改革，是1997年执政后的工党政府对NHS首次进行的重大改革，勾勒出了一个以患者为中心的新的卫生服务实施系统。政府在全国范围内设立初级保健信托机构（Primary Care Trusts，PCTs），将英国所有的社区医生全都纳入初级保健信托机构，强化了其作为医疗服务提供者的角色[③]。此外，这个阶段还进行了信息化的引入、医疗转诊程序的规范以及医护质量指标和政策落实等多个方面的改革，规范了卫生服务行业的发展。③2008年的达兹爵士新方案，进一步改革过去的目标管理模式，实行质量管理。围绕这一改革主题，新方案主要将患者对医疗服务的满意度作为改革的重点内容，如制定医疗质量标准、患者考核指标、绩效评价指标等，新方案的实施提高了医疗服务的质量，成为NHS工作的基础。④2010年以来，NHS主要改革的重点在于精简管理机构和人员，提高体系运转效率；利用良好的激励机制和监督机制继续巩固全科医师的“守门人”作用；持续不断地在信息化手段创新服务方式上进行探索。

第三阶段的主要改革内容为：①强化个人责任；②多渠道筹集资金；③降低管理成本；④组建新的管理机构；⑤赋予患者更多权利。

二、社会医疗保险制度模式

社会医疗保险制度模式是由国家立法，强制性地由国家、单位、个人集资建立社会医疗保险基金，当个人因病接受医疗服务时，由社会医疗保险机构提供医疗费用补偿的一种社会医疗保险制度模式。其典型代表国家有德国、日本、韩国等。

（一）社会医疗保险制度模式的特点

1）社会医疗保险基金的筹集方式由政府、企业、个人三方负担。筹资渠道多元化，对于个人而言，保险费主要根据投保者的收入水平进行缴纳。

2）统筹共济，现收现付。该模式实质上是个人收入在一定范围内的再分配，即高收入群体的一部分收入向低收入群体横向转移，健康者的一部分收入向多病者转移，实现互助共济，保持社会

---

① 王雁菊，孙明媚，宋禾. 英国医疗保障制度的改革经验及对中国的启示. 医学与哲学，2007，28（15）：18-20.

② 胡玲. 英国全民医疗服务体系的改革及启示. 卫生经济研究，2011，（3）：21-23.

③ 郑晓曼，王小丽. 英国国民医疗保健体制（NHS）探析. 中国卫生事业管理，2011，28（12）：919-921.

群体的稳定。

3）具有强制性。以法律为基础，立法强制公民参加社会医疗保险。

（二）社会医疗保险制度模式的优缺点

1. 社会医疗保险制度模式的优点

1）坚持权利与义务对等的原则，在体现互助共济、风险分担的同时，在一定程度上避免了医疗资源的浪费。

2）通过社会医疗保险经办机构与医疗机构建立契约合同关系，促进医疗机构之间的竞争，有利于提高服务质量，增强医疗费用控制。

3）实行政事分开、独立运作的管理方式有利于促进医保事业的发展。

2. 社会医疗保险制度模式的缺点

1）基金执行现收现付制，没有纵向积累。

2）不能解决代际医疗费用负担转移问题，难以应对人口老龄化的挑战。

3）无能力参保的人群不能覆盖，必须通过其他途径解决。

（三）典型代表国家：德国

德国是世界上最早实施社会保障制度的国家，拥有相对发达和完善的社会医疗保险制度体系。1883 年，德国颁布《疾病社会保险法》，标志着一种用社会保险机制实现医疗保障的新制度的诞生。德国政府首创了现代社会医疗保险制度，采用国家、雇主、个人三方负担的原则解决医疗保障问题。这种国家与个人责任并重的原则，在医疗保障领域得到了贯彻。

1. 德国医疗保险制度的起源

德国医疗保险制度与其工业社会转型是同步的，当时人们通过成立行会基金和同业公会基金来共同承担疾病风险从而保护个体的利益，具体做法是强制学徒工参加疾病保险，并与师傅各支付一部分保费，这样当学徒工患病时就可以得到货币补偿。实际上，这已经具备了现代法定社会医疗保险的三个特征：强制保险、雇主缴纳部分保费和收入再分配。19 世纪中叶的工业化使得个体自由和财产分离，产生了数量庞大的工人阶级，工伤事故频发、疾病风险有增无减等，使得原有的用行会基金和同业公会基金等形式来解决工人疾病的方式，已经不能满足需求。因此，工人及其组织自然而然地提出了建立新的保障可能性的客观要求，即从 19 世纪后半期就开始了由国家来承担医疗卫生的基本任务。与此同时，工人从 1869 年起可以选择用于疾病保障和事故风险的自由辅助保险，这种保险具有私人社会医疗保险的典型特征。1874 年只有 1.0%～1.5%的工人参加了强制保险①，保费与风险是不挂钩的，当年的保费覆盖当年发生的医疗服务费用。1876 年，辅助保险法规定，只有注册的辅助保险才能够在地方上从事强制保险活动，这便是今天的替代保险的前身，而其他的自由辅助保险则发展成今天的私人社会医疗保险。至此，德国社会医疗保险双轨制便开始了其萌芽阶段。

2. 德国医疗保险制度的建立与发展

1881 年德国颁布了《社会保险法》，最早提出了疾病保险概念，主要内容是强制部分产业工人参加疾病保险，在医疗服务系统之外建立基金组织，雇员和雇主按收入的一定比例缴费，医疗保险基金补贴一定范围内的医疗费用。社会医疗保险作为一种制度能以法律的形式固定下来，归功于 19 世纪 80 年代俾斯麦统治下的德国政府颁布的一系列社会立法：1883 年的《疾病社会保险法》、1884

① 隋学礼. 德国医疗保险双轨制的产生、演变及发展趋势. 德国研究，2012，27（4）：53-63.

年的《工伤事故保险法》、1889 年的《养老、残疾、死亡保险法》[①]。这三部法律的颁布也标志着现代社会保障制度的诞生。随着经济的发展，德国社会医疗保险的覆盖面从开始的工业部门扩大到其他行业，从较发达地区扩大到较贫穷落后地区，待遇水平通过不断调整得到了提高。

3. 德国医疗保险制度的内容

德国社会市场经济制度是典型的混合经济形式，以社会福利原则为基础的社会医疗保险制度是德国医疗保险制度的核心和保证，互助原则是社会保障在疾病预防和医疗服务方面的基本原则，特别强调国家是医疗健康服务领域中的最后责任人，而不是市场。

国家在医疗保障方面的作用主要表现在建立制度框架、实施宏观调控及提供资金等方面。国家立法强制法定范围内的所有人员均加入社会医疗保险，并对企业雇员以外的低收入者补贴医疗费。同时，德国将社会保险制度同市场机制相结合，根据医疗保险的需求，国家在宏观上灵活调整费率，在各社会医疗保险机构和各医疗机构之间进行利益协调，保证保险机构独立经营、不受干预[②]。此外，国家还建立了医疗费用总额预算制度，对医疗费用总额实施宏观调控，以减轻国家财政负担。

现行的医疗保险制度主要由法定医疗保险、法定护理保险、私人医疗保险及针对特定人群的福利型医疗保险组成[③]。其中，法定医疗保险覆盖了德国 90%的人口。从目前保险市场的占有情况来看，在德国总人口中，91%左右分别参保 300 多家法定医疗保险基金组织，9%左右参加私人医疗保险，参保率基本达到 100%。任何医疗保险基金组织都不能在参保人的年龄、性别、身体状况及家庭成员数量方面设限[④]。从 2009 年开始，法律规定所有居民都必须参加医疗保险，因而全民都拥有医疗保险的保障。

4. 德国医疗保险制度的问题与改革

德国这种医疗保险制度模式存在的弊端主要是：①对预防保健重视不够；②由于采用第三方付款方式，缺乏制约措施，因而医疗费用上涨较快；③政府作为医疗服务的最后责任人，未纳入市场调控，难以应对医疗质量的监督检查、药价核定等烦琐工作。

德国法定医疗保险主要通过控制医疗费用过快增长来强化医疗保险的个人责任意识，提高个人费用承担比例。德国法定社会医疗保险的费用，是根据公民的收入来确定的，一般定为月收入的 11%～15%，由公民负担一半雇主负担一半。一人投保，全家享有，对符合条件参加法定医疗保险的雇员、其家庭成员（包括未成年子女）可一起享受；如果公民是靠社会福利生活的人员，则可以通过社会福利部门购买保险。因此，德国医疗保险制度改革的目的是减少医疗的公共支出及医疗费用缴纳给雇主带来的财务负担。

20 世纪 70 年代中期，德国开始对当时的医疗保险进行多次改革。改革的主要措施包括以下几方面。一是提高缴费基数。投保人在缴纳法定医疗保险基金时，不仅将工资收入计入缴费基数，而且连同其他非工资性收入也一并计入。二是建立以全科医师为中心的护理模式。先请全科医师做初步诊断，然后由全科医师开具移交单转给专科医师，将门诊与住院服务有机地结合起来。三是德国政府使用总量维持的付费政策。政府还从财政上支持、激励医院自愿参加按病种付费的政策，并且取消不应由医疗保险支出的项目，如丧葬费、安装假牙费、配戴隐形眼镜费等。

德国医疗保险制度的改革内容：①限制管理成本；②逐步增加个人自付费用的比例；③修正监管体系；④广泛采用多种支付制度；⑤控制药品价格；⑥强化各基金会责任，引入竞争机制；⑦医

---

① 李兆鑫. 德国医疗保险制度对我国的启示. 天津社会保险，2011，(4)：43-44.

② 高银莉. 各国改革医疗保险基金可持续发展模式的比较研究——以德国、美国和英国为例. 武汉职业技术学院学报，2017，16 (3)：27-30，40.

③ 梁云，邵蓉. 国外医疗保险模式的比较及对我国的启示. 上海医药，2007，28 (6)：257-259.

④ 周静. 德国医疗保险制度的经验借鉴. 今日海南，2020，(2)：49-51.

疗费用控制由需方偏向供方。

三、市场主导的医疗保险制度模式

市场主导的医疗保险制度模式是按照市场法则由私营机构自由经营的医疗保险制度模式，常常也称为商业医疗保险模式。主要特点是：医疗保险被视为一种特殊商品，在市场上可自由买卖，买方为企业、团体、政府或个人，卖方则是营利性（不享受税收优惠）或非营利性（享受税收优惠）的私人医疗保险公司或民间医疗保险机构。商业医疗保险的资金主要来源于投保人及其雇主所缴纳的保险费，缴费水平通常取决于参保时的年龄、性别以及个人的健康状况，是在假定未来保费收入现值与医疗费用支出现值相等的基础上计算出来的，缴费一般较高。其典型代表国家为美国。

（一）市场主导的医疗保险制度模式的特点

1）社会人群自由选择、自愿投保，共同分担疾病造成的经济损失。

2）由保险人和被保险人签订合同，缔结契约关系，各自履行权利与义务。

3）政府在医疗保险中基本不发挥作用，仅为老年人、儿童、贫困人口提供医疗救助。

（二）市场主导的医疗保险制度模式的优缺点

1. 市场主导的医疗保险制度模式的优点

1）按市场机制运作，商业医疗保险的项目多样化，比社会医疗保险有更多选择的可能性，能较好地满足中高收入者高层次的医疗需求。

2）有利于医学科技的发展，为医疗服务系统提供更先进的医疗技术和医疗设备。

2. 市场主导的医疗保险制度模式的缺点

1）由于其缴费高和以营利为目的，低收入者难以参加，社会公平性差。

2）难以控制其不断高涨的医疗费用。

（三）典型代表国家：美国

美国拥有全世界最复杂的医疗服务系统，实行的是市场化、多层次的社会医疗保险制度。美国的医疗保险制度体系以雇主向雇员提供医疗保险为主，同时，政府（联邦和州）对退休人员提供医疗照顾、对贫困家庭提供医疗救助，形成两种类型、三大板块的社会医疗保险制度体系构架。美国的医疗单位，绝大多数为私营机构，联邦、州、郡和市级政府也分别拥有部分医疗机构。联邦政府设有卫生与公众服务部，负责监督医疗事务立法以及美国的食品药品监督和疾病预防及控制等。

1. 美国医疗保险制度的建立与发展

罗斯福是美国首位系统地提出福利保障社会化主张的总统，他的福利保障社会化思想对其后美国医疗保障产生了重要影响。国民福利要求政府有效而经济地提供某些必不可少的社会服务。在这种执政理念指导下，艾森豪威尔时期的国民健康制度改革主要表现为对已有制度的保持和有限发展，包括继续实施保健计划、对卫生领域增加拨款、实施联邦职业培训计划。1965 年 1 月，约翰逊总统向国会提交经济报告，建议尽快通过老年医疗保险法案，主张在社会保障下对老年人提供医疗照顾和援助，对儿童健康和贫困儿童的医疗开支提供更加充分的医疗援助。1965 年 7 月通过了《社会保障法案修正案》，其包括医疗照顾和医疗援助的约翰逊医改法案分别在众议院和参议院获得通过。然而 1965 年通过的《社会保障法案修正案》恰恰意味着争取由政府提供全民保险的又一次失败。

2. 美国医疗保险制度的内容

总体上看，美国医疗保险制度实行私人商业医疗保险与社会医疗保险相结合的办法。私人商业社会医疗保险成为美国整个社会医疗保险的主体，它由企业与职工共同出资组成，向社会医疗保险公司集体购买，政府免征社会医疗保险基金所得税以及社会保险税。美国社会医疗保险包括两种由政府运作的公共项目，分别是 Medicare 和 Medicaid，其中为老年人提供 Medicare，而向穷人和残疾人提供 Medicaid，所需费用基本上由财政承担。由此，我们可以发现，整个美国社会医疗保险制度所需要的资金绝大部分由政府的税收负担。

3. 美国医疗保险制度的问题与改革

美国的商业医疗保险制度模式在发展过程中，也出现了许多问题[①]：一是尽管美国的医疗技术先进、医疗资金雄厚、人均医疗费用和医疗总费用均超过其他发达国家，但其仍未实现全民医保的目标；二是美国的各种医疗保险计划多，政府的干预程度小，主要是通过市场机制调节来进行的。三是美国公民价值观是以自由主义和个人主义为重要标志的，因此大部分人认为政府的干预会阻碍个人的自由。这种自由主义和个人主义思想同样表现在医疗保险制度的设计上。

因此，为了弥补制度上的缺陷，美国开始了医疗保险制度的改革。美国的医疗保险制度改革具有其特有的复杂性。1935～2010 年长达 70 多年的时间里，美国经历了七届总统，他们试图进行多次医疗保险制度的改革，但都因为各利益集团内的政治斗争而作罢。奥巴马政府上台后对美国医疗保险制度进行新一轮的改革，2012 年 6 月，奥巴马医改通过联邦最高法院批准得以进行。如表 3-1 所示，美国政府为实施全民医疗保险做出了巨大的努力。

表 3-1　1935～2010 年美国为实现政府全民医疗保险所进行的政治努力

年份	发起人	提案	结果
1935	罗斯福	政府全民保险	失败
1945	杜鲁门	政府全民保险	失败
1965	约翰逊	政府为老年人、部分穷人提供保险	通过
1971	肯尼迪	政府全民保险	失败
1979	肯尼迪	政府保险与商业保险并存	失败
1993	希拉里	政府监管下医疗集团间竞争	失败
2010	奥巴马	强制购买商业保险	通过

资料来源：张维. 美国医改的政治经济分析——历史视角兼论对中国医改的启示. 政治经济学评论，2016，7（1）：190-213.

美国医疗保险制度的改革内容：①控制医疗费用的上涨；②强调疾病预防和门诊服务；③增加筹集渠道；④增加医疗保险制度的覆盖率。

四、储蓄医疗保险制度模式

储蓄医疗保险制度模式是依据法律规定，强制性以家庭为单位来储蓄医疗基金，通过纵向逐步积累，以解决人们患病就医所需要的社会医疗保险基金。其典型代表国家有新加坡、马来西亚、印度、印度尼西亚。

（一）储蓄医疗保险制度模式的特点

1）储蓄医疗保险制度筹集社会医疗保险基金，既不是强制性地纳税，也不是强制性地缴纳保费或自愿购买社会医疗保险，而是根据法律规定，强制性地储蓄医疗保险基金。

① 邓大松，赵奕钧. 美国医疗保险模式对我国医疗保险制度的启示. 上海经济，2013，（Z1）：36-38.

2）本节前 3 种社会医疗保险制度模式都是横向筹资，通过参保人群的统筹共济来分担疾病风险，而储蓄医疗保险是以家庭为单位的纵向筹资，储存一定数额基金，延续使用，缓解疾病风险。

3）横向筹资一般为现收现付制，没有积累，而纵向筹资可以逐步积累，具有其独特的优点。

（二）储蓄医疗保险制度模式的优缺点

1. 储蓄医疗保险制度模式的优点

1）以个人责任为基础，强调个人通过纵向积累支付医疗费用，由于合理高效地使用社会医疗保险资金及卫生资源有较强的推动作用，有利于增强个人的费用意识，减少浪费。

2）公平与效率结合，效率最高。

3）多元化和合理的筹资机制，实现基金的纵向积累，避免代际矛盾。

2. 储蓄医疗保险制度模式的缺点

1）过分强调效率，忽视了公平，对于低收入者或没有收入的人来说，往往得不到医疗保障或保障水平很低。

2）基金不能实现社会成员之间横向互助共济，以共同分担疾病风险。

（三）典型代表国家：新加坡

新加坡实行的社会保障制度，是以中央公积金制度为主体的社会保障制度。在医疗保障方面，新加坡建立了独特的多层次医疗保障体系，由政府和个人共同分担医疗费用，可概括为“S+3M”形式。其中，S 为政府津贴制度（Subsidies），由政府对公立医院的病房进行分级，不同等级提供不同类型的医疗津贴来为民众分担门诊和住院费用。3M 分别为保健储蓄计划（Medisave）、健保双全计划（Medishield）和保健基金计划（Medifund）。其中，保健储蓄计划用于帮助会员本人及其至亲筹集住院、日间外科手术和一些获准的门诊费用；健保双全计划用于帮助患重病或顽疾的人支付巨额医疗费用，2015 年 11 月 1 日升级为强制性的终身健保计划，放宽了对参保年龄和索赔金额的限制，同时也有效地防止了自身存在的逆向选择问题；保健基金计划作为贫困患者最后的安全屏障，为在参与了前两项计划后仍然支付不起医疗费用的人群提供基金援助。新加坡通过这种政府补贴、医疗储蓄账户支付和个人自付相结合的医疗保险模式，从不同层次分担民众的医疗开销负担，确保人人都可享有高质量的医疗保障。[①]

1. 新加坡医疗保险制度的建立与发展

1955 年，新加坡通过了《中央公积金法案》，开始实行以强制性个人储蓄为主的中央公积金制度。制度设计最初的目的是用于养老，使其雇员在不能继续工作时得到最低待遇保障。在中央公积金制度运行很长时间后，20 世纪 90 年代，中央公积金制度从单一老年经济保障功能向多功能转化，医疗保障计划在这个时候进入中央公积金制度。1984 年，中央公积金局推出了全国性的医药储蓄计划——保健储蓄计划，成为强制性国家公积金制度的一部分。1990 年，中央公积金局实施了具有社会统筹性质的健保双全计划，又称大病保险计划，主要负担患者大额医疗费用与慢性疾病的基本医疗保险，对投保者的住院及部分门诊费用给予偿付[②]。1993 年，中央公积金局推出了保健基金计划，作为保健储蓄计划的补充，属于保健计划体系的最后一道安全网。新加坡就此建立了一个较为完善的医疗保障制度。具体如表 3-2 所示。

---

① 金双华，赵薇. 新加坡中央公积金制度：个人责任与政府保障. 中国社会科学报，2022-06-22（A03）.

② Bai Y，Shi C，Li X，et al. Healthcare System in Singapore. Columbia：Columbia University，2012：1-15.

表 3-2　新加坡卫生筹资模式发展概况

项目	主要特征	实施年份
保健储蓄计划	全国性、强制性、基础性的医疗储蓄计划，在职人员按年龄组内分配比率将月薪存入保健储蓄账户	1984
健保双全计划	非强制性的大病医疗保险计划，是保健储蓄计划的补充，目的是帮助公积金存户支付长期患病或慢性疾病或重病所带来的高额医疗费和特定医药费	1990
保健储蓄计划（自雇）	非在职人员且每年的净贸易收入超过 6000 美元需要缴纳储蓄基金	1992
保健基金计划	为新加坡公民提供医疗安全网，主要用于援助没有能力支付医药费的贫困新加坡公民	1993
增值健保双全 AB 计划	为希望在 A、B1 级病房住院、私人医院就医的中央公积金会员提供保障	1994
政府津贴	政府直接补贴两大医疗集团，支付患者账单和各等级病房的费用	2000
社区卫生辅助计划	初级保健服务，为中低收入新加坡公民提供医药津贴	2000
乐龄健保计划	由新加坡卫生部指定的三家商业保险公司承办，为年长的公积金会员而设立的严重残疾保险计划，提供基本的财务保障和终身保障	2002
乐龄健保额外保障计划	乐龄健保计划的补充，投保者能承担严重残疾和长期护理费用，延长了最长赔偿年限，增加了所获赔偿金数额等	2007
建国一代配套	为感谢先驱们的辛勤工作和奉献精神，符合条件者将终身享有更好、更优惠的医疗	2014

资料来源：常峰，纪美艳，路云，等. 新加坡储蓄型医疗保障制度的医保控费效果研究. 中国卫生经济，2016，35（3）：93-96.

2. 新加坡医疗保险制度的内容

（1）保健储蓄计划

保健储蓄计划是中央公积金制度中最主要的组成部分，在 1984 年被提出，其最突出的特点是以个人缴费为基础，国家分担部分费用。国家设立的中央公积金由三部分组成：一个普通账户（资金用来支付住房、保险投资和教育费用）、一个特别账户（资金为退休储蓄医疗费）、一个保健储蓄账户（资金用于支付个人或直系亲属医疗费用或住院账单）[①]。会员把个人收入的一部分存入保健储蓄账户，可以为会员个人或直系家庭成员支付医疗费用。年龄在 35 岁以下的会员，每月拨至保健储蓄账户的公积金等于其月薪的 6%；年龄在 35～44 岁和 45 岁及以上者，这一比例分别提高至 7%和 8%。55 岁以下的会员，保健储蓄存款顶限是 2 万新元，超出这一顶限的存款将存入其公积金普通账户内。年满 55 岁的会员可提取公积金存款，但必须保留 1.5 万新元在保健储蓄账户内。1992 年，新加坡推出自雇人员保健储蓄计划，这个计划规定年收入在 2400 新元以上的自雇人员须缴纳其净收入中的固定比例作为保健储蓄，用于支付医疗费用。

（2）健保双全计划

健保双全计划是一项重病医疗保险计划，会员可以以公积金保健储蓄账户上的存款投保，在会员患重病或长期住院时提供医疗费用。该计划的目的在于帮助解决参保者大病或慢性疾病的医疗费用，该计划对参保者年龄作了限制，要求在 70 岁及以下，后来将这个年龄放宽到 75 岁[②]。健保双全计划又包括双全、B 计划、A 计划三种。这三种计划又根据不同的年龄分别规定相应的常年保费。

2013 年 8 月 18 日晚，新加坡总理李显龙宣布，将在公共医疗保险等多个领域进行政策调整，以帮助低收入阶层应对生活压力，尤其是大病保险性质的公共医疗保险计划——健保双全计划将向全民终身覆盖的方向推进。健保双全计划将提升为终身健保双全，取消之前只保到 90 岁的年龄上

① 常峰，纪美艳，路云，等. 新加坡储蓄型医疗保障制度的医保控费效果研究. 中国卫生经济，2016，35（3）：93-96.

② 艾自胜. 新加坡医疗保险模式的发展与剖析. 上海铁道大学学报，1998，（9）：86-88.

限。与此同时，健保双全计划将全民化，所有新加坡人不论是否已有疾病，都可以加入，并且不可退出①。

（3）保健基金计划

保健基金计划是政府为无力参加保健储蓄计划和健保双全计划的公民提供的一项医疗救助计划。政府设立专项医疗基金，注入2亿新元作为本金，并规定在预算允许的情况下可以向基金注资。基金的利息收入被用来帮助因贫困无力支付医疗费用的公民，患者使用基金时需向公立医院中政府指定的医疗基金委员会申请。

（4）乐龄健保计划

乐龄健保计划（Elder Shield）是一项于2002年为适应老龄化社会发展趋势、满足护理保障需求推出的严重残疾保险计划，主要为需要长期护理的严重残疾人士提供基本财务保障。公积金会员并且年满40岁的新加坡公民自动划入乐龄健保计划受保，保费可以从个人保健储蓄账户扣除或者其亲属保健储蓄账户扣除，也可以现金缴纳。会员可以使用乐龄健保计划支付一些护理费用。乐龄健保计划包括两个计划：一是2002年9月开始的，每月提供300新元，最高提供60个月的“乐龄健保300”计划；另一个是2007年开始的，每月提供400新元，最高提供72个月的“乐龄健保400”计划②。

3. 新加坡医疗保险制度的问题

新加坡的中央公积金制度实现了人人享有基本医疗保障的目标，通过强化个人缴费意识较好地控制了医疗费用的快速增长。但其存在的问题有：一是个人缴费不能在社会范围内进行二次分配，社会互济性不高，无法实现风险共担的目的；二是过度的社会储蓄可能导致人们医疗保障需求的降低。三是部分公民对政府公积金的管理和利息支付存在质疑③。

第二节　各国社会医疗保险制度体系构成比较分析

由于社会医疗保险制度在保障劳动者健康、促进经济发展、维护社会安定、体现社会公平等方面具有重要作用，各国政府都十分重视社会医疗保险和医疗保障问题。同时，社会医疗保险制度涉及政府、参保人员、医疗服务供方和医疗保险管理机构等多方利益，在所有社会保险制度中也是公认的涉及面最广、内部关系最复杂的一项保险制度。由于政治、经济、文化、历史的不同，各国医疗保险制度也体现出不同的特点，这些特点体现了本国特殊的国情。

一、针对不同收入人群的设计

（一）针对全体国民的医疗保险制度

1. 英国

英国实行全民医疗保障制度。在制度设计之初，贝弗里奇发表的《社会保险和相关服务》中，他将医疗保障看作保护和维持人们的工作与收入能力的手段，主张国家补贴加上固定比例的社会保障缴费作为资金基础。贝弗里奇的主张得到了英国民众的支持，因此，英国议员不得不通过《国民医疗服务法案》，向全民提供免费的医疗服务，医疗保险覆盖全体国民，不以收入为基础，而以需要为基础。

---

① 陈济朋. 新加坡将对公共医疗保险等政策进行大调整. 中国医疗保险，2014，7：70.

② 冯鹏程，荆涛. 新加坡乐龄健保计划概述. 中国医疗保险，2014，(2)：62-65.

③ 饶克勤，刘新明. 国际医疗卫生体制改革与中国. 北京：中国协和医科大学出版社，2007：155.

2. 新加坡

新加坡的储蓄医疗保险制度模式包含三个部分，他们分别将不同层次的公民包括在内，通过保健储蓄计划和健保双全计划，使雇员及其家人的医疗费用问题得到保障，通过保健基金计划，新加坡低收入的贫困者在患病时可以得到政府的援助。

3. 日本

日本自 1961 年开始实施全民皆保险制度。日本的医疗保险制度是以国民可以自由选择医疗机构就诊为特色建立起来的，是覆盖全体国民的巨大医疗体系。随着社会的发展完善，据统计，2001 年日本的医疗事业已发展成为超过 30 万亿日元的巨大医疗产业，平均每人医疗花费 246 100 日元①，在国民经济体系中占有重要比例。日本的医疗保险可以分为两大类：一是由国家、政府或者政府许可的医疗保险者提供的公共医疗保险，二是由民间保险公司或私人诊所提供的保险和医疗。大部分日本人购买的是第一种社会医疗保险，只有在针对特殊疾病等领域时才会购买第二种保险。

（二）针对劳动者设计的医疗保险制度

1. 德国

德国的医疗保险制度在设计之初，有着强烈的政治基础。19 世纪工业革命开始后，德国工人阶级日益壮大，随着德国工人数量的大量增加，社会矛盾凸显，工人运动高涨，加上 1873 年经济危机的刺激，当时执政的俾斯麦政府实行了“胡萝卜加大棒”政策。在残酷镇压德国社会民主党的同时，德国在 1883 年颁布《疾病社会保险法》，法律规定，所有从事工业活动的工人一律实行强制性疾病社会保险，保费由雇主和工人支付，其中雇主支付 1/3，工人支付 2/3，参加疾病社会保险的工人免除医疗费和药品费。俾斯麦政府企图通过这种方式缓解工人运动带来的危机，赢得工人阶级对国家政权的支持。

德国的医疗保险制度体系由法定医疗保险和私人医疗保险构成，法定医疗保险由国家立法强制实行，年收入在 49 500 欧元以下的公民强制参加法定医疗保险，按照工资的百分比进行缴费，缴费率为 15.5%，其中雇主承担 7.3%，雇员承担 8.2%，法定医疗保险覆盖了 88%左右的人口。年收入在 49 500 欧元及以上的高收入者、自雇者以及相关公务人员等，可以选择私人医疗保险参保，这部分人口占德国总人口的 10%左右。还有 2%左右的人口，包括警察、士兵、服兵役者和享受社会福利者，参加的是免费医疗。

2. 中国

中国的医疗保险制度最初是模仿苏联而设立的面向劳动者的医疗保险制度模式。新中国成立后，国家制定两种制度：公费医疗和劳动保险医疗。其中，公费医疗面向国家机关、事业单位；劳动保险医疗面向企业。1951 年，政务院发布《中华人民共和国劳动保险条例》，标志着劳保医疗制度的确立，劳动保险医疗覆盖一切企业，包括国营、公私合营、私营及合作社经营的工厂、矿场及其附属单位，后来又扩大到铁路、航运、邮电、交通、建筑等行业。1952 年，政务院发布《关于全国各级人民政府、党派、团体及所属事业单位的国家工作人员实行公费医疗预防的指示》，适用于各级政府、党派、工青妇等团体，各种工作队，以及文化、教育、卫生、经济建设等事业单位的国家工作人员和革命残废军人。从这两个文件中不难看出，在计划经济的时代，中国的医疗保险主要面向有收入的劳动者。1988 年，中国政府开始对机关事业单位的公费医疗制度和国有企业的劳保医疗制度进行改革。1998 年，中国政府颁布了《国务院关于建立城镇职工基本医疗保险制度的决定》，开始在全国建立城镇职工基本医疗保险（简称职工保险）制度。中国的基本医疗保险制度实行社会

---

① 川渊孝一，孟开. 日本国民医疗费用浅析. 中国卫生产业，2005，（5）：76-77.

统筹与个人账户相结合的模式。在基本医疗保险之外，各地还普遍建立了大额医疗费用互助制度，以解决社会统筹基金最高支付限额之上的医疗费用。国家为公务员建立了医疗补助制度。有条件的企业可以为职工建立企业补充医疗保险。

2003 年，中国政府出台《关于建立新型农村合作医疗制度的意见》，计划到 2010 年，实现在全国建立基本覆盖农村居民的新型农村合作医疗制度的目标，减轻农民因疾病带来的经济负担，提高农民健康水平。

目前，中国已基本完成了从公费医疗、劳动保险医疗到社会医疗保险制度的转变，逐步建立了以城镇职工基本医疗保险、城镇居民医疗保险和新型农村合作医疗为主体，以补充医疗保险、大额补助和商业医疗保险等为补充，以社会医疗救助为托底的多层次医疗保障体系。我国基本医保已覆盖全民，基本医疗保险制度全面建立，目前正沿着高质量、精细化的道路阔步前行。

（三）针对高收入人群，以及老年人、穷人与残疾人的医疗保险制度

美国的医疗保险制度分为公私两大块——私人医疗保险和社会医疗保险。美国的商业医疗保险制度是其主体制度，所以大部分人选择的是私人医疗保险，只有社会特殊群体和社会弱势群体会选择社会医疗保险。美国人自主选择两种不同的参保方式，使得美国医疗保险体制适合不同收入的人群。一种是优先服务提供者组织（Preferred Provider Organization，PPO）的自选式保险计划。参加者可以自选诊治医生，不但保险费较高，而且需要在就诊的时候缴纳各种附加费用。这种保险制度适合中产阶级以上的经济优裕者。另一种是健康维持组织（Health Maintenance Organization，HMO）的管理式保险计划。其保险费相对便宜并且其他附加费用比较少。但必须到指定医院就诊，这一点与我国的医疗保险制度类似。美国购买这一部分保险的人的平均年收入在 2.1 万美元左右[①]，在美国属于较低收入者。美国的社会医疗保险最初是借鉴 19 世纪末期英国医疗保障制度的模式逐步建立起来的，但是其只覆盖城市居民。1965 年 1 月美国出台了针对老年人的《医疗保险计划》和针对穷人及其他残疾人的《医疗援助计划》，也就是现在人们通常所说的 Medicare 与 Medicaid。前者规定了“65 岁及以上老年人在生病期间可提供 90 天的住院服务”以及“100 天的院外服务”等，而后者主要面向穷人及其他残疾人提供必要的医疗救助。

二、政府在社会医疗保险中的责任

社会医疗保险是医疗保障的重要内容，也是社会保障制度的重要组成部分，作为人身健康权的重要制度之一，在消除贫富差距、保障公民基本权利、实现社会公平中起着积极的作用。四种模式的医疗保险制度都有政府的参与，不同的是政府的责任不同。

在实行全民医疗保险制度模式的国家，政府的责任有：①制定医疗保险制度长远规划，制定医疗卫生服务预算；②筹集与分配医疗卫生资金与资源；③制定医疗卫生政策；④监督职能；⑤行政管理职能。

在实行社会医疗保险制度模式的国家，政府的责任有：①立法职能；②筹集医疗保险基金；③监督社会医疗保险经办部门。

在实行市场主导的医疗保险制度模式的国家，政府的责任有：①监督医疗保险市场良好运行；②管理保险业。

在实行储蓄医疗保险制度模式的国家，政府的责任有：①筹集与分配医疗保险资金；②对资金进行投资，以保值增值；③管理职能。

---

① 刘同奎，汤洪延，朱英杰. 美国医疗保障制度与卫生体制改革概述. 国外医学，1998，(4)：145-147.

三、医疗保险的功能分析

（一）互助功能

英国的医疗保险制度通过收取社会保险税来筹集资金，政府利用筹集来的资金向医疗机构购买医疗卫生服务，凡居住在英国的居民都可以到这些医疗机构接受诊治，在接受诊治时只需提供一点点的处方费，就能享受到全部的基本医疗服务。由于英国医疗保险制度筹资的普遍性，英国医疗保险制度表现出相当大的互助共济性，也体现了社会公平。

德国的社会医疗保险，缴纳保险费的依据是个人收入，德国的社会保险费一般由雇主和雇员共同承担，各自负担 50%的费用，政府给予适当补贴。德国的医疗保险制度是一人参保，全家受保。高收入者缴纳比低收入者多的费用，如果收入超过一定标准则可以选择参加私人医疗保险，而收入低于一定标准时，由雇主缴纳全部费用。对于退休以及失业人员，由养老基金和失业保险承担这部分的费用。德国多方筹资的医疗保险制度较好地实现了互助共济的目标。

新加坡实行的是储蓄医疗保险制度模式，由于这种模式属于自己储蓄自己消费，与旁人无太多关联。新加坡政府过于重视个人责任导致医疗保险制度的互助性无法得到体现。一些学者甚至认为，从互助的层面看来，新加坡的强制储蓄制度并不是真正的医疗保险制度。

美国由于其商业医疗保险制度模式，政府不干涉医疗保险市场的运作，只进行监督，商业保险公司承担了医疗保险的全部内容，而政府承担了医疗救助的内容。将医疗保险交予市场运作的结果就是，美国与新加坡一样，缺乏医疗保险制度的社会互助共济性特征。

（二）积累功能

英国和德国在制度上表现出互助有余而积累不足的局面。近年来，世界各国的医疗费用纷纷出现上涨过快、收支不能保持平衡的问题。这一问题出现的原因之一就是这些国家都采用了现收现付的筹资模式。现收现付是指政府根据以往经验对当期所需医疗保险费用进行预测，以预测的医疗保险费用作为当期医疗保险税（费）的依据，以支定收，满足短期横向收支平衡的筹资模式。横向收支平衡的特征表明了这两个国家在医疗保险资金积累方面的不足，这也是两国目前改革的焦点之一。

新加坡采用完全积累式筹资模式，这种模式根据一些标准如退休率、失业率、患病率对医疗保险费用的支出做出一个长期的预测，通过一定的计算方法，按比例将长期支付费用分摊到各期，以满足资金长期纵向平衡的目的。这种模式保持了医疗保险基金的长期平衡，在抵御老龄化风险时能起到较大的作用。

（三）费用分担

英国 NHS 每年超过 80%的预算资金来自于国家的直接税收，大约 12%来自于国民保险金，剩余一小部分来自于患者交的处方费和为享受更高医疗服务而支付的费用[①]。德国医疗保险费一般由雇主和雇员各自承担 50%，加上政府适当的补贴。新加坡医疗保险资金来源于个人储蓄以及政府补贴。中国医疗保险明确国家与个人分担责任，解除国家的大包大揽，并形成个人缴费激励机制，通过基金积累使职工医疗保险具备稳定的医疗费用支付能力，用于支付门诊或小病费用。

（四）降低医疗费用

医疗保险制度存在的目的之一就是降低医疗费用，减轻公民的看病负担。在英国，居民看病仅

① 戴艳红. 英、美、德、日医疗费用控制及启示. 当代经济，2013，(17)：22-25.

需支付少量的处方费就能享受到免费的基本医疗服务。德国通过改革支付制度，建立起门诊按人头付费、住院总额付费的制度，有效地降低了医疗费用，减少了过度医疗，降低了医生的道德风险。美国无法控制其医疗费用的上涨，成为世界上医疗费用最昂贵的国家。中国建立了统账结合的城镇职工基本医疗保险制度，医疗保险统筹基金和个人账户基金采取分账户管理的模式。这是基于社会转型的时代背景，为更好实现医疗保险制度由传统的劳动保险医疗和公费医疗向更加公平统一的社会医疗保险制度转型；激励个人参保缴费，并主动约束医疗费用的增长。

第三节　不同模式社会医疗保险的比较分析

一、不同模式社会医疗保险的理论分析

西方社会保障制度在发展的过程中，不同流派的理论在不同的时期均起到了不同的作用。西方社会保障制度的发展见证了西方社会保障思想市场学派与政府学派兴衰交替的过程，即自由放任主义与国家干预主义。通过各国发展的经验来看，社会保障与市场、政府的关系都是紧密不可分割的，社会保障制度的发展，一定离不开政府的调控，但在处理政府与市场关系的问题上，各国政府参与的力度不同，采用的路径不同，这是由各国国情的不同而导致的。这些理论同样适用于医疗保险制度。

（一）福利经济学

1920 年，英国经济学家庇古出版了《福利经济学》一书，他认为，国民福利是可以计算的，他强调国民收入总量越大，福利也就越大；收入越平均，福利也就越多；经济政策的目标在于社会福利的总和极大化。庇古主张实行累进税，实现国民收入的再分配，将富人缴纳的一部分税款转移给低收入者，实行收入相对均衡。福利经济学尽管主张政府在社会保障中发挥作用，但其理论仍然建立在自由放任的基础之上，政府的作用也仅限于税收和补贴。庇古的理论主张有以下几点。

1）增加必要的货币补贴，改善劳动者的劳动条件，使劳动者的患病、残疾、失业和养老能得到适当的物质帮助和社会服务。

2）向收入高的富人征收累进所得税，向收入低的劳动者和丧失劳动能力者增加失业补助和社会救济，以实现收入的均等化，从而增加普遍的福利效果。

3）实行普遍社会保障制度，或按最低收入进行普遍补贴的制度，通过有效的收入转移支付实现社会公平。通常认为，卡尔多、希克斯、勒纳、西托夫斯等建立在帕累托最优理论基础上的福利经济学被称为新福利经济学。

1942 年，贝弗里奇受英国政府的委托研究社会保险事宜，并发表报告——《社会保险和相关服务》。该报告主张收入均等化，通过不同阶层的税收差别进行收入再分配，主张国家福利，建设高福利国家。

1948 年，英国宣告建成世界上第一个“福利国家”。此后，北欧国家瑞典、丹麦、挪威以及其他欧洲国家如法国、德国、奥地利、比利时、荷兰、瑞士、意大利等纷纷效仿，建立各自的“福利国家”。美国、澳大利亚、新西兰和日本也借鉴了“福利国家”的思路。

（二）凯恩斯主义

20 世纪 30 年代，资本主义国家的经济危机给自由主义经济下的传统福利理论带来了巨大冲击。1936 年，凯恩斯撰写的《就业、利息和货币通论》出版。凯恩斯主义奉行政府干预市场运行政策。凯恩斯认为，一个国家的生产和就业状况主要取决于有效需求，但是由于三大心理规律的作用，会

经常出现有效需求不足的情况，从而导致经济危机与失业的发生。因此，国家必须对自由市场经济进行干预，运用财政政策，通过财政资金的流向引导市场需求。

凯恩斯主义提出均衡器的观念，改变了西方经济学的蓝图，改变了自由主义在西方国家的地位，也塑造了西方国家经济的基本制度。西方经济理论也向凯恩斯主义靠近，代表人物有米勒•阿尔马克和路德维希•艾哈德等的“社会市场经济”思想，随后在德国得到实践。

（三）自由主义

自由主义分为古典自由主义与新自由主义。古典自由主义代表人物为亚当•斯密，亚当•斯密在《国富论》一书中主张政府退出市场，经济市场应该自由竞争，这一理论为美国社会保障制度提供了依据。

伴随着理论领域的凯恩斯危机以及实践领域的西方社会保障制度危机，新自由主义在 20 世纪七八十年代重新抬头，撒切尔政府与里根政府在经济政策和社会福利实施方案上，都强调以市场自由经济为主导，放弃国家干预。正因为如此，有的学者认为，新自由主义从根本上说是亚当•斯密的经济观和穆勒等的政治理论的一种综合。

新自由主义的代表学派有现代货币主义学派、社会市场经济学派、公共选择学派等。它们认为社会保障破坏了市场机制的功能，严重影响了自由竞争的市场秩序，因此反对“福利国家”，主张社会保障的市场化、私人化、多元化。在国际上以美国为代表，美国政府在社会保障中承担了救助与福利的责任，但是在社会保险领域以市场运行为主。

（四）新历史学派

新历史学派起源于 19 世纪的德国，是德国社会保障制度建立的思想基础，其代表人物有施穆勒、布伦坦诺等。新历史学派主张国家干预经济，推行劳资合作和社会保险，缩短劳动时间，改善劳动条件，主张国民经济学，保护和发展自己的民族经济学。新历史学派既反对亚当•斯密的古典经济自由主义，也反对社会主义和共产主义，因此得到德国当时政府首脑俾斯麦的认同，进而该学派的主张被政府采纳，成为德国实施社会保障的理论依据。

（五）激进主义

激进主义学说的学者认为，政府承担过多的责任是导致经济发展效率缓慢的原因，他们主张强调个人责任，社会保障应采取个人积累制度，由企业和个人承担保险费用，而政府在缴费中不负担责任。新加坡的强制储蓄医疗保险是激进主义在医疗保险制度上的体现。

二、不同模式社会医疗保险的特点分析

不同的医疗保险制度模式有其各自特点，这些特点细化后主要表现在融资模式、保障项目、医疗服务及政府责任上。

（一）融资模式

1）现收现付制（pay-as-you-go system）是指国家不考虑长远资金积累，只考虑基金短期横向平衡，在对本年资金支出进行测算后确定一个合适的费率收取社会保险税（费），是一种以支定收的融资模式。其主要特点是保持短期平衡，公平性高，但是没有纵向积累，难以解决人口老龄化难题和代际矛盾。目前包括英国和德国在内的大部分国家采用了这种融资模式。英国通过收取社会保险税建立医疗保险基金，而德国则采用雇主与雇员各承担 50%的比例分摊社会保险费。

2）完全积累制（fully funding system）是指国家通过一些指标，如退休率、患病率、通货膨胀

率等，测算出一个长期费率，并按一定比例分摊到各个缴费期，实现基金长期纵向平衡的目标的一种融资模式。其特点是纵向平衡、效率高，但是受资本市场的影响较大，面临保值增值的问题。完全积累制多与储蓄医疗保险制度相配套。

3）部分积累制（partially funding system）是现收现付制和完全积累制两种制度的结合，也就是说，既有现收现付的部分，也有完全积累的部分。国家建立个人账户和社会统筹账户，当年收缴的基金一部分存入个人账户来实行完全积累制，另一部分存入社会统筹账户来实行现收现付制，以确保在保持短期平衡的同时能有长期的积累基金。

（二）保障项目

1. 英国

英国 NHS 分为三个部分：初级医疗卫生保健服务、二级医疗卫生保健服务、三级医疗卫生保健服务。初级医疗卫生保健服务是 NHS 的主体，提供的医疗服务包括常见病的治疗、健康宣传、社会预防、家庭护理，甚至包括一些特殊的保健服务如戒毒与戒酒。初级医疗卫生保健由全科医师提供，全科医师在 NHS 的体系中充当“守门人”的作用，90%的人在初级医疗卫生保健服务中接受诊断和治疗，不需转诊到医院服务系统。

二级医疗卫生保健服务：通过初级医疗卫生保健服务的实施，有不到 10%的服务转到医院服务系统，患者通常经由初级医疗卫生保健或社区卫生服务的专业人士转诊而来，可选择的保健服务有 NHS 计划中的专科医疗服务或者手术服务。二级医疗卫生保健服务由综合性急性病 NHS 托拉斯（大约 200 个）、小规模的社区医院（大约 400 个）和高度专业化的三级医院提供。

三级医疗卫生保健服务：指临床某专业内用来解决特殊疑难、复杂问题的专家服务体系。英国的三级医院指专科医院，主要解决专科内的疑难医疗问题，而不是按规模划分，也不负责一般医疗。有些规模较大的医院也设有三级医疗卫生保健服务，这些医院被称为综合医院。

2. 德国

在德国，生病先到社区诊所去看，如果是诊所解决不了的疾病，再去大医院就诊。门诊服务和医院服务严格分离，医院几乎不提供任何门诊服务。门诊服务通常由私人诊所的医生（全科或专科）提供，基金组织以按人头付费的方式支付给医生协会，再由医生协会按照事先制定的统一计值标准和其他规定向其成员进行支付。

医院住院服务由公立医院和私立医院共同提供，运营费用以总额预算的形式进行支付，预算由疾病基金组织与医院谈判后确定。某些服务项目需由个人自付费用，但分摊的费用一般不高，如配眼镜等，实现了社区诊所、医院与保险的网络化。

3. 美国

Medicaid：联邦政府和州政府对低收入人群、失业人群、残疾人群提供各种特别医疗项目。资金来源于政府的一般税收，由联邦政府支付 55%、州政府支付 45%，共同对低收入居民实行部分免费医疗资助。服务项目包括门诊、住院、家庭保健等。有的州、市还提供药品、配眼镜、助听器等十多个项目的医疗资助，全国每年约有 3000 万人受益。[①]

Medicare：该医疗保险计划是对“65 岁及以上老年人在生病期间可提供 90 天的住院服务”以及“100 天的院外服务”。保障的范围包括门诊及部分的住院医疗费，受益人群约占美国人口的 17%[①]。Medicare 包括医院保险、补充医疗保险两部分。

工伤保险：各州普遍实行基本社会保险计划，雇主必须为雇员向保险公司购买工伤保险。当工

① 胡安娜. 美国医疗保险制度概述. 九江医学，2008，23（3）：90-92.

人因工伤事故而致残与遭受损伤时，由保险公司支付治疗期间的工资和全部或部分医疗费用。

少数民族免费医疗：享受对象为印第安人和阿拉斯加少数民族，有 100 多万人。全国有 50 所医院专门为少数民族提供医疗服务。[①]

军人医疗计划：由联邦政府向所有现役军人、退伍军人及其家属提供的特别医疗保障项目，由专门的军队医疗网络系统提供服务。

4. 新加坡

保健储蓄计划：该计划是新加坡社会医疗保险制度的核心。新加坡是第一个实施保健储蓄计划的国家。它是一项全国性的医疗储蓄计划，相当于我国城镇在职职工基本医疗保险基金，将员工每月的部分收入按不同比例储存起来，用来支付户主或其直系亲属的某些医疗费用，该计划使一般疾病的治疗费用得到解决，但对大病补偿能力有限。

健保双全计划：该计划针对的是重病保险。健保双全计划设于 1990 年，目的是弥补保健储蓄计划不足，以应对重病患者医疗费用的缺口，确保投保人在患重病或长期疾病时能应对庞大的开销，有效解决居民大额医疗费用问题。

保健基金计划：该计划的目标是贫困人群。保健基金计划设于 1993 年，是一项由政府出资设立的保健信托基金，实质是通过政府“买单”为贫病者提供“安全网”，对解决贫困人群的医疗问题起到了积极作用。

（三）医疗服务

预防服务：英国地方卫生管理机构、社保部门，以及全民医疗服务体系下的医务人员，负责提供公共卫生保健和社区医疗服务。全科医师与投保者联系相当紧密，在预防方面起到关键作用。德国预防服务由私人开业医生提供，私人开业医生与住院医生严格分离，不允许交叉提供服务，德国没有初级医疗转诊限制，患者有择医的自由。

治疗服务：英国由全科医师提供初级医疗服务，由专科医师承担专科和住院医疗等二级、三级医疗服务。德国门诊医疗服务由私人开业医生提供，住院医疗服务一般由医院提供。

康复服务：英国交予社区全科医师负责，德国交予私人开业医生负责，美国与新加坡由私人医疗机构负责。

（四）政府责任

在医疗保险发展的过程中，关于政府与市场的关系一直都存在着两种不同的声音：政府主导型和市场主导型。医疗保险的发展与政府的参与有着直接的关系，政府在医疗保险中的参与度不同，形成的医疗保险制度会不相同。下面以政府在医疗保险制度中的参与度为标准，对各个国家医疗保险制度分类。

1. 政府在医疗保险中几乎不发挥作用

美国：美国的医疗保险制度分为两个部分。一部分是商业医疗保险即美国医疗保险的主体，这部分保险覆盖了美国大约 57%的人口，美国政府在商业医疗保险里的作用仅仅是监管，并不参与制度的建设与实施。商业医疗保险的一切事务属于私营机构的业务范围，医疗属于个人行为，医疗服务主要是私人供给方式，所需要的资金大部分来源于向私人保险公司缴纳的保费。商业医疗保险强调个人责任和市场作用的发挥，反对国家和政府的干预，认为这弱化了个人的权利，会催生懒惰和依赖心理。美国医疗保险制度的另一个部分是政府制定并实施的社会医疗保险，这部分内容覆盖了

---

① 袁伟. 美国医疗保险制度考察报告. 中国医疗保险，2015，（10）：68-71.

大约 27.8%的人口，主要针对老年人和残疾人，而对于穷人则更偏向于医疗救助。美国的联邦政府和州政府联合管理保险业，州政府制定具体的医疗保险政策、医疗服务及医疗保险必须覆盖的特殊项目。由于政府介入的 Medicare 和 Medicaid 制度更像是医疗救助且覆盖面较小，因此，我们认为美国政府在它的医疗保险制度领域基本不承担责任。

2. 政府在医疗保险中与个人责任分担

新加坡：新加坡的中央公积金制度更注重个人责任，强调个人在医疗服务领域里的主体地位，同时新加坡政府承担一定的责任，但是政府承担的责任小于个人责任。新加坡政府认为，在医疗保险的分配中，政府必须保证为国民提供基本的医疗保障，同时必须在一定程度上引入市场竞争机制，让私人机构加入医疗保障体系。新加坡政府高度重视医疗保障体系的建立，强调政府和个人的责任，医疗费用由个人和政府共同负担。在新加坡医疗保险制度中，其政府的作用是制定公积金制度，收取公积金并对公积金里的资金进行保值增值，同时对制度的运行进行监督。

德国：德国医疗保险制度模式是法定社会医疗保险与商业医疗保险并行，不分轻重。在法定社会医疗保险的部分，德国从 19 世纪后半期就开始了由国家来承担医疗卫生服务的进程，国家社会医疗保险的覆盖面逐渐由工业扩大到其他行业，德国对法定医疗保险进行调控的权利相对较大，不仅对法定医疗保险做了制度上的框架，在整个德国范围内，签约医生的需求计划、开设诊所的数量以及各个州的公立医院计划也都在国家的控制范围之内。

3. 政府在医疗保险中负大部分责任

英国：英国实行全民免费的全民医疗保险制度模式，政府直接举办医疗卫生事业，凡英国居民均可享受国家医院的免费医疗。英国政府设立保险机构，制定医疗保险政策，对医疗保险制度的实施进行监督，向公立医院支付医疗服务费用，制定相关法律等。政府提供卫生保健经费，政府统一管理卫生保健事业，英国的医疗保险制度带有相当大的政府垄断性。相比较而言，英国政府在医疗保险领域内承担了较大的责任。

三、经济效应比较分析

（一）医疗保险水平比较

医疗保险水平是研究医疗保险制度的一个重要维度，各个国家都在积极寻找最优的医疗保险制度模式来提高居民的医疗保险水平。医疗保险水平比较指标包括卫生投入比较、医疗保险支出增长比较等。

（二）卫生投入比较

根据 2018 年英国、德国、美国和新加坡四个国家的卫生投入数据（表 3-3），卫生总费用占 GDP 比例从大到小依次为美国的 16.9%、德国的 11.4%、英国的 10.0%，以及新加坡的 4.5%；新加坡私人卫生支出占卫生总费用比例为 49.7%，在四个国家中数值最高；其次是美国，占比为 49.6%，而美国的政府卫生支出占 GDP 比例为 8.5%，远高于新加坡的 2.2%，可见，美国政府的医疗卫生费用负担较重；英国、德国的私人卫生支出占卫生总费用比例分别为 21.4%和 22.3%，数值较为适中，政府卫生支出比例较高。

表 3-3 2018 年四个典型国家的卫生投入比较

指标	英国	德国	美国	新加坡
人均 GDP/美元	43 043.2	47 810.5	62 996.5	66 188.8
GDP/亿美元	28 606.0	39 638.0	205 801.0	3 732.2
卫生总费用/亿美元	2 671.0	5 055.0	34 706.0	250.0

续表

指标	英国	德国	美国	新加坡
人均卫生支出/美元	4 019.6	6 098.2	10 623.8	4 439.3
卫生总费用占 GDP 比例/%	10.0	11.4	16.9	4.5
政府卫生支出占卫生总费用比例/%	78.6	77.7	50.4	50.3
政府卫生支出占 GDP 比例/%	7.9	8.9	8.5	2.2
私人卫生支出占卫生总费用比例/%	21.4	22.3	49.6	49.7

资料来源：世界银行官网. https：//databank.worldbank.org/source/world-development-indicators#[2021-04-03].

注：表中数值以现价美元计算。此表中卫生总费用的统计值为广义政府卫生支出和私人卫生支出之和。政府卫生支出为广义的政府卫生支出，包括狭义的政府卫生支出和社会医疗保障经费（包括政府补助、企业缴费和个人缴费）；私人卫生支出包括商业健康保险支出、个人卫生现金支出和社会办医支出等。

美国的医疗保险制度模式首要解决的问题是控制医疗费用，以降低昂贵的医疗保险费用支出。英国与新加坡的人均卫生支出均较低，但英国医疗保险制度模式更多地依赖于政府投入。新加坡的医疗保险制度模式强调政府和商业保险的结合，政府秉承人人为健康买单的理念，政府为居民提供不同类型的医疗保障计划，避免新加坡人过于依赖政府投入和保险偿付。新加坡政府卫生支出占 GDP 比例最低，形成了政府卫生支出投入较少而卫生保健最具成效的医疗保险制度模式。

（三）医疗保险支出增长比较

1. 卫生总费用占 GDP 比例增长比较

2014～2018 年，四个典型国家的 GDP 和卫生总费用占 GDP 比例如表 3-4 所示。

表 3-4　2014～2018 年四个典型国家的 GDP 和卫生总费用占 GDP 比例

年份	英国		德国		美国		新加坡	
	GDP /亿美元	卫生总费用占 GDP 比例/%	GDP /亿美元	卫生总费用占 GDP 比例/%	GDP /亿美元	卫生总费用占 GDP 比例/%	GDP /亿美元	卫生总费用占 GDP 比例/%
2014	30 638.0	10.0	38 839.0	11.0	175 271.0	16.4	3 148.5	3.9
2015	29 285.0	9.9	33 562.0	11.2	182 247.0	16.7	3 080.0	4.2
2016	26 942.0	9.9	34 675.0	11.2	187 149.0	17.0	3 186.5	4.4
2017	26 662.0	9.8	36 826.0	11.3	195 193.0	17.0	3 418.6	4.4
2018	28 606.0	10.0	39 638.0	11.4	205 801.0	16.9	3 732.2	4.5

资料来源：世界银行官网. https：//databank.worldbank.org/source/world-development-indicators#[2021-04-03].

注：表中数值以现价美元计算。此表中卫生总费用的统计值为广义政府卫生支出和私人卫生支出之和。

2. 政府卫生支出占 GDP 比例增长比较

2014～2018 年，四个典型国家的政府卫生支出占 GDP 比例如表 3-5 所示。

表 3-5　2014～2018 年四个典型国家的政府卫生支出占 GDP 比例　（单位：%）

年份	英国	德国	美国	新加坡
2014	8.0	8.5	8.2	1.7
2015	7.9	8.6	8.5	2.0
2016	7.9	8.7	8.6	2.1
2017	7.8	8.8	8.5	2.1
2018	7.9	8.9	8.5	2.2

资料来源：世界银行官网. https：//databank.worldbank.org/source/world-development-indicators#[2021-04-03].

注：表中数值以现价美元计算。此表中政府卫生支出为广义的政府卫生支出，包括狭义的政府卫生支出和社会医疗保障经费（包括政府补助、企业缴费和个人缴费）。

3. 私人卫生支出占卫生总费用比例增长比较

2014～2018 年，四个典型国家的私人卫生支出占卫生总费用比例如表 3-6 所示。

表 3-6　2014～2018 年四个典型国家的私人卫生支出占卫生总费用比例　（单位：%）

年份	英国	德国	美国	新加坡
2014	20.0	23.0	49.8	55.0
2015	19.8	23.0	49.3	52.9
2016	19.6	22.7	49.6	52.7
2017	20.5	22.3	49.7	51.8
2018	21.4	22.3	49.6	49.7

资料来源：世界银行官网. https：//databank.worldbank.org/source/world-development-indicators#[2021-04-03].

注：表中数值以现价美元计算。此表中卫生总费用的统计值为广义政府卫生支出和私人卫生支出之和。私人卫生支出包括商业健康保险支出、个人卫生现金支出和社会办医支出等。

由表 3-4、表 3-5 和表 3-6 可知，2014～2018 年四个典型国家的卫生总费用占 GDP 比例波动不大，其中德国和新加坡呈增长趋势，但是增长较为缓慢。英国医疗费用控制情况较好，五年内的波动最小，其私人卫生支出占卫生总费用比例在几个国家中也是最低的。总体来看，除新加坡以外，各国私人卫生支出占卫生总费用比例基本在五年内持平。新加坡不断提高政府卫生支出水平，其私人卫生支出占卫生总费用比例在不断降低，从侧面反映出目前新加坡医疗保险制度模式倾向于减少私人医疗费用的负担。

四、四种医疗保险制度模式比较的总结

对四个医疗保险制度模式下的典型国家进行分析发现，在覆盖范围方面，在以英国为代表的全民医疗保险制度模式下，医疗保险可以覆盖全体国民，以德国为代表的社会医疗保险制度模式也可以覆盖 90%以上的国民；而以美国为代表的商业医疗保险制度模式和以新加坡为代表的储蓄医疗保险制度模式比较强调个人的责任，医疗保险覆盖范围相对不广。在费用支出方面，全民医疗保险制度模式下的公民就医花费最少，但是社会保险税收居高，社会医疗保险制度模式下的次之，储蓄医疗保险制度模式下的又次之，公民就医花费最高的当属市场主导的医疗保险制度模式。在政府投入方面，在全民医疗保险制度模式与社会医疗保险制度模式中，政府的责任较多；而在市场主导的医疗保险制度模式与储蓄医疗保险制度模式中，政府仅起到监督与资金管理作用。

思考题

1）医疗保险制度模式划分的依据是什么？

2）为何不同国家医疗保险制度模式的选择会有不同，其根本原因何在？

3）请简要分析政府在不同医疗保险制度模式中的角色差异性。

［广西医科大学人文社会科学学院　黄李凤（第一节、第三节）］

［西南医科大学人文与管理学院　王　琼（第二节）］

第四章 医疗保险立法与法律体系的国际比较

内容提要

法律制度建设是实现医疗保险依法治理的重要基础，是医保治理体系和治理能力现代化建设的关键。本章在系统解读医疗保险立法体系和法律体系概念基础上，分别对医疗保险立法体系和法律体系的典型模式进行了国际比较；在介绍我国医疗保险立法和法律体系现状后，提出国际医疗保险立法和法律体系建设对我国的启示与借鉴。

第一节 概 述

一、立法与法律体系相关概念

（一）立法体系

在我国，“立法”一词最早见于战国时的《商君书》一书中，其提到“伏羲、神农教而不诛，黄帝、尧、舜诛而不怒，及至文、武，各当时而立法，因事而制礼”[①]。我国对该词的使用较之西方而言并不频繁，但不论是中国还是西方国家，均没有对“立法”一词做出规范化的诠释或定义。

“立法”一词在西方主要被诠释为在制定过程中产生的结果，即所指制定的法本身；而在中国则较多地被表达为由特定主体依据一定的职权和程序，运用一定技术，制定、认可和变动法这种特定社会规范的活动[②]。

立法体系的概念较为少见，《中华法学大辞典·法理学卷》提出，立法体系是指由国家制定的具有法律效力的规范性文件系统[③]。《中华实用法学大辞典》记载，立法体系是指由国家制定认可的并以国家强制力保证其实施的各种规范性文件的总和系统[④]。总之，立法体系是指由国家制定并以国家强制力保证实施的具有一定法律效力的规范性文件有机组合而成的系统，包括宪法、法律、行政法规、地方性法规等，是组成法律内容的外部形式。

立法体系强调一个国家的立法活动自身的有序性、立法程序的规范性及立法效力的层级性。立法体系的构成在很大程度上取决于立法者的意志。尽管就不同国家而言，各个国家的立法体系都具有本国特色，但从总体上看，立法体系主要呈现的是整个系统的纵向发展结构。如图 4-1 所示，我国的立法体系所呈现的便是不同立法部门与其所对应的法律规范制定层次的纵向结构。其中值得注意的是，法的效力等级为：宪法＞法律＞行政法规＞地方性法规、部门规章、地方政府规章；地方性法规＞本级和下级地方政府规章；部门规章=地方政府规章（＞表示效力高于，=表示效力相等）。

① 石磊. 中华经典藏书商君书. 北京：中华书局，2016：7.
② 肖光辉. 法理学. 北京：中国政法大学出版社，2015：164.
③ 孙国华. 中华法学大辞典·法理学卷. 北京：中国检察出版社，1997.
④ 栗劲，李放. 中华实用法学大辞典. 长春：吉林大学出版社，1988.

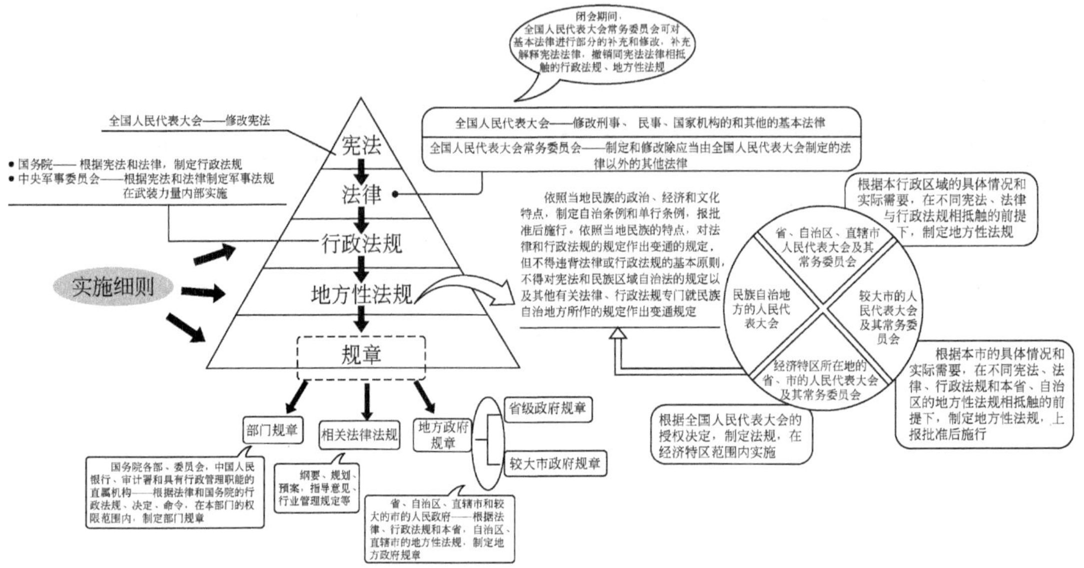

图 4-1　中国立法体系结构图

（二）法律体系

《新时期新名词大辞典》指出，法律体系，又称“法体系”或“法的体系”，即法的内在结构，指的是由一个国家的全部现行法律规范分别组成的各种法律而形成的一国法律有机联系的统一体[①]。换而言之，法律体系就是部门法律体系，是根据一定标准、原则所制定的同类规范的总称。

由于不同法律规范的调整对象——社会关系的不同，所以一国的法律关系呈现出内在统一，但又相互独立的特点。根据法律体系的概念内涵，其主要具有以下特点。

1）内部性。法律体系仅仅指的是一个国家内部的全部的法律体系构成的系统，不包括完整意义上的国际法。

2）时效性。一个国家的法律体系指的是本国当下正在施行的全部法律构成的有机整体。宣布废除、失效的法律，尚未制定完成或已经制定但没有实施生效的法律规范均不是一国法律体系的构

法律部门的划分标准

划分法律部门的主要标准是法律的调整对象——社会关系，但并不是唯一的。首先，社会关系的多样性决定了法律规范的多元化，仅以调整对象为单一的划分标准，必然会导致产生法律部门的冗余。其次，在大多数情况下，同一个社会关系也会需要不同法律部门的相互配合进行调整，如医疗保障权，有宪法、医疗保险法、消费者权益保护法等。因此法律部门的划分理应有其他标准，目前认可度较高的是按照不同的法律调整方法来分类，法律调整方法主要分为两类：一类是他律的方法，另一类是自治的方法。由于法律规范的调整对象不同，采取的调整方法的侧重点也应有所区别，从而表现出具有特色的法律部门的调整方法。

① 马国泉，张品兴，高聚成. 新时期新名词大辞典. 北京：中国广播电视出版社，1992.

成要素。

3）整体性。法律体系是将不同部门下的法律规范按照一定的准则分类组合而成的有机整体。法律体系的基本构成单位是法律部门，不同的法律部门按照既定的标准和原则分别调整不同的社会关系，但又统一于本国的法律体系。

由于不同法律规范调整的社会关系不同，所以当法律规范调整的社会关系属于同一类时，这些法律规范就可以构成一个部门或制度。如调整医疗保险的保险人、投保人等相关利益主体之间因医疗保险费的筹集、支付、管理和监督所发生的社会关系的医疗保险法律规范构成了一个法律部门等。不同法律部门构成的有机整体就是法律体系。

（三）其他相关概念

法律规范和法律关系是法学中的重要概念，且均与法律体系有直接或间接的联系。所以在对法律体系的概念进行掌握时，也应对法律规范和法律关系的概念内涵进行了解，进而对法律体系的概念有一个更深层次的理解和更加全面的掌握。

1. 法律规范

法律规范，也称法的规范，是指由国家制定或认可的、逻辑上周全的、具有普遍约束力的行为规则，它规定了社会关系参加者在法律上的权利和义务，并用国家强制力作为其实施的保障。法律规范是可以多次使用的、规范同一类别的事或人的一般性的行为准则[①]。其主要具有以下三大特点。①强制性和国家意志性。法律规范是国家意志的体现，是由国家立法机关制定或认可的，其良好运行和执行也是由国家强制力来保证的。法律规范规定的行为模式，是一种必须执行与遵循的行为准则。②规范性。法律规范通过同一个标准规范同一类人的行为模式，法律规范自身也拥有特定的形式，大多通过官方正式文件予以规定。③可重复性和适用范围的广泛性。法律规范适用于大量同类的事或人，针对的是由具有共性的事或具有相同特征的人组成的群体，且是可多次适用的行为准则。

2. 法律关系

法律关系指法律规范在调整人们的行为过程中所形成的一种特殊的社会关系，即具有法律上的权利与义务关系形式的关系[①]。法律关系只有在法律规范的主体按照既定的规则形成具体的义务和权利的关系时才能够形成，它属于一种客观的、意志层面的关系。其涵盖了政治、文化、经济等不同领域的各种社会关系，但其实质都是经济关系的反映。法律关系主要由三大基本要素构成。

1）主体：法律关系的主体是法律关系的参加者，也是法律关系中权利的享有者和义务的承担者。法律关系的主体涵盖范围是广泛的，主要分为两类，一类是权利者，即权利的享有者，另一类则是义务人，即义务的承担者。结合我国各种法律的规定，法律关系的主体主要包含自然人、法人、非法人团体及国家这四大类[②]。

2）客体：法律关系的客体指的是法律关系主体之间权利、义务所共同指向的对象。也就是说，法律关系的客体是将主体间享有的权利和承担的义务联系在一起的客观基础。主要分为四大类：物、人身、精神产品及行为[②]。

3）内容：法律关系的内容是法律关系最主要的部分，指的是各主体之间的权利与义务的相互关系。按照不同的分类标准可将权利义务分为以下几大类别：基于其体现的社会内容的重要程度，可将其分为基本的权利义务与普通的权利义务；按照适用范围的不同，可将其分为一般的权利义务和特殊的权利义务；按照主体不同，可以分为公民的权利义务、集体的权利义务、国家的权利义务

---

① 孙国华，朱景文. 法理学. 4 版. 北京：中国人民大学出版社，2015：86.

② 朱景文. 法理学. 3 版. 北京：中国人民大学出版社，2015：300-305.

（职权和职责）、人为的权利义务（人权）；按照部门法的划分，可分为民事权利和义务、诉讼权利和义务等。根据不同的分类标准，其结果也不尽相同[①]。

（四）立法体系和法律体系的联系与区别

1. 法律体系和立法体系的联系

法律体系和立法体系并不是完全对立的，法律体系和立法体系之间有着有机的相互联系。首先，法律体系（不同部门法体系）和立法体系（即法律文件体系，包括法律、法令、政府决议等）是同一本质和同一内容的两个方面。其次，二者的基本组成部分均是本国全部法律规范的不同组合，前者是组成法律内容的内部形式，后者是外部形式。最后，当立法体系是法典式的法的形式时，立法体系和法律体系所调整的社会关系是趋于一致的。

2. 法律体系和立法体系的区别

法律体系与立法体系虽然在立法过程中趋于一致，联系也越来越紧密，但又不完全雷同，二者各有侧重，可以从以下几个方面进行区分。

（1）基本构成元素不同

不同的法律规范和部门法体系是构成法律体系的基本要素，而立法体系的基本构成要素是不同位阶的规范性法律文件。基于立法者视角来看，法律体系是完善立法、提高立法效果的工具，而立法体系则是不同位阶的法律文件的组合体。简而言之，法律体系是构建科学合理的立法体系的旗帜[②]。

（2）主、客观方面不同

立法体系和法律体系最为显著的区分就是立法体系较大程度地受立法者的价值观、政治目的、立场等影响，而法律体系通常是客观的，不以立法者的意志为转移。这种客观性一般主要体现在两个方面：一方面，法律体系是以社会经济基础和社会关系发展的需要为根据的；另一方面，法律体系一旦形成，立法者就难以随意改变。立法体系的主观性表现为，立法者在建立立法体系时，在基于法的逻辑的基础上，或多或少会受到立法者本人的思维形式的影响，同时还要兼顾立法传统以及在使用时的便利性等。在对全部现行法律规范进行编排时，这种主观性的表现更为明显[②]。

（3）法律体系比立法体系更稳定

立法者对某一社会关系进行调整时，会受其价值观等主观因素的影响，而究其根本，立法体系是立法者所在时代背景的缩影。虽然这些因素对法律体系也有影响，但通常情况下，不是直接且短期的，而是一个相对长期的影响，且影响程度较小。虽然法律体系在不断地修订和新增，但这些均不会对法律体系产生较大影响，因此相较于立法体系而言，法律体系是一个相对稳定的体系[③]。

（4）法律体系与立法体系具有不同的结构

立法体系的纵向结构本质上与发布规范性法律文件的国家机关的等级是一致的，如表 4-1 所示，而横向结构则是不同法律部门的规范性法律文件[④]。法律体系的纵向机构主要表现为部门群、部门、子部门等，横向机构则是不同的部门。

---

① 朱景文. 法理学. 3 版. 北京：中国人民大学出版社，2015：300-305.

② 朱景文. 法理学. 2 版. 北京：中国人民大学出版社，2011：249-250.

③ 胡玲. 英国全民医疗服务体系的改革及启示. 卫生经济研究，2011，(3)：21-23.

④ 周帮扬，罗大平. 我国环境法的法律体系与立法体系研究. 理论月刊，2004，(10)：85-90.

表 4-1　立法体系与法律体系的区别

维度	法律体系	立法体系
基本构成要素	法律规范及部门法体系	法律规范性文件
主、客观方面	不以立法者意志为转移	受立法者意志、价值观、世界观等影响
侧重点	法调整的内在内容	法调整的外部形式
表现形式	横向关系	纵向关系
稳定性	有机、自然组合的系统（稳定）	人们按照既定的原则，将法律规范性文件创制成一个整体和制定法典与法律汇编（不稳定）

二、医疗保险法的概念及特点

（一）医疗保险法的概念

为促进医疗保险制度体系的良好运行，各国通常采取制定医疗保险法的方式来保障每个公民都能获得基本的医疗保险。医疗保险法是规范医疗保险制度当事人之间权利与义务关系的法律规范总称。医疗保险的法律化最早起源于德国，随后其他西方国家也紧随德国，逐步建立了适合本国国情的医疗保险法，并且不断进行改革，以更好地促进本国医疗保险制度体系的运行。

（二）医疗保险法的特点

由于不同国家采取不同的医疗保险制度模式，各国的医疗保险法呈现出不同的特点，但总体来说，医疗保险法普遍呈现出以下特点。

1）实质公平性。与其他法律不同的是，医疗保险法主体虽然享有的权利是一致的，但是主体所承担的义务是因人而异的。以参保者在医疗保险基金中的贡献率来说，各个参保者由于收入的不同而对医疗保险基金的贡献率不同，高收入者相较于低收入者来说对医疗保险基金的贡献更多一些，但是二者享有的医疗保险的福利和待遇只与参保者的实际病情相关。这种权利与义务的不对等性并非不公平，恰恰是这种权利与义务的不对等性保障了各个医疗保险法主体在获得医疗保障权时的公平。

2）适用范围的广泛性。由于疾病的不可预见性，医保的适用范围显得尤为重要。目前国际上的大部分国家虽在医保改革上的方法和目的不尽一致，但全球范围内的大多数国家医疗保险法均致力于将其扩展至全体国民。

3）法律关系的复杂性。传统意义上的法律关系通常只涉及双方主体，但由于医疗服务行为的特殊性，医疗保险法的法律关系在通常情况下涉及投保者、医疗机构、医保经办机构、被保险人四大法律主体①。

三、医疗保险立法体系与法律体系

（一）医疗保险立法体系

医疗保险立法体系一般是为保证医疗保险制度良好运行，由国家制定并以国家强制力实施的医疗保险相关的法律规范性文件的总称。医疗保险立法体系更加强调的是立法体系在医疗保险领域的纵向结构，其基本特点如下。

1）医疗保险立法体系强调的是医疗保险领域的立法体系，是由不同位阶医疗保险相关法律规范性文件组成的纵向体系。

---

① 李晓鸿. 论我国医疗保险法律关系的定性及争议回应. 甘肃社会科学，2013，(6)：151-155.

2）医疗保险立法体系内单级立法和多级立法并存。为了解决较为严重的系统性问题，往往会由多个立法层级共同出台针对该问题的政策文件，以实现综合治理。针对地方性的特殊的问题，则可以由单一立法机构因地制宜地制定改善措施。

3）医疗保险立法体系的内容与宏观制度环境相适应。由于不同国家的政治体制和社会形态的不同，其采用的医疗保险制度模式也不尽相同，因此各个国家的医疗保险立法体系也各有千秋，但总体上都是与本国的宏观政治、法律及卫生制度相适应的。

（二）医疗保险法律体系

医疗保险法律体系是调整医疗保险领域社会关系的全部现行法律规范文件所构成的相互联系的统一整体。值得注意的是，只要调整的社会关系是医保领域的法律规范文件均可以称为医疗保险法律体系的构成要素，为更好地理解医疗保险法律体系的概念，应着重关注其与法律体系的区别。

1）调整的社会关系具有单一性。医疗保险法律体系调整的是医疗保险领域涉及的社会关系。

2）医疗保险法律体系主要由专门为医疗保险设置的法律规范性文件和涉及调整医疗保险领域社会关系的法律规范性文件两部分构成。由于医疗保险领域社会关系的复杂性，单一的医疗保险法难以实现对其领域内全部社会关系加以调整，而其他部门法中包含医疗保险相关的法律规范，就内容和功能而言，与医疗保险部门中的法律关系具有一致性与补充性，因此其他部门法也是医疗保险法律体系的构成要素之一。

3）动态性。一国的医疗保险法律体系是一个国家当下医疗保险领域全部现行法律规范的总和，它会随着一个国家经济水平的不断发展以及医疗保险的不断革新而不断丰富和创新，它是一个动态的不断进步的过程。

由于医疗保险法律体系的独特性，按照不同的分类标准，医疗保险法律体系可以有不同的分类方式。医疗保险法律体系的分类标准见表 4-2。

表 4-2 医疗保险法律体系的分类

分类标准	医疗保险法律体系
保险对象	针对职工、居民、老年人、妇女、军人、残疾人、贫困人群，以及其他特殊人群制定的法律规范
医疗保险运行环节	针对筹资、基金管理、待遇与支付、监督管理等医疗保险不同运行环节制定的法律规范
医疗保险的功能	针对资金筹集、风险共济、支付与补偿、费用控制与促进社会公平等医疗保险不同功能制定的法律规范
医疗保险的主体	针对参保人、医保经办机构、定点医疗机构、定点药店等医疗保险涉及的不同主体制定的法律规范

第二节 医疗保险立法体系的国际比较

本教材从不同的国际医疗保险制度模式中选取了英国、美国、德国、新加坡四个典型国家来介绍医疗保险的立法体系，尽管各个国家不能代表各自模式下的全部情况，但是可以让我们有一个以小见大的着眼点。

一、英国的医疗保险立法体系

英国属于英美法系国家，主要包括普通法、衡平法和制定法[①]。作为西方近代议会民主制的发源国家，英国立法权相对集中于议会，议会为立法主体，通过授权给多层次的机构、团体共同行使

① 李大伟. 论英国法治现代化经验及当代启示. 太原：山西大学，2011.

立法职能，进行立法活动[1]。

英国医疗保险立法体系由宪法、法律、法案和法规、法令及地方性法规、命令和指示等构成，如图 4-2 所示。

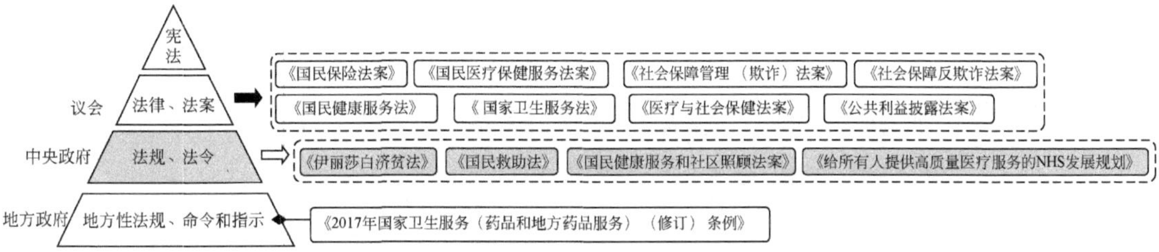

图 4-2 英国医疗保险立法体系图

（一）医疗保险法律、法案

英国议会所颁布的医疗保险法律具有最高的法律效力。议会针对医疗保险领域颁布了众多法律，其中 1911 年颁布的《国民保险法案》将社会保险引入健康领域，使低收入者获得健康保障[2]。1948 年颁布的《国家卫生服务法》（National Health Service Act）确立了英国的全民医疗服务制度。1948 年颁布有关医疗保险的《国民医疗保健服务法案》完善了英国早期的医疗保险制度体系，使英国全体公民都能享受无差别的医疗服务。针对医疗保险基金监管方面，英国也颁布了诸如《社会保障管理（欺诈）法案》《社会保障反欺诈法案》《公共利益披露法案》等相关法案。

（二）医疗保险法规、法令

医疗保险法规、法令主要由英国中央政府负责制定。政府在医疗保险立法和制度建设中承担主体责任，对医疗保险经办过程中各方面暴露的问题进行监督和管理的同时具有出台医疗保险相关法规、法令的权力。其中，英国中央政府为厘定圈地运动造成的社会动荡进而引发失业与流浪人口的健康问题，于 1601 年出台有关社会救济层面的法令——《伊丽莎白济贫法》，同时该法令也是现代社会保障制度的萌芽。随后相继出台了《国民救助法》《国民健康服务和社区照顾法案》《给所有人提供高质量医疗服务的 NHS 发展规划》等医疗保险法规、法令。

（三）医疗保险地方性法规、命令和指示

医疗保险地方性法规、命令和指示由英国地方政府根据其立法的职责制定。英国地方立法起源于 1974 年推行的英国地方政府制度。由于英国各级地方议会都自治独立，互不隶属、互不管辖，所以各级议会都只能在议会法赋予的权限范围内，就自己的职权事项制定有关地方性法规[2]。例如，英格兰公共卫生局针对地方医药事项出台了《2017 年国家卫生服务（药品和地方药品服务）（修订）条例》。

综上来看，英国的医疗保险法律各位阶在颁布法律方面相互贯通，共同构建了英国从上至下的医疗保险立法体系，为英国实施公费医疗保险制度奠定了坚实的法律基础。

---

① 林征. 英国的立法制度. 中国人大，1994，(15)：32-35.

② 高银莉. 各国改革医疗保险基金可持续发展模式的比较研究——以德国、美国和英国为例. 武汉职业技术学院学报，2017，16(3)：27-30，40.

二、美国的医疗保险立法体系

美国属于英美法系国家，其立法体系受制于联邦制，主要呈现出双轨制的特征，主要由联邦法律与州法律两部分组成。同时美国的医疗保险立法体系与其国家整体的立法体系相辅相成。

美国的医疗保险立法体系主要由宪法、法律、法案、法规等构成，如图 4-3 所示。

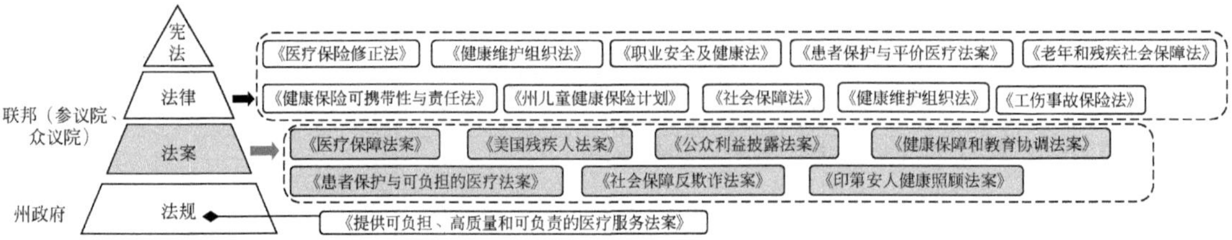

图 4-3 美国医疗保险立法体系图

（一）医疗保险法律和法案

医疗保险法律和法案主要由联邦参议院与众议院来制定。在法律层面，1935 年罗斯福总统签署《社会保障法》，使老年人享有养老金和失业保险的基本权利得以确立。1965 年约翰逊总统针对老年人、残疾人和低收入人群颁布医疗援助制度，即 Medicare 与 Medicaid。2010 年奥巴马总统为扩大医保覆盖人群，建立使公民可及的医疗保险制度体系而推行《患者保护与平价医疗法案》。同时针对残疾人和工伤事故等特定人群颁布了《老年和残疾社会保障法》与《工伤事故保险法》等专项法律。为减少联邦政府开支，颁布了《医疗保险修正法》。其后又相继出台了《健康维护组织法》《职业安全及健康法》《健康保险可携带性与责任法》《州儿童健康保险计划》等医疗保险法律。

在法案层面，先后出台了《医疗保障法案》《美国残疾人法案》《公共利益披露法案》《健康保障和教育协调法案》《患者保护与可负担的医疗法案》《社会保障反欺诈法案》《印第安人健康照顾法案》等医疗保险法案。通过不断建立与修订相关医疗保险法律，美国逐步建立起比较完备的医疗保险法律及制度体系[①]。

（二）医疗保险法规

医疗保险法规主要由州政府的卫生部来制定。州政府在管辖的范围内可以制定和执行各州的法律。从立法体系上看，除联邦所具有的立法权、行政权和司法权外，其余权力下放给各州，各州在其管辖的事务范围内具有独立自主权[②]。为此美国各州也有权制定相关的医疗保险法律，作为 2010 年美国新医改先行示范地区的马萨诸塞州于 2006 年通过《提供可负担、高质量和可负责的医疗服务法案》，旨在把中低收入人群纳入医疗保险覆盖范围。

综上所述，美国在遵循权利与义务对等的原则下，实行差别化的医疗保障，制定的法律多向老年人、残疾人及儿童倾斜，对劳动人口则更加强调自身责任，这与英国等“福利国家”有所不同。

三、德国的医疗保险立法体系

德国属于大陆法系国家，因此极为重视成文法的作用，在实际的立法工作中，更加强调法律的

① 姜楠. 国外医疗保障立法实践及其借鉴意义. 武汉交通职业学院学报，2010，12（4）：45-49.

② 潘华仿. 略论美国宪法的联邦主义原则和法律体系. 比较法研究，1994，（3）：276-288.

系统化、法典化[①]。德国实行两院制，上院为联邦参议院，主要立法职权有提出法案、审议下院通过的法案、行使立法否决权；下院为联邦议院，主要立法职权是提出和通过法案、监督法律的执行。德国的宪法作为根本大法，其地位高于一切其他法律性规范，其他法律不得与宪法相抵触，否则丧失法律效力[②]。

德国医疗保险规划属于联邦政府主导管控。其医疗保险立法体系主要由宪法、法律、法令、规章等构成，如图 4-4 所示。

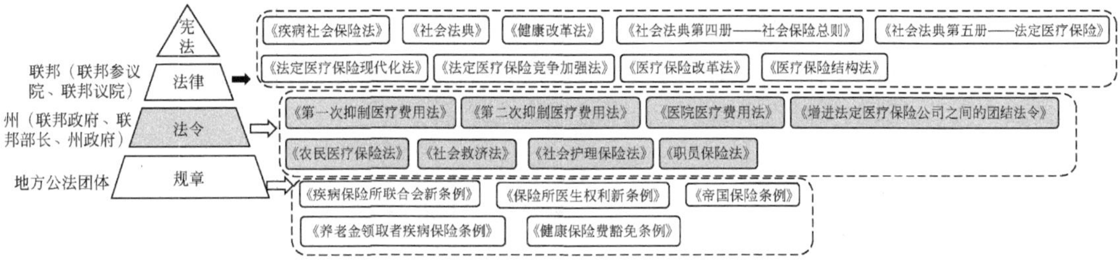

图 4-4　德国医疗保险立法体系图

（一）医疗保险法律

医疗保险法律主要由联邦参议院与联邦议院来制定。1883 年，德国俾斯麦政府颁布的《疾病社会保险法》是世界上第一部疾病社会保险法，该法律确定了以强制性方式让低收入工人参加医疗保险，是强制性医疗保险立法的开端[③]，为许多国家制定医疗保险法律起到了示范作用。同时在德国医疗保险改革的过程中，为在医保经办机构之间引入竞争机制而颁布了《卫生改革结构法案》，围绕着医疗保险制度、体制、机制等层面出台了包括《医疗保险改革法》《法定医疗保险现代化法》《法定医疗保险竞争加强法》《社会法典》等[④]医疗保险法律。

（二）医疗保险法令

医疗保险法令由各联邦政府、联邦部长、州政府对具体的某个医疗保险环节与主体制定。其中在保护医生主体的利益与养老保险等方面均有专门立法，如为限制医院的权力而出台的《加强法定医疗保险竞争法案》。对于其他没有覆盖的领域，则根据联邦和州层面基本法的要求进行管理和保护。先后出台了《第一次抑制医疗费用法》《第二次抑制医疗费用法》《农民医疗保险法》《社会救济法》《社会护理保险法》《职员保险法》等医疗保险法令。

（三）医疗保险规章

德国的医疗保险规章主要由地方公法团体所制定，是针对农民、生活不能自理的人群、职工等群体设立的相关法律。在此层面先后出台了诸如《疾病保险所联合会新条例》《保险所医生权利新条例》《帝国保险条例》《养老金领取者疾病保险条例》《健康保险费豁免条例》等医疗保险规章。规章是基本法和专类法的补充和参考。

总的来说，德国医疗保险立法体系具有联邦统筹，立法层级高，法律、法令与规章相结合的特

① 李真，袁伟. 国外开发性金融立法与治理体系比较研究. 开发性金融研究，2019，(6)：22-34.
② 郑冲. 德国立法体系概况. 人大工作通讯，1994，(18)：38-40.
③ 邓大松，赵奕钧. 美国医疗保险模式对我国医疗保险制度的启示. 上海经济，2013，(Z1)：36-38.
④ 华颖. 典型国家医疗保险立法及其启示. 内蒙古社会科学，2020，41 (3)：34-41.

点，体现权利义务相统一、共同缴纳保费、社会协同、团结互助、劳资自治管理等基本原则①。德国在针对不同范围的人群进行相关立法的同时，还会针对卫生系统的变化进行立法层面的更新，如《第一次抑制医疗费用法》等法律是针对当时医疗服务费用快速上涨而颁布的法律。由此来看，德国的医疗保障立法体系完备程度高②。

四、新加坡的医疗保险立法体系

新加坡立法要追溯到英国殖民统治时期③，法律制度属于英国习惯法体系④。同时新加坡在英国法律移植层面，在结合了本国的宗教习俗的基础上形成了本国的立法体系。

新加坡的医疗保险立法体系主要由宪法、法令、法规、附属法规等构成，如图 4-5 所示。宪法为国家的根本大法，其他任何法律的制定都不能与其相违背。

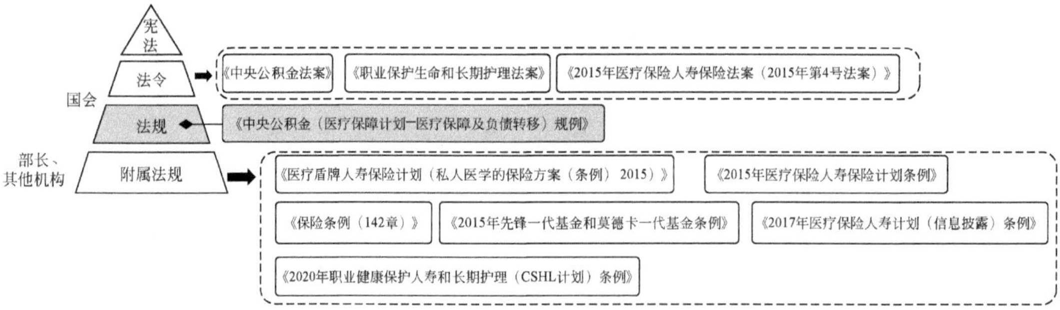

图 4-5　新加坡医疗保险立法体系图

（一）医疗保险法令与法规

新加坡医疗保险法令与法规主要由国会制定⑤。新加坡的《中央公积金法案》所确立的中央公积金制度是新加坡的综合型社会保障体系，主要强调了政府责任，确保了社会福利政策的实施。新加坡主要出台了《职业保护生命和长期护理法案》《2015 年医疗保险人寿保险法案（2015 年第 4 号法案）》《中央公积金（医疗保障计划-医疗保障及负债转移）规例》等医疗保险法令与法规。

（二）医疗保险附属法规

新加坡医疗保险附属法规是部长、其他机构在有关法令的允许下，为特定目的制定的条规或条例⑤。例如新加坡针对长期护理以及人寿保险等方面设立了不同的条例，先后出台了《2015 年医疗保险人寿保险计划条例》《保险条例（142 章）》《2015 年先锋一代基金和莫德卡一代基金条例》《2017 年医疗保险人寿计划（信息披露）条例》《2020 年职业健康保护人寿和长期护理（CSHL 计划）条例》等，通过不断更新条例内容以确保公民健康。

新加坡作为储蓄医疗保险制度模式的典型代表国家，凭借不同位阶的纵向立法体系来有效确保中央公积金制度的实施，同时还保证了新加坡不同层次的医疗保障制度的有效运行。

---

① 孙国华. 中华法学大辞典·法理学卷. 北京：中国检察出版社，1997.
② 肖光辉. 法理学. 北京：中国政法大学出版社，2015：164.
③ Bai Y，Shi C，Li X，et al. Healthcare System in Singapore. Columbia：Columbia University，2012：1-15.
④ 邹平学. 新加坡法治的制度、理念和特色. 法学评论，2002，20（5）：118-128.
⑤ 栗劲，李放. 中华实用法学大辞典. 长春：吉林大学出版社，1988.

综上所述，四个典型国家的医疗保险制度模式立法体系总体上均为纵向分级、相互协同模式。其中，德国作为社会保障领域立法的首创国家，其医疗保险立法体系相对完备，呈现出以宪法为统领，医疗保险法律、法令、规章相互衔接的特点。同时，德国的地方公法团体具备制定规章的权力也独具特色，在确保基层利益层面具有独特优势，值得我国借鉴。英国、美国和新加坡作为英法美系国家，其医疗保险立法体制也独具本国特色。

尽管我国医疗保险立法体系尚不成熟，但在法律方面，医疗保障法已列入全国人民代表大会常务委员会 2021 年度立法工作计划；在相关行政法规层面，我国医疗保障领域第一部条例《医疗保障基金使用监督管理条例》也已出台；部门规章也相继出台。本教材通过对以上四个典型国家医疗保险立法体系的梳理，以期为我国医疗保险立法体系的构建提供经验和借鉴。

第三节　医疗保险法律体系的国际比较

一、德国的医疗保险法律体系

（一）医疗保险法的建立和发展

德国的医疗保险制度是以强制性的基本医疗保险和法定护理保险为主，以自愿性商业健康保险和针对特定人群的福利性医疗保障为辅的医疗保障体系。

德国是世界上第一个建立医疗保险制度的国家，分别在 1883 年、1884 年和 1889 年颁布了《疾病社会保险法》《工伤事故保险法》《养老、残疾、死亡保险法》[①]，1911 年颁布了集医疗、工伤、老年和残障保险于一体的《帝国保险条例》，将医疗保险疾病基金会确定为具有自治权力的公法法人。第二次世界大战后，德国得以恢复纳粹时期停滞的社会保险制度，医疗保险也遵循最初确立的制度模式继续发展。20 世纪 70 年代以后，德国开创了社会法制法典化的先河，将各项社会保险立法及其他社会保障单行法编纂成《社会法典》，它是德国医疗保险制度中最基本、最主要的法律依据，在整个医疗保险制度中具有最高地位。法典分多个部分，第一卷主要规定了德国法定保险体系的构成、基本权利和义务；1976 年颁布的《社会法典第四册——社会保险总则》，规定了包括医疗保险在内的整个社会保险法律制度的基本原则和基本概念；1988 年 12 月颁布的《健康改革法》提供了医疗保险法的基本框架，1989 年将法定医疗保险的法规统一编纂成《社会法典第五册——法定医疗保险》，规定了法定医疗保险的基本原则、组织结构、筹资方式、运作方式、风险补偿机制、奖惩措施、监管机构等内容。在法典确定的基本制度框架下，德国的医疗保险改革进展顺利，1993 年实施的《卫生改革结构法案》将竞争机制引入了当时尚存的 1200 多家医保经办机构之间，参保者有了自由选择医疗保险经办机构的权利。

（二）法律内容

1. 保障范围

德国是医疗保险立法的创始国。德国依法将参加社会医疗保险的参加者分为义务保险者和自由保险者。义务保险者是指月税前收入不超过法定义务界限的就业者、失业者、领取养老金的退休人员、大学生和就业前的实习生等，这些人必须参加法定医疗保险。按照规定，投保者的配偶及其子女在符合法律规定情况下也可以享受医疗保险待遇，2018 年德国社会医疗保险计划覆盖了总人口的

---

① 周绿林，李绍华. 医疗保险学. 北京：科学出版社，2016：234.

90%以上[①]。自由保险者是指月税前收入高于法定义务界限的就业者，自由保险者可以在社会医疗保险公司和私人医疗保险公司之间进行选择。

2. 保险给付

德国社会医疗保险资金主要来自劳资双方所缴纳的保险费。2018 年德国政府规定的法定医疗保险费比例为员工收入的 14.6%，即每月法定医疗保险费＝收入×14.6%。保险费由雇主和员工各支付一半（7.3%）。[②]德国健康保险的医疗支付是以谈判、协商的方式，即采取集体契约的方式议定医疗费用的医疗给付方式。德国之所以强调这种协商制度，主要着眼于医疗市场的必要性。自 1989 年改革以后，德国广泛施行了部分分担制，除需要自付高达 30%～60%的牙医费用外，年满 18 岁的被保险人依据用药量分别负担 3 马克、5 马克或 7 马克的自我负担药品费用，10%的医疗用品费用，每天 11 马克的住院费用。[③]

3. 资金来源

由于政府不直接参与法定医疗保险的实施和管理，因此政府没有统一管理医疗保险的机构，也不实行统一的医疗保险费率政策，费率的高低由各类保险公司自行确定，目前德国法定医疗保险的平均费率为投保人税前收入的 14.6%，由雇主、雇员双方各承担一半。社会医疗保险公司不隶属于政府，而是具有法人地位，按公司法，是由雇主和雇员管理的机构，目前有七大社会医疗保险公司、300 多家企业医疗保险公司以及一些医疗保险互助组织。[④]

二、英国的医疗保险法律体系

（一）医疗保险法的建立和发展

英国医疗保险制度体系的主体，是根据 1946 年颁布的《国民健康服务法》建立的，是以国家税收作为主要资金来源的国民健康服务体系，[⑤]详见表 4-3。

表 4-3 英国医疗保险法的建立历程

立法颁布时间	法律名称
1946 年	《国民健康服务法》
1948 年	《国家卫生服务法》
1964 年	《国家卫生保健法》
1989 年	《医疗制度改革白皮书》
1999 年	《健康法案》
2012 年	《医疗与社会保健法案》

（二）法律内容

1. 保障范围

英国《国家卫生服务法》规定，将医疗保险范围扩大到全体公民，实施全民医疗保险制。

① 郑庆华，李淑春. 德国医疗保险跨境就医管理. 中国社会保障，2009，(11)：3.

② Income Tax in Germany. https://tranio.com/articles/income-tax-in-germany/[2022-12-01].

③ 焦诠，萧孟凝. 德国健康保险法律制度之研究. 法学杂志，1999，(6)：39-40.

④ 穆怀忠. 社会保障国际比较. 3 版. 北京：中国劳动社会保障出版社，2014：363.

⑤ 侯立平. 英国医疗保险体制改革. 中国改革，2006，(8)：64-65.

2. 保险给付

英国《国家卫生保健法》规定，凡英国居民均可免费得到公立医院的医疗服务，患者只需支付挂号费。

3. 资金来源

英国医疗保险制度体系，是根据 1946 年颁布的《国民健康服务法》建立的、以国家税收作为主要资金来源的国民健康服务体系，一般包括直接税、增值税及工资税。这种制度下，政府承担了建立医疗制度、提供医疗费用、经办医疗机构、雇佣医务人员、提供医疗服务等一系列职能。①医疗自付部分主要包括医疗保障制度不给付的药物、眼镜、牙医服务及私人健康保险的费用。

4. 服务供给

英国的医疗服务体系分为国家医疗服务机构、地区医院和社区全科医师三个层次，实行医疗服务机构的分级转诊制度。根据 1999 年颁布的《健康法案》，允许医疗保险的被保险人自由选择医院就诊，改善了医保服务的供应效率。2012 年通过的《医疗与社会保健法案》规定，由临床服务组织（Clinical Commissioning Groups，CCGs）提供服务，该法案通过时共有 211 个地方 CCGs（包括了全科医师和地区医院）为区域内的民众提供初级医疗卫生保健服务，以及急诊、门诊和手术等二级保健服务。②《医疗与社会保健法案》具体还包括以下服务内容，详见表 4-4。

表 4-4　英国《医疗与社会保健法案》内容

项目	内容
医疗保障范围及保障对象	英国的医疗保险制度模式规定，凡是居住在英国的人，不需要获得任何保险资格，一律可以享受医疗保健服务
保险筹资	国家税收。保险资金大部分来源于国家财政，约占全部国民保健费用的 80%以上。其余部分则由人们缴纳的国民保险费、看病处方费、享受更高医疗服务支付的费用等弥补
保险资金支付	政府统一支付。主要包括对医院实行按结果付费（Payment by Results，PbR）、对专科医师实行按工资付费以及对全科医师实行按服务付费
管理体制	中央集权式管理，即在政府的统一管理下进行三级结构的管理，主要分为卫生部、区域战略卫生署和信托机构三级
主体	以国家税收作为主要资金来源的国民健康服务体系

资料来源：陈云良，陈佳苗. 英国 2021 年《卫生和社会护理法案》研究. 法学杂志，2018，（39）：56-67.

英国医疗保险制度就覆盖面而言，具有全民性、覆盖面广的特性；就原则而言，具有非歧视性的特点。英国医疗保险基本上可以满足国民需求，且成本较低。

三、新加坡的医疗保险法律体系

（一）医疗保险法的建立和发展

新加坡的社会保障主要由社会保险制度和社会救助制度组成，而中央公积金制度是新加坡的一种独具特色的社会保障制度，是政府通过立法强制国民进行的个人专项储蓄。《中央公积金法案》颁布于 1953 年，且在不断完善与发展，逐渐扩大其运用范围。《中央公积金法案》中规定，公积金账户中的 6%存入医疗储蓄账户。1984 年 4 月，新加坡推出了保健储蓄计划，1990 年 7 月推出了健

① 孙炳耀. 当代英国、瑞典的社会保障制度. 北京：法律出版社，2000.

② 侯立平. 英国医疗保险体制改革评析. 江西财经大学学报，2006，（4）：26-29.

保双全计划，1993 年 4 月设立了保健基金计划，这些在《中央公积金法案》中有明确的规定。2022 年 3 月 1 日，修订的 2021 年《中央公积金法案》正式生效。2015 年 7 月颁布的《终身健保计划法案》，取代了之前的健保双全计划。该法案在随后几年进行了修订。

（二）法律内容

《中央公积金法案》有关医疗保险内容主要涉及三个部分：保健储蓄计划、健保双全计划、保健基金计划（简称 3M）。①

1. 保健储蓄计划

保健储蓄计划是一项全国性、强制参与的医药储蓄计划，相当于中国的城镇在职职工基本医疗保险基金。他们将员工每月的部分收入储存起来，以供支付将来（尤其是老年时）员工的住院费。该项储蓄缴纳款项存入每个人的个人账户，用来支付户头持有人及其直系亲属的住院费。当保健储蓄账户的所有者去世后，基金的余额可由亲属继承并免交遗产税。

1）保障范围。此项计划始于 1984 年，每一个有工作的人都要按照法律要求参加保健储蓄计划。

2）资金筹集。保健储蓄根据不同年龄组按工资的 6.8%缴纳，由雇主和雇员平均分摊，存入个人公积金账户中的保健储蓄分户。缴纳的保健储蓄金可以免缴个人收入所得税。保健储蓄还规定了缴纳的最高限额，主要是避免储蓄余额的过度“沉淀”，鼓励储蓄者审慎利用卫生资源，最高限额也足以保证储蓄者终身利用有政府补贴的低等级病房所需的医疗保健费用。

3）资金使用。保健储蓄金可用作支付本人及家庭成员的住院治疗和部分昂贵的门诊检查及治疗费用。保健储蓄金虽然属于个人所有，但也规定了提取限额，目的是控制卫生费用和防止储蓄者过早用完保健储蓄金。住公立医院高级病房或私立医院的，超过提取限额部分必须支付现金，引导消费者合理利用卫生服务。在 55 岁时，保健储蓄账户须保存一个“最低累计额”以确保年老患病时有足够的储蓄金支付住院费，超过部分可提取。

2. 健保双全计划

健保双全计划是一种重病保险计划。其目的是弥补保健储蓄计划不足以应对重病患者医疗费用的缺口，确保投保人在患上重病或长期疾病时能够应对庞大的医药开销。2005 年 7 月，该计划进行全面改革，避免“免费”医疗。

1）保障范围。健保双全计划是一种实行社会统筹的大病保险计划，作为保健储蓄计划的补充，1990 年开始，个人自愿参加。

2）资金筹集。对于健保双全计划，个人只需支付很少的保费，并且可用保健储蓄金支付，具体保费额与投保人的年龄相关。

3）资金使用。投保人及其家属因病住院和接受一些如肾透、放疗、化疗等昂贵服务，一年内医疗费用超过一定数额（这个数额称为“可扣额”）后，健保双全计划将支付超过部分的 80%，其余 20%和“可扣额”部分可用保健储蓄金支付。为了避免投保人过度消费医疗服务，健保双全计划也规定了最高“可扣额”和“最高”索赔额。

3. 保健基金计划

保健基金计划是一项由政府出资建立的带有“兜底”性质的保健信托基金，政府为帮助贫困的新加坡人支付医疗保险费用而特别建立的一种捐赠的基金计划。无力支付医疗费用的人可以向保健基金委员会提出申请，由保健基金委员会批准和发放基金。②

---

① 吴茗．新加坡的医疗保险制度．经济论坛，1998，(18)：14.

② 常修泽．新加坡医疗卫生体制的四点启示．学习月刊，2007，(7)：38-40.

4.《终身健保计划法案》

《终身健保计划法案》是一项终身基本医疗保险计划，为所有国人（无论先前是否患有疾病）应对庞大的医药费提供更大的终身保障，是为支付受保人在受保人根据本计划投保期间，因受保人在获批准的医疗机构接受经批准的医疗或服务而导致的全部或部分费用而设立。

（1）保障范围

《终身健保计划法案》取代了健保双全计划，新加坡人将从出生登记完成后的出生之日起加入终身健保计划，永久居民将在获得永久居留之日起加入终身健保计划。

（2）资金筹集

根据《终身健保计划法案》，被保险人支付的保险费会自动从所有适用的津贴和补贴中扣除，这些津贴和补贴可以使用被保险人或其亲戚的保健储蓄计划全额支付。《终身健保计划法案》中的保费会随着年龄的增长而增加。

四、日本的医疗保险法律体系

（一）医疗保险法的建立和发展

日本医疗保险法律体系主要包括《健康保险法》《国民健康保险法》《老年人福祉法》。自 1922 年日本建立《健康保险法》后，根据社会的发展和需要，不断完善和修订相关法律。日本医疗保险制度的历史变迁见表 4-5。

表 4-5　日本医疗保险制度的历史变迁

序号	年份	法律及修订内容
1	1922	制定《健康保险法》
2	1925	全面实施《健康保险法》
3	1934	修订《健康保险法》：适用单位扩大至 5 人以上的工厂
4	1938	设立厚生省，制定《国民健康保险法》：以市町村或职业组合为单位进行组合的方式，任意设立和加入
5	1939	制定《职员健康保险法》，制定《船员保险法》，修订《健康保险法》，开始任意实施家属给付
6	1942	修订《健康保险法》，将其与《职员健康保险法》合并
7	1943	修订《健康保险法》，家属给付法定化，明确 50%给付
8	1944	修订《健康保险法》，给付期间延长至 2 年
9	1947	制定《劳动者灾害补偿保险法》，修订《健康保险法》，废除工伤事故给付
10	1948	制定《社会保险诊疗报酬支付基金法》，修订《国民健康保险法》，规定市町村可以设立国民健康保险组合
11	1953	制定《临时工健康保险法》，制定《私立学校教职员共济组合法》，修订《健康保险法》，给付期间延长至 3 年
12	1954	财政首次对政管健保行国库补贴
13	1956	制定《公共企业等职员共济组合法》
14	1958	全面修订《国民健康保险法》，规定 1961 年实现全民皆保险
15	1962	设立社会保险厅、制定《地方公务员共济组合法》
16	1963	制定《老年人福祉法》
17	1967	制定《健康保险特例法》，创立药费部分自费负担制
18	1968	全面实施国民健康保险 70%给付比率
19	1969	取消健康保险药费负担

续表

序号	年份	法律及修订内容
20	1972	修订《老年人福祉法》，1973 年起实施老年人免费医疗
21	1973	修订《健康保险法》，实施家属 70%给付比率，创立高额疗养费支付制度，财政对政管健保的国库补贴采取固定比率
22	1977	修订《健康保险法》，设立年度奖金特别保险费制度
23	1980	修订《健康保险法》，家属住院给付率提高至 80%
24	1982	制定《老年人保健法》（1983 年实施）
25	1984	修订《健康保险法》，导入被保险者 10%负担制，设立特定疗养费制度和退职者医疗制度
26	1986	修订《老年人保健法》，恢复自费负担，逐步实现 100%退休者加入，设立老年人保健设施
27	1988	修订《国民健康保险法》，促进市町村保险财政稳定运营项目，创设稳定保险财政基盘制度，扩充高额疗养费共同项目
28	1990	修订《国民健康保险法》，确立稳定保险财政基盘制度，加大国库财政补贴
29	1991	修订《老年人保健法》，修订自费负担比率并引入物价联动制，提高对护理的财政投入，开设老年人访问看护制度
30	1992	修订《健康保险法》，政管健保采用长期财政运营方式，设立医疗保险审议会
31	1993	修订《国民健康保险法》：支援国民健康保险财政稳定措施制度化，修改国库负担补贴措施
32	1994	修订《健康保险法》，修改陪护及护理的相关给付，促进在家医疗，开设住院伙食费补助制度和生育一次性补贴制度，设立老年人保健福利审议会
33	1995	修订《国民健康保险法》，充实保险费减轻政策，增加稳定财政的临时措施，进一步扩充高额疗养费共同项目，提高老年人加入比率（老年人保健制度）
34	1997	修订《健康保险法》，设立医疗保险福利审议会，被保险者负担提高至 20%，导入门诊药费一部分负担制，修改自费负担标准，分阶段提高稳定国民健康保险财政的国库负担比率
35	1998	修订《国民健康保险法》，修改与退休被保险者相关的老年人医疗费共同基金制度，提高老年人参保率上限，修改保险医疗机构的床位认定
36	2000	修订《健康保险法》，导入老年人 10%负担制，修改高额疗养费制度，修改标准报酬上限
37	2008	制定《确保高龄老年人医疗法》
38	2019	通过《健康保险法》的修正案。该修正案规定，可使用健康保险费来抚养亲属，原则上仅限日本国内的居住者

（二）法律内容

日本的医疗保险制度主要由职域保险、高龄者医疗、地域保险组成。职域保险主要包括健康保险、共济组合、船员保险，高龄者医疗包括退职者医疗和老年人保健，地域保险指国民健康保险（表 4-6）。

考虑到船员工作的特殊性，根据《船员法》第 1 条，日本建立了船员保险制度。该制度以船舶所有者雇佣的船员为保险对象。共济组合，一般分为国家公务员共济组合、地方公务员共济组合以及私立学校教职工共济组合等。前者根据 1948 年的《国家公务员共济组合法》和 1962 年的《地方公务员共济组合法》建立，后者由依据《私立学校教职员共济法》成立的独立机构专门负责运营管理。高龄者医疗根据 2008 年制定的《确保高龄老年人医疗法》建立。国民健康保险依据 1958 年修订的《国民健康保险法》建立。[①]

① 日本养老保险一般称为公共年金制度，失业保险称为雇佣保险，工伤保险称为劳动者灾害补偿保险。

表 4-6　日本医疗保险制度体系框架

项目		对象
职域保险	健康保险	①企业被雇佣者
	共济组合	②公务员及私立教师
	船员保险	③船员
高龄者医疗	退职者医疗	④65～74 周岁退职者
	老年人保健	⑤75 岁以上高龄者
地域保险	国民健康保险	除①②③④⑤以外的居民

资料来源：国立社会保障・人口問題研究所. 社会保障統計年報. http://www.ipss.go.jp/s-toukei/j/t_nenpo_back/h26.pdf［2021-04-30］.

五、韩国的医疗保险法律体系

（一）医疗保险法的建立和发展

1963 年，韩国制定了《医疗保险法》，1977 年 12 月 31 日制定和颁布了《公务员及私立学校教职员医疗保险法》。1979 年 1 月 1 日起，韩国实施公务员及私立学校教职员医疗保险法律制度，参加者主要为政府公务员、机关职员、私立学校教职员及家属；1979 年 12 月 28 日，修正该法；1980 年 10 月起，该保险的覆盖面扩大到职业军人，1981 年又扩大到全体政府退休人员。

为解决农村地区医疗保险法律制度中存在的问题和财政赤字，打破地区、产业和职业的界限，逐步实行统一的健康保险法律制度，韩国于 1997 年 12 月 31 日制定并颁布了《国民医疗保险法》，同时废除《公务员及私立学校教职员医疗保险法》，将地区医疗保险和公务员及私立学校教职员医疗保险合并为国民医疗保险。在此基础上，1999 年 2 月 8 日，又制定和颁布了《国民健康保险法》，废除了《医疗保险法》和《国民医疗保险法》，并把社会医疗保险改称为国民健康保险。2000 年 1 月 1 日，韩国又将国民医疗保险和单位医疗保险合并为国民健康保险。建立了单位医疗保险、公务员及私立学校教职员医疗保险、地区医疗保险三位一体的医疗保险法律制度，使医疗保险法律制度覆盖全社会。

（二）法律内容

1. 适用范围

韩国医疗保险制度体系覆盖全民，其适用人口分为两个部分：一是企业职工参保者，包括企业雇员、公务员和私立学校雇员；二是剩下的无力负担医疗保险的人口，其依法享受医疗救助，费用由国家财政负担，这些人口占总人口比例的 3.7%。韩国医疗保险制度体系主要为参保人提供服务和现金两方面的保障。

2. 保险给付

韩国医疗保险支出主要分为两部分：一是为参保者缴纳的各项医疗费用，二是医疗管理机构的行政支出和其他支出。按医疗机构的不同级别，个人需要负担门诊和药店总费用的 30%～60%、住院费用的 20%、治疗癌症费用的 10%，其中一些种类的癌症无需个人自付；体检免费。

3. 资金来源

韩国医疗保险资金来源有 3 种：参保者缴纳的保险费、一般税收、对烟草收取的额外费用。

4. 医疗保健计划

韩国实行多元化的医疗保健计划。一方面，针对不同年龄段的人提供各种癌症检查；另一方面，积极倡导并举行“健康生活计划”，以及与预防过度肥胖相关的各个项目，包括针对年轻学生举办的倡导禁烟活动、针对中年人的倡导适度饮酒活动及针对中老年人的预防高血压活动等。

第四节 国际经验对我国医疗保险立法和法律体系建设的启示

一、我国医疗保险立法和法律体系概述

（一）我国医疗保险立法的历史

1951年，《中华人民共和国劳动保险条例》发布，这是我国的医疗保险法律法规体系建设的开端。在此后相当长的时间里，我国的医疗保险法律体系都呈现出以政策和法规为主体的特征，直至2010年《中华人民共和国社会保险法》出台，医疗保险才首次以法律的形式被规定，正式进入法治化运行轨道。近年来，随着改革的深入进行，我国医疗保险法律法规体系也获得了较大程度的发展与完善（表4-7）。

表4-7 我国医疗保险法律法规体系的建立与发展

年份	标志性事件名称	主要内容
1951	《中华人民共和国劳动保险条例》	确立城镇职工劳动保险制度
1952	《关于全国各级人民政府、党派、团体及所属事业单位的国家工作人员实行公费医疗预防的指示》	明确门诊、住院与经费管理等公费医疗预防相关措施
1953	《卫生部关于公费医疗的几项规定》	明确公费医疗预防的人群与经费等规定
1956	《高级农业生产合作社示范章程》	首次赋予集体介入农村社会成员疾病医疗的职责，农村合作医疗开始自发举建
1979	《农村合作医疗章程（试行草案）》	建立农村合作医疗站、卫生所等
1996	《中华人民共和国老年人权益保障法》	维护老年人的基本医疗需求
1998	《国务院关于建立城镇职工基本医疗保险制度的决定》	制定新的城镇职工基本医疗保险制度
2002	《中共中央 国务院关于进一步加强农村卫生工作的决定》	发展农村合作医疗制度
2003	《关于建立新型农村合作医疗制度的意见》	确立新型农村合作医疗制度的任务、原则
2007	《国务院关于开展城镇居民基本医疗保险试点的指导意见》	确立城镇居民的基本医疗保险制度
2008	《中华人民共和国残疾人保障法》（2008年修订版）	明确指出保障残疾人的社会保障权利
2010	《中华人民共和国社会保险法》	明确医疗保险的基本框架
2011	《关于普遍开展城镇居民基本医疗保险门诊统筹有关问题的意见》	开展城镇居民医保门诊工作
2012	《中华人民共和国军人保险法》	解决退役军人医疗保险问题
2014	《社会救助暂行办法》	明确医疗保险费用补贴
2016	《全国社会保障基金条例》	对医疗保险基金进行监督
2018	《中华人民共和国残疾人保障法》（2018年修正版）	保护残疾人的社会保障权利
2018	《中华人民共和国老年人权益保障法》（2018年修正版）	进一步维护老年人的基本医疗需求
2018	《中华人民共和国社会保险法》（2018年修正版）	明确医疗保险的基本框架
2019	《中华人民共和国基本医疗卫生与健康促进法》	基本医疗保险的筹资、保障和基金监管
2021	《医疗保障基金使用监督管理条例》	监管医疗保险基金的使用

（二）现状

从1951年至今，我国的医疗保险立法与法律建设虽然已经有70余年，但医疗保险事业本身起

步较晚，又受到社会经济文化条件的制约，导致医疗保险的法治化建设进程发展得较为缓慢，一直采取投石问路、反复试验的改革途径来制定，以国务院或者地方政府规定的相关法律法规来执行。2021 年 6 月，国家医疗保障局研究起草了《医疗保障法（征求意见稿）》，这意味着中国的医保相关立法在层次上与体系完善度上均将进入全新阶段，是法治化建设的重要里程碑事件。

1. 立法体系

我国医疗保险的立法体系与整个国家立法体系相一致，全国人民代表大会常务委员会、国务院及其主管部门、地方政府是其主要的立法机关。与之相对，法律、行政法规、地方性法规、规章等条文规定构成了我国医疗保险的立法体系。但在实际的操作与运行中，专门针对医疗保险的规定集中于国务院、地方政府与医保相关部门颁布的文件之中，多以法规与规章的形式存在，具体内容见表 4-8。

表 4-8 我国医疗保险立法体系现状

立法形式	立法机关	示例
法律	全国人民代表大会常务委员会	《中华人民共和国残疾人保障法》 《中华人民共和国社会保险法》 《中华人民共和国军人保险法》 《中华人民共和国妇女权益保障法》 《中华人民共和国老年人权益保障法》
行政法规	国务院	《国务院关于建立城镇职工基本医疗保险制度的决定》 《女职工劳动保护特别规定》 《劳动保障监察条例》 《社会救助暂行办法》 《社会保险费征缴暂行条例》 《全国社会保障基金条例》 《医疗保障基金使用监督管理条例》
地方性法规	省市级人民代表大会常务委员会	《江苏省社会保险费征缴条例》 《天津市基本医疗保险条例》 《内蒙古自治区城镇基本医疗保险条例》 《广州市社会医疗保险条例》
规章 部门规章	人力资源和社会保障部	《实施〈中华人民共和国社会保险法〉若干规定》
	国家医疗保障局	《医疗机构医疗保障定点管理暂行办法》 《零售药店医疗保障定点管理暂行办法》
	国家医疗保障局、财政部	《欺诈骗取医疗保障基金行为举报奖励暂行办法》
规章 地方政府规章（举例）	省市级医保局、财政厅等部门	《海南省城乡居民基本医疗保险暂行办法》
	省市级人民政府	《上海市基本医疗保险监督管理办法》 《湖南省基本医疗保险监督管理办法》 《安徽省基本医疗保险监督管理暂行办法》

2. 法律体系

我国医疗保险法律体系所规范的法律关系涉及众多医保相关主体、客体与内容，根据不同的分类标准，其建设现状可以从以下几个方面介绍。

从所覆盖的人群的角度来看，我国的医疗保险法律体系包括有对职工、居民、妇女、军人、老年人、特殊人群等不同参保人群的相关规定。例如，《国务院关于建立城镇职工基本医疗保险制度的决定》《中华人民共和国妇女权益保障法》《中华人民共和国军人保险法》《中华人民共和国老年人权益保障法》

《中华人民共和国残疾人保障法》等法律法规分别针对不同参保人群的权利与义务做出了解释。

从所涉及的医保运行环节的角度来看，我国的医疗保险法律体系对医保筹资、支付、补偿、基金监管等相关运行环节均有所规范，既有如《中华人民共和国社会保险法》《国务院关于建立城镇职工基本医疗保险制度的决定》等对各个运行环节均有涉及的综合性法律法规，也有单独针对某一运行环节制定的专门法律法规，例如《社会保险费征缴暂行条例》专门对医保筹资环节的内容做出了规范，《医疗保障基金使用监督管理条例》则聚焦于医疗保险基金的监管。

从功能保障的角度来看，我国的医保法律体系中的众多规范都致力于保障医保的疾病经济风险分担、促进社会公平、调控医疗资源分布和控制医疗费用增长等正向功能的发挥。如各省、自治区、直辖市人民政府所发布的《城乡居民基本医疗保险实施办法》便是在《国务院关于整合城乡居民基本医疗保险制度的意见》的指导下，为改善医保的社会公平正义功能而制定的关于整合城镇居民基本医疗保险与新型农村合作医疗两项制度的规定。

从所涉及的主体来看，我国的医疗保险法律体系对参保人、医疗保险经办机构、用人单位、医疗机构等相关主体的权责利关系均有所规范。如《中华人民共和国社会保险法》第五十七条、第五十八条涉及医疗保险经办机构、用人单位和参保人的相关规范；《医疗保障基金使用监督管理条例》对医疗机构、医疗保险经办机构的基金使用做出了明确规定；《医疗机构管理条例》则对医疗机构在执业、监管等方面的权利与义务做出了更详细的解释。

（三）我国医疗保险立法与法律体系存在的问题

基本医疗保险在我国社会保险中占有重要地位，与人民群众的切身利益密切相连，是关系社会和谐与人民幸福的大事。然而，当前我国医疗保险立法与法律体系存在立法进程滞后、立法层次不足、法律体系相对单一等一系列问题，这不仅影响人民群众的生活水平的提高，还制约了我国社会保障制度向更高层次发展。

1. 我国医疗保险立法滞后于医疗保险改革实践

立法先行是国际医疗保险历经长久发展与变革而得出的宝贵经验，是医疗保险法律法规创建的必要条件。医疗保险涉及环节流程较多，包括基金筹集、基金运行、待遇支付、服务标准与监督等，也涉及参保人、用人单位、医疗服务机构、医疗保险管理机构等多方面的权利与义务关系，所有这些都需要医疗保险法的调整和规范[①]。

我国医疗保险的改革策略是试点先行、单项突破、自下而上、总结推广，主要依靠行政法规、部门规章及政府政策等行政规范手段，而非法律规范手段，这就导致我国医疗保险立法滞后于国家的计划和实践。行政规范手段的主观性和随意性都比较大，加之立法的滞后，容易受到领导人更迭以及地方重点工作调整的影响和变化，缺少稳定性和长期性。随着我国医疗保障领域实践的快速发展，原有的部分法律规范已经不适应许多新理念和新发展，现行的有效法律供给不足，理论研究和立法工作相对滞后，难以规范指导改革发展实践工作。医疗保险立法的滞后既与医疗保险的改革发展不相称，又不足以保证社会保障的规范运行。

2. 我国医疗保险立法层次不足

基本医疗保险作为医疗保险制度的核心和关键，在立法层次上理应由全国人民代表大会常务委员会制定[②]。但我国医疗保险立法多年来主要由国务院有关部门以及地方政府出台的规范性文件探索推动，行政立法代替全国人民代表大会常务委员会立法，关于基本医疗保险方面的专门行政法规不足，中央集中立法严重缺乏，致使我国医疗保险立法层次低、法律效用弱。至本教材截稿前，医

① 栗燕杰. 基本医疗保险的法治之道. 中国医疗保险，2018，(10)：10-13.

② 杨思斌. 我国基本医疗保险法治化的困境与出路. 安徽师范大学学报（人文社会科学版），2019，47 (4)：135-140.

保未有国家层次的专门立法，相关内容大多分散在2010年之后制定的《中华人民共和国社会保险法》《中华人民共和国基本医疗卫生与健康促进法》《社会救助暂行办法》等法律或行政法规之中，各地医疗保险主要依靠相关政府机构出台的规范性文件，缺乏法律指导与保障。此外，同等级别和地区的行政部门所提出的医疗保险方面的法律规范有着各自进行、零散琐碎的缺陷，缺少权威性和统一性，加之近年来医疗保险制度不断进行改革与试点工作，地方立法的发展在一定程度上阻滞了社会保障制度的统一化进程。

3. 我国医疗保险法律体系相对单一

系统、完备、科学的法律规范体系是推进医疗保险事业法治化的必要条件。当前，我国医疗保险法律体系相对单一，部分法律关系层次不清、界定不明，难以支撑医疗保险的改革与发展。

一方面，基本医疗保险所涉及的法律关系非常复杂，包括参保人、医疗服务机构、医疗保险经办机构、医疗保险监管机构等多方主体，而我国医疗保险相关法律法规虽然对这些主体的权利与义务有所规范，但未形成有效的权责利关系来相互制约，除政府外的相关主体责任规范也大多模糊不清，市场在医疗保险中的作用也未得到充分发挥，医疗保险法律的有效执行受到制约。

另一方面，尽管近年来我国医保相关法律法规所涉及的内容越来越多，很多空白领域被填补，但是由于起步晚、环境变化快等原因，我国现行的医保相关法律法规对医疗保险的一些实质内容的规范更多是原则性的模糊规定，各地出台的执行性法规的可操作性也参差不齐，需要进一步地完善与深化改革。

此外，当前的基本医疗保险在覆盖人群的分类上还比较粗犷，对不同年龄、不同健康水平、不同经济收入水平以及特殊患者群的不同需求缺少关注与区分，缺少相关法律法规，难以满足不同人群的多样需求，难以精准干预与解决问题。

二、国际医疗保险立法与法律体系建设对我国的启示与借鉴

医疗保险立法与法律体系的建设是世界难题之一，涉及多方面的利益关系，各国的模式与特点各有不同，但仍存在着共同的发展趋势，为我国医疗保险立法与法律体系的构建提供了参考依据。

（一）要符合本国经济发展水平

各国医疗保险立法和法律体系的形成与发展均受本国经济发展水平等多种因素的影响。英国的全民医疗保险、美国的商业医疗保险、德国的社会医疗保险和新加坡的储蓄医疗保险的建立都是从各自国情出发的，与自身经济发展水平相匹配。以英国为例，英国基于发展现状，在1946年颁布《国民健康服务法》，决定改善和增加医疗保险设施，对全体国民实行免费医疗，该模式下的法律体系主要是为了确保医疗保险制度体系良好运行，促进社会发展。

鉴于当前社会主义初级阶段的基本国情，不同地区的经济发展水平不平衡，医疗消费水平存在较大差距，社会保障制度的部分功能还未能完全发挥，我国应将普遍性与特殊性结合起来，制定与其他社会政策和制度相配套的医疗保险法律，同时注重兼顾公平与效率，使中国的社会保障发展与经济发展水平相适应。

（二）明确政府在医疗保险立法中的主体责任

国际医疗保险立法的共同经验表明，政府在医疗保险立法过程中的责任不容忽视，即使是以商业医疗保险为主的美国，也在发展过程中意识到了政府职能的缺失带来的危害。有鉴于此，我国政府部门作为社会政策的制定者和社会事务的管理者，在医疗保险立法领域应积极发挥作用。针对目前我国医疗保险立法层次较低的问题，我国应由全国人民代表大会常务委员会进行国家层次的医疗保险立法，促使医保问题被提升到更高层次的立法议程；同时，政府应承担起制定和完善医疗保险制度和法律法规的责任，综合考虑参与各方的利益和医疗保险系统中存在的一些问题，积极促进法

律的及时调整，对基本医疗保险法律进行系统化的规制，为医疗保险制度提供更加全面的法律依据，实现医疗保险管理的法治化。

（三）构建与完善多层次的医疗保险法律体系

纵观国际医疗保险法律体系的调整与发展，它们均呈现出多层次的趋势。

一是医疗保险法律责任主体的多元化。发达国家除国家和政府仍是责任主体外，各种社会组织和商业保险公司也成为医疗保险法律责任主体。例如，德国将私人医疗保险机构引入医疗保险领域，不仅能够使参保人自由选择医疗保险机构，还刺激了私人医疗保险机构与公共医疗保险机构展开竞争，从而推进医疗保险的发展。有鉴于此，我国应合理界定政府职能，鼓励社会组织和商业保险公司加入医疗保险，有效发挥市场机制的作用。

二是医疗保险法律客体的精准化。随着卫生系统的发展，医疗保险面临的问题日益复杂多样，真正实现医疗保险法治化，必须科学化、系统化与条理化地满足不同群体对利益的需求，妥善处理各方面的利益关系。借鉴德国的经验，我国除医疗保险基本法之外，需要针对不同收入、不同健康状况、不同年龄的人群制定相应的法律，精准定位人群诉求，并将医疗救助作为医疗保险法律体系的补充，对贫困人口和老年人等弱势群体采取特殊的医疗救助措施，提高医疗卫生服务可及性。

三是医疗保险法律内容的丰富化。国际经验表明，要更好地实现公民的社会保障权利，就必须使医疗保险法律内容更加丰富、全面。我国需要进一步完善与医保实体内容相关的法律法规，制定配套的法律法规来使这些内容更加明确与具体，从而提高医疗保险法律的操作性，推动医疗保险有效运行。同时，以法律的形式来规范医疗保险职能部门、企事业单位、社会组织与参保者之间的权责利关系，并进行系统的、全方位的监管，加快我国社会医疗保险法治化进程①。

思考题

1）何为医疗保险立法体系与法律体系？
2）不同国家医疗保险立法体系分别有哪些特点？
3）不同国家医疗保险法律体系分别有哪些特点？
4）国际医疗保险立法对我国有哪些启示与借鉴？

［哈尔滨医科大学卫生管理学院　康　正、单凌寒（第一节、第二节、第四节）］
［西南医科大学人文与管理学院　万美君（第三节）］

① 梁云，邵蓉. 国外医疗保险模式的比较及对我国的启示. 上海医药，2007，(6)：257-259.

第五章　医疗保险管理体制国际比较

内容提要

医疗保险管理体制是组织领导医疗保险活动的管理原则、管理制度、管理机构和管理方式的总和。它一直是各国推行社会医疗保险计划和政策中最敏感、最关键的问题，它在很大程度上决定着医疗保险资源的使用效率，决定着受益人所得到的医疗服务的数量和质量。由于国家与国家之间的制度文化和制度背景不同，各个国家在医疗保险筹资管理、组织管理、信息管理、监督管理等体制方面差异较大。

第一节　医疗保险管理体制概述

一、医疗保险管理体制的概念

医疗保险管理是对医疗保险运行系统各要素包括医疗保险费用供方和需方、医疗服务的供方和需方，以及医疗保险制度运行过程的各个环节所实施的有效的计划、组织、领导和控制，以最有效的方法去实现医疗保险制度的保障和保证目标。医疗保险管理体制是组织领导医疗保险活动的管理原则、管理制度、管理机构和管理方式的总和。

二、国际医疗保险主要的管理模式

受政治、经济、文化及历史背景的影响，不同国家的医疗保险管理制度的设计与其政治制度、经济政策、科学和文化的发展水平密切相关，从而呈现出不同的特征与价值体系。随着社会经济的不断发展，各国医疗保障制度所依赖的背景环境也不断发生变化，因此产生了多样化的医疗保险管理方式。

（一）美国

美国的医疗保险制度由商业医疗保险和社会医疗保险共同组成，其医疗技术水平被认为处于世界最先进和最发达状态。作为一个在所有西方工业国家中唯一没有实行全民医疗保险的国家，美国不仅缺乏全国性的医疗保险制度，而且医疗卫生投入与产出呈反比例关系，医疗费用昂贵。随着美国人口老龄化的加速，医疗诊断水平的提高和治疗技术的复杂化，造成了近 30 年来美国医疗保健费用的急速上升。然而，美国的管理式医疗模式、有效的医疗保险费用控制管理方式、严格的医疗监管机制等医疗保险管理经验仍值得借鉴。

1. 管理式医疗模式

管理式医疗是把提供医疗服务与提供医疗服务所需资金（保险保障）结合起来，通过保险机构与医疗服务提供者达成的协议向投保者提供医疗服务。管理式医疗起源于 20 世纪 60 年代的美国，即“蓝十字与蓝盾”（Blue Cross Blue Shield）计划。它是一种集医疗服务提供和经营管理于一体的医疗保险制度模式，该模式的特点是保险公司直接参与医疗服务体系的管理。该模式不同于传统的医疗保险制度模式。在传统的医疗保险制度模式下，保险机构只是医疗服务的事后付费方，这样势必导致医疗费用的不可控。在管理式医疗模式中，当医疗提供者同意以一笔事先约定的固定费用满足某一客户全部的医疗服务时，他就接受和承担了相当大的一部分经济风险。通过向医疗机构提供固定预付金的方式并满足客户所需医疗服务时，就兼顾了医疗资源的利用和医疗费用的控制。管理式医疗的具体做法如下。①实施医疗保险预付制。医疗保险管理机构通过定期向医疗服务提供者支付固定的医疗费用，对报销额实行总量和封顶控制。引入市场机制，使分散的投保个体得以借助保险机构和专职护士与医方进行集体式谈判，提高自己在谈判中的地位，最大限度地降低所需支付的医疗费用。②采用激励式薪酬体系，实行薪金制。医疗保险管理机构对医生的薪酬发放实行固定薪金与浮动薪金相结合的制度。③对初级保健医生的激励。在管理式医疗保险制度模式下，每位参保者可以选择一位固定的初级保健医生，当参保者患病需要治疗时必须首先经过初级保健医生的诊疗，如果患者需要其他专业性治疗，就必须由初级保健医生推荐给专业医生。

2. 有效的医疗保险费用控制管理方式

美国的医疗保险管理机构在医院的收费标准上，通过市场原理进行调节和控制，并严格规定偿付医疗费用的标准。在签约医疗服务供方和制定医疗保险支付范围时，医疗保险管理机构会对医疗服务技术、医疗服务项目、医用药品和医疗服务质量等方面进行费用效果评价，因此这对医院的花费起到了很大的抑制作用，促进了医生的服务规范化和标准化。此外，在医疗保险组织和医院之外，法律保障并强制设立了医生同行评议机构和监控部门，对医院进行评议和监督，采用统一标准评价患者入院的合理性。由于大多数就诊患者的疾病经常属于常见病例的范围，因此医生的诊断和处方可以参考相应的费用标准，将常见病例的医疗费用控制在一定范围内，如果医疗机构进行违规操作，医疗保险管理机构有权拒绝或是减少向医院偿付患者使用的医疗费用。医疗保险管理机构还可以采取多种方式来控制患者的住院费用，如要求患者在急性病的恢复期时转入费用相对低廉的护理院或家庭护理中心、鼓励患者在医生的诊所直接就诊等方式，减少患者的住院天数，从而达到对住院费用的合理控制。

3. 严格的医疗监管机制

在管理式医疗保险制度模式下，医疗保险管理机构不仅仅是医疗行为发生后医疗费用的报销者，还是集医疗服务监督、医疗服务成本控制为一身的医疗费用的控制者，以达到在医疗保险运转过程中的各个方面维护被保险人利益的目的。

1）对纳入定点医疗服务机构范围内的医院和医生进行严格审查。在确定与相关医疗服务机构和医生签约前，医疗保险机构详细调查医院为患者提供服务的历史情况，包括对行医资格的审查、对从业行为的调查以及对不良行医史的调查等内容，以选出服务态度、服务水平、服务成本等各方面综合水平优良的医疗服务机构。

2）全过程监督。大力调整传统的事后监督方式，医疗保险管理机构采取对医疗服务提供前、中、后全过程的监督：①事前监督，即在医疗服务供方提供服务前，对将要利用的服务的适合性进行评估；②同步监督，在服务的适合性确定后，对医疗服务进行同步监督，以便及时发现问题和解决问题，避免服务过程中医疗资源的浪费；③事后监督，在服务结束后对医疗资源利用情况进行评估，根据医疗记录评价服务的适合性，确定医疗服务是否以最节约的方式提供了最有效的服务。

（二）德国

德国医疗保险基金组织不仅强调运作体系的外部条件，而且注重基金组织的内部环境，实施多元竞争和自我管理的方式。根据德国社会市场经济理论，政府经办的社会医疗保险基金组织在自我管理、自主经营和自负盈亏的基础上引入了竞争机制，投保可以根据自己的意愿，自由选择医疗保险基金组织。同时，将保费的收入作为竞争的主要手段以评估基金经营的优劣，鼓励将规模较小的基金组织和一些地方性医疗保险基金组织进行兼并，以发挥规模优势。

1. 通过采用医疗服务点数控制方式，抑制医疗服务的过度提供

由医生联合会向参保人提供法律规定的门诊医疗服务，社会医疗保险管理机构每年按照一定的预算向医生联合会支付费用。德国门诊医生的大部分或是全部收入由医生联合会计算得出，如果门诊医生提供过多不必要的服务项目就会减少相应的点值[①]。因此，医生通过提供过多的医疗检查项目和服务项目也不能增加收入，以此消除了医生提供过度医疗服务的动机。

2. 在药品经济学的基础上，采用多种药品使用制度

通过采用平行进口药品、仿制药品和代替使用处方药品等多种制度，有效降低药品费用。例如，药剂师有法定义务主动采用功能相近的低价药品代替医生开立处方中的高价药品。药品平行进口在德国医药费用控制中发挥着越来越重要的作用。德国政府意识到了平行进口对降低药品价格的积极影响，因此支持药品平行进口，控制医药费用上涨。平行进口的药品比国内生产的药品价格低，药品制造商为了达到特定的市场份额，不得不考虑调整定价政策。德国法定医疗保险基金组织估计，平行进口使得药品平均价格下降了 10%[②]。

3. 法定健康保险基金管理费

鉴于管理费用近年增长较快，德国政府出台了一项管理费用限额政策，规定开展法定健康保险的基金组织对每名参保人的平均管理费用不得超过全国平均管理费的 10%[③]，否则基金将被冻结。

（三）英国

英国政府与医院之间的内部市场完善，政府通过对医院的服务进行全额补偿从而对市场进行调控。从事社区卫生服务的全科医师作为“守门人”，承担着监督医疗质量和医疗费用的责任。英国医疗保险管理的经验主要反映在以下三个方面。

1. 实行全民医疗保险制度

英国实行国家预算型全民医疗保险制度，医疗保险资金由政府直接筹集并进行统一的管理、分配和使用。英国健康保障体系的宗旨是根据英国公民的需要提供全方位的医疗服务，不考虑公民的支付能力，政府通过拨款补偿的方式对医疗供方进行补偿，需方可以享受免费的医疗服务。英国通过实施普遍责任原则，保证了资源利用的效率和医疗费用的节约，被国际卫生组织评价为全球最佳的公用医疗服务系统。

2. 建立内部市场机制，体现效率原则

英国政府通过调整医疗系统的内部关系、完善医生与医院之间的市场环境，形成了有效的医疗市场机制。例如，允许地区卫生局向管辖范围外但能提供低成本医疗服务的医院投放经费，引进私人医院为本地区的居民服务；当某公立医院具有一定条件和管理水平、能够提供低成本的医疗服务之时，经过地区卫生局的审核，可以独立自主地决定本医院的人事、工资和经济调配等方面工作。允许居民自由选择、决定和改变注册全科医师，促进全科医师间的有效竞争。

3.“三位一体”的医疗服务体系

为了应对医疗运行效率低下以及医疗资源浪费问题，英国医疗保险制度经历了多次调整，最终

---

① 在此制度下，每一单项服务被规定为若干“点”，某一类医疗费用预算除以某一协会的所有医生在一年中的点数的总和，就是每一“点”的点值，如果每个医生都追求点数而提供过量服务的话，到年终他们就会发现点值下降了，其点数服务的增加与其收入增加不成正比。详见：戴德. 医疗服务价格动态调整机制国内外比较与启示. 现代经济探讨，2020，(5)：126-132.

② 曹桂，邹珺，武宁，等. 欧盟国家药品价格平衡措施：药品平行进口政策及启示. 中国卫生政策研究，2013，6 (3)：45-49.

③ 劳动和社会保障部社会保险研究所. 国外医疗保险经办机构管理费用研究分析. https://wenku.so.com/d/e28bd3b3e927a000712f14d1f0b80a5b[2023-05-03].

形成了由国家卫生服务制度、社会医疗救助制度和私人医疗保险构成的 NHS。该服务体系分为初级医疗卫生保健服务，二级医疗卫生保健服务和三级医疗卫生保健服务。根据规定，患者需要通过初级医疗卫生保健服务方能转诊至二级医疗卫生保健服务，接下来从二级医疗卫生保健服务转诊至三级医疗卫生保健服务。NHS 从低到高依次精细化，患者对应的就医层次也逐层提高。该系统赋予全科医师“守门人”的职责，确保患者的健康问题在不同的层面予以识别、分流，在专业健康治疗的基础上配套基础的健康教育等预防手段，从而合理利用医疗资源并提高医疗体系的效率。

三、各国医疗保险管理体制面临的问题

20 世纪 50 年代后，西方各国普遍建立起比较完善的医疗保险制度，对公平解决国民的医疗保障、促进劳动力的再生产、缓和劳资矛盾、稳定社会环境都起到了积极的作用。但是进入 20 世纪 70 年代中期，西方各国出现了通货膨胀、经济增长停滞等一系列问题，使主要靠政府财政支持的社会保障制度相应地遇到诸多难题。特别是 80 年代以来，西方国家医疗保险制度存在的问题逐渐被暴露且日益加深。世界上没有完美无缺的医疗保险制度，各国运行的制度中都存在些许不足。这些问题主要反映在以下几个方面。

（一）医疗保险费用支出过度膨胀，缺乏有效约束机制

从 20 世纪 50 年代开始，西方国家普遍推行社会保障扩张政策，导致用于医疗保险的支出成倍增长，在 GDP 中的占比不断提高。20 世纪 70 年代开始，医疗保险费用的增长速度远远超过 GDP 的增长速度。医疗保险费用的急剧上升，使得各国政府不堪重负。政府将越来越多的公共资金用于医疗保险，对经济和其他各项社会事业的发展产生了消极影响。

造成这一问题的主要原因在于医疗需求的不断扩大，且标准越来越高。一方面，西方社会人口老龄化及疾病谱的变化增加了对医疗服务的需求。同时，医学科技的发展使得疾病检查技术、治疗设备和药物日益先进，但是也造成了医疗费用高涨。另一方面，西方国家的失业率长期居高不下，使得以工资收入作为缴费基数的医疗保险费收入减少。各国的医疗保险管理机构并没有探索到合理有效的机制来遏制医疗保险费用的急剧增长。

（二）医疗服务效率低下，管理体制落后

医疗资源配置不合理在西方各国普遍存在，如各种检查诊断、治疗、辅助设备及病房的闲置和医务人员的过剩，有些国家病床的使用率只有 2/3。各国政府并没有找到合理的途径对医疗资源进行有效的分配和管理。同时，患者获取医疗服务的时间可及性和公正性不足，损害健康福利。例如，去英国的公立医院看病，不仅门诊需要排队，住院也要排队，而候诊、等待住院和手术的时间过长，等待的人数多，患者的病情难以及时被控制而降低了他们治疗的得益；甚至有些患者因就诊过程漫长而放弃治疗；而有的则被迫自费去私立医院就诊。归根结底，以上均是医疗与健康效率的损失。从等待的时间来看，全科医师的诊治（初级医疗）一般需要等待 1～2 天，甚至连事故或急诊的治疗也要等待 3～4 小时；而在医院等待手术的时间则更长，一般等待期达到 18 个月左右。

（三）医疗卫生缺乏公平性，弱势群体就医机会少

以加拿大这个看似全民都能享受免费医疗的国家为例，它与中国传统的挂号就医模式不同，在加拿大的医院里没有挂号处，也没有门诊部，而只有急诊室。这取决于加拿大运行的层级医疗体系，将全科医师设为“守门人”，如果没有全科医师的推荐就无法去医院就诊。因而，患者在享受免费医疗前最大的障碍在于其是否有全科医师。加拿大全国仅 3000 多万人口，而超过 500 万人口没有全科医师，从而造成了患者就医机会的极大不平等。丹尼尔斯在他的著作《医疗公正论》中描述了

美国人的一个普遍共识："比起其他许多工业资本主义国家或社会主义国家，美国人很少主张平等医疗保健体系，但仍有一个信念是：医疗保健资源应比其他社会商品更公平地分配。"①不难发现，美国人追求的是机会均等，而非结果平等，这就导致了保险公司通过提高保费以达到排斥高发病概率人群的目的，使那些本身处于弱势的群体在获得医疗服务时处于不利地位，医疗卫生公平性问题异常突出。

四、医疗保险管理体制的改革与发展趋势

随着社会经济的发展及人们对健康需求的逐步提高，社会医疗保险管理体制面临新的问题，目前世界各国都在进行改革和探索，寻求新的管理经营机制和措施，以提高社会医疗保险的公平性和效率。

（一）筹资渠道的多元化

1. 由以中央财政筹资为主转向以地方财政筹资为主

实施社会医疗保险的国家普遍存在以下问题：中央集权化的卫生政策与补偿机制缺乏对医院降低医疗成本和提高医疗服务质量的激励作用。因此，地方政府与医院有脱离中央政府独立管理和经营卫生服务的倾向，即所谓的地方化。

如今，瑞典、丹麦和加拿大等国家的社会医疗保险的资金筹集主要来自地方政府，中央政府提供的资金不到一半。瑞典中央政府主要负责制定社会医疗保险的法规，以此规范地方政府的行为，而地方政府则提供社会医疗保险所需的大部分资金。加拿大在 20 世纪 70 年代开始采用医疗照顾政策，中央政府提供的保险基金占 50%，其余部分由地方政府提供，而患者不需要承担医疗费用，但是随着医疗费用的上升，中央政府也开始逐渐降低其承担的比例。

2. 由政府筹资转向社会与个人相结合的筹资

筹资渠道多元化的另一个特点是逐步减少中央财政筹资，转向并加强社会筹资，即由政府筹资转向社会与个人相结合的筹资。在法国、德国、日本、荷兰等国家，卫生保健制度的财政支持与管理以社会保险为主要方式，由社会保险机构负责经营，政府仅在发生重大危机时才开始干预，医疗服务的供方也具有较大的独立性。美国医疗保险基金主要由雇主和雇员承担，大多数的医疗保险费用由雇主提供，其中有的雇主提供全部保险费，有的雇主提供部分保险费；另外对于一些小型企业，雇主不提供医疗保险费，由雇员自己承担全部费用。由政府负责提供保险基金的社会医疗保险主要有两种：①以贫困人群为对象的医疗救助制度，资金来源于联邦政府和地方政府（州政府），并由地方政府负责管理；②以老年人和残疾人为对象的医疗照顾制度，直接由中央政府资助并统一管理。

（二）支付方式的多样化

与筹资渠道的多元化对应，医疗保险的服务支付方式也呈现多样化发展趋势。长期以来，大多数西方国家对医院的支付方式是总额预付制，如瑞典、丹麦、英国、加拿大等国家。预算资金主要来自政府，但由于医疗费用上涨、人口老龄化及政府拨款不足，医院难以保证医疗服务的质量。美国、德国和法国过去长期主要采用按床日付费的方式，这虽然有利于保证医疗服务质量，但容易刺激医院延长患者住院时间，导致医疗费用的迅速上涨。

因此，美国首先在医疗照顾制度中采用了按病种付费的方式，瑞典和德国也随之效仿。加拿大、丹麦和新西兰也不同程度地选择了这种支付方式。按病种付费方式的主要优点是有利于提高医院的

---

① Norman D. Just Health Care. New York：Cambridge University Press，1985：17-18.

工作效率，但也存在缺点，即可能出现医院推诿病情严重者的现象；另外，医院为了省钱，往往不等患者完全康复，就要求患者尽快出院，因而有可能导致患者病情的恶化。事实上，任何支付方式都有其特定的适合条件和对象，关键是如何将它们有机地组合起来，因地制宜地采用综合支付方式。

（三）引入市场竞争机制

市场竞争机制的引入有利于降低成本、提高产品（包括服务性产品）的质量。由于决策者希望通过卫生领域的竞争提高卫生服务的效率，目前，已有许多国家将市场竞争机制引入卫生系统，其中也包括医疗保险市场。

在国外，医疗服务机构往往通过提高医疗服务质量、降低医疗费用等来吸引更多的参保患者或保险机构。例如，在德国，根据法律规定，社会医疗保险基金组织均属于受国家法律制约的私人公司，它们必须依照法律规定自主经营、自我管理、自负盈亏，政府不给予任何补贴。该基金组织的管理体制具有企业的特点，最高决策机构是董事会，成员分别来自雇主和雇员。董事会向参加基金组织的参保人和被保险人负责。除此以外，德国法律还规定，医疗保险基金组织不得以营利为目的，只能收取规定比例的管理费，所以医疗保险基金组织往往会更积极主动地代表需方（患者）去加强对供方（医院）的费用控制，以较低的保费吸引更多的参保人。在英国，全科医师的收入与其签约的患者的数量直接相关。获得登记的患者（居民）越多，收入就越高；患者越少，收入就越少。这样就促使全科医师经常评估和改进自己的业务，以获得患者的信任，争取到较多的居民注册或患者就诊。在美国，商业医疗保险组织之间的竞争更加激烈。这种竞争不仅能制约医疗服务供方的市场价格，还能促使医疗保险管理机构以积极的行动和创新手段控制医疗费用。

（四）医疗保险与社区卫生服务的互动发展

德国《社会法典》“第 5 编：法定健康保险”中明确规定，常见病患者必须在社区卫生服务机构就诊。疾病基金会与供需双方签订合同，将社区卫生服务的项目纳入医疗保险支付的范畴，建立严格的转诊体系，调节供需双方的行为，使患者首先利用社区卫生服务。德国的法定长期护理保险，为患者的私人护理、上门服务、住院护理提供费用。这有利于鼓励居民选择家庭护理，也激励社区卫生服务机构提供多种形式的保健服务。在日本，社区卫生服务机构虽然以私营为主，但是由于有全民健康保险制度的支持，社区卫生服务井然有序，不仅居民能获得适当的保健服务，而且社区卫生服务机构能从提供社区卫生服务中得到应有的补偿。英国实行国家卫生服务制度，医疗保险与社区卫生服务的互动作用更为明显，近年来实行“经费跟随患者走”的政策，确保了社区卫生服务的连续性和责任性。居民在异地暂时居住时，可以以临时患者形式登记注册当地的全科医师；如果外出时间短，可以先自付就医，回家后再到当地卫生部门或其他国家保健服务组织报销。总体而言，在社区卫生服务体系和功能较为完备的国家，不同程度地推行了全科医师首诊制，该制度的实现在很大程度上得益于医疗保险制度。

（五）整合医疗资源

在医疗保险一体化进程中，各国医院、卫生管理机构整合现有资源，降低运行成本，以提高效率。例如，英国整合 NHS 管理机构，将社区服务与初级医疗卫生保健服务结合，成立社区卫生中心。1989～2009 年，美国医院数量变化不明显，但集团化医院数量却增长很快，形成连锁化和一体化两种主要模式。2001 年，日本将厚生省和劳动省合并成立厚生劳动省，使其承担国民健康、医疗保障责任。2002 年，德国将劳动和社会政策部的社会保障职能部与卫生部合并，组建卫生和社会保障部。2009 年 11 月 13 日，意大利通过的第 172 号法律规定，意大利政府决定将卫生部从原劳动、卫生与社会政策部中独立出来，恢复成立意大利卫生部，原劳动、卫生与社会政策部则变为劳动与社会政策部。此次卫生机构的调整与整合，既是为了响应政府职能改革的需要，亦是从效率和公平出发，确保医疗资源运行的有效性。

（六）服务模式更加完善

随着社会经济的发展，疾病谱发生变化，同时人口老龄化加剧，人们的健康意识不断提高，对卫生服务需求增加，并呈多样化，医疗服务模式逐步发生转变。从国际经验来看，英国、澳大利亚、瑞典、挪威等国已经全面普及全科医师制度：在英国 NHS 体系中，全科医师扮演着“守门人”的角色，如果不经过全科医师转诊，非急诊患者一般无法接触到二级医疗卫生保健服务和三级医疗卫生保健服务。巴西建立了覆盖城乡的卫生服务网络和双向转诊制度、社区首诊制度，使老年人、妇女和儿童在社区医疗中可以免费获得初级医疗卫生保健服务，通过多样化的服务方式，满足不同层次的健康需求，并有效提高了医疗资源配置的效率。

第二节 医疗保险的筹资与支付

一、医疗保险管理机构与管理内容

（一）医疗保险管理机构

医疗保险管理是以国家相关法规为指导，以促进居民健康为目标，以提升基金使用价值为导向，在一定区域和人群中合理、有效地开展医疗保险业务的总和。医疗保险管理机构则是在医疗保险活动过程中具体负责承办医疗保险费用的筹集、管理和支付等医疗保险业务的机构和组织，即医疗保险系统①中的保险人。

在医疗保险系统中，医疗保险管理机构处于主导地位，参保人和医疗服务提供者是管理对象，这是医疗保险管理职能所确定的，具体体现在：①医疗保险管理机构是医疗保险资金的筹集者和控制者，它负责资金的筹集和支付，是资金流动的控制者。医疗保险管理机构的运行状况和管理水平，直接关系到医疗保险制度的效率与存续。②医疗保险管理机构是医疗保险业务的监督者，它通过监督医疗服务提供者和参保人的行为，保证医疗保险基金支出的效率与正常运行。

因此，在强制性医疗保险国家，医疗保险管理机构是医疗保险系统的管理主体，代表国家或社会整体利益，运用公共权力满足参保人的需求。医疗保险管理机构的管理对象包括参保人和医疗服务提供者。从参保人管理的角度看，涉及筹资过程和医疗服务的支付环节，要确保医疗保险制度的持续、公平和可及性。从医疗服务提供者管理的角度看，由于医疗服务机构的主要功能是为参保人提供医疗服务，并收取相应的服务费用，它们在医疗保险制度体系中有着重要作用，医疗保险管理机构亦需要加强对医疗服务提供者的管理。

在医疗保险系统中，需要强调医疗保险管理机构的中心地位，但不能忽视参保人和医疗服务提供者的主体地位。参保人的主体地位由两方面决定：一方面，参保人是医疗保险市场的需方，也是医疗保险基金的主要来源；另一方面，医疗保险制度的根本目标是维护参保人的利益，作为医疗服务消费者的参保人，其健康状况和支付能力影响医疗保险政策的效果。对于医疗服务提供者而言，由于医疗服务存在信息不对称、复杂性等特征，医生往往在医疗消费中具有主动权，定点医疗机构在很大程度上主导着医疗保险基金的支出。所以，从系统论观点分析，需要基于“大健康”的视角

① 医疗保险系统是指围绕着医疗保险的需求与供给，以及医疗费用的筹集、管理和支付的全过程，有关各方相互作用和相互依存而形成的一个有机整体，以维持医疗保险的运行。

系统地看待医疗保险管理机构，形成管理主体与对象之间的互动式治理模式。

根据医疗保险管理机构独立经营程度的高低，大体可以将其分为以下三类。

1. 政府机构型

这类医疗保险管理机构基本按政府计划的规定行事，主要目标是保证政府计划的落实，少有独立经营的余地，可以视为政府的派出机构。其机构成员类似于国家公务员，经营活动几乎没有风险，经营效果主要依赖于行政管理水平。这类医疗保险管理机构在各国医疗保险管理机构中较少见到，只见于加拿大等国家。

2. 独立经营型

这类医疗保险管理机构在经营方面基本独立，包括组织人事、财务安排、经营决策等都可自行决定，只是在总体上按照政府有关医疗保险的法规行事，并接受国家有关部门的监督。这类医疗保险管理机构在财务经营方面自负盈亏，可能得到发展，也可能倒闭。商业保险公司经办的医疗保险多属此类。这类医疗保险管理机构也不普遍，可见于美国、荷兰等少数几个国家。

3. 中间型

世界多数国家的医疗保险管理机构属于此类型。这类机构一方面接受政府统一的计划安排，另一方面又有相对独立的经营权，如在决定保险范围、保险费率和经营方式方面拥有一定程度的自主权。因此，这种类型的医疗保险管理机构既可在实施医疗保险过程中保证社会公益性，又可通过医疗保险管理机构间的竞争保持较好的效率和效益，是一种较为合理的机构形式。

（二）医疗保险的管理内容

1. 参与制定政府医疗保险的法规、政策和计划

由于医疗保险活动是一种专业性很强的活动，政府在制定有关政策法规和计划时，需要有医疗保险管理机构的参与。医疗保险管理机构根据自身掌握的第一手资料，主动为政府制定医疗保险政策法规和计划提供合理依据和建议，也是保证有效开展医疗保险业务的前提。

2. 筹集医疗保险资金

在医疗保险资金筹集方面，管理工作主要包括对医疗保险市场的调查研究、医疗保险费率指标的预测和测算、选择有效方式组织缴纳保险费等。

3. 保证医疗服务的提供

医疗保险管理机构一般并不直接为参保人提供医疗服务。然而，为了提高医疗保险的效率和效益，保险机构有必要选择和组织适当的医疗机构，让其提供合理适宜的医疗服务，包括：选择适当的医疗服务提供机构和提供者（医疗保险定点医疗机构）；选择和确定适宜的医疗服务范围、技术和服务方式；组织一些直接医疗保健服务，如疾病预防、被保险人的健康检查、健康教育和健康促进等活动。

4. 支付被保险人的医疗服务费用

这是医疗保险管理机构最基本的日常工作，主要包括选择合适的保险支付方式、检查和审核医疗服务的提供情况和大量日常财务会计工作。

5. 对医疗服务供方和被保险方的监督和控制

对违反医疗保险法规和制度行为的监控是开展正常医疗保险业务不可缺少的重要工作。与其他保险业务不同的是，医疗保险管理机构必须同时监控医疗服务供方和被保险方的行为。其工作范围包括：按有关规定对医疗服务范围、种类的监控，对服务价格和收费的监控，对所提供医疗服务的水平和质量的监控，对被保险人违反保险条例的欺诈行为的监控等。

6. 对医疗保险基金的管理

尽管医疗保险基金相对于其他保险基金而言，有周转较快、沉积时间较短的特殊性，但仍有相当的资金沉积。为了沉积的保险基金能够保值和增值，提高抗风险能力，保险基金的管理是医疗保险管理机构的一项重要工作。其主要工作包括对基金的核算、分配、分析和沉积基金的开发利用。

二、医疗保险事务管理

（一）概述

医疗保险区别于其他社会保险的一个显著特点，就是医疗保险经办机构不能直接向参保人提供医疗保险服务，而必须借助于医疗服务机构提供医疗服务。由于双方存在利益上的冲突，医疗服务机构可能会出现损害医疗保险经办机构利益的行为。目前，医疗保险在全球范围内遇到了诸多问题，如医疗资源严重匮乏、医疗费用居高不下、国家财政和企业不堪重负、医疗质量不高等，影响了患者的需求。各国都试图设计适合本国国情的医疗保险制度，以对医疗保险事业开展有效的事务管理。

（二）医疗保险事务管理国际比较

1. 美国的医疗保险制度与事务管理

美国的医疗保险制度大体可以分为社会医疗保险和私人医疗保险两大类。其中，社会医疗保险制度由四个部分构成：一是 Medicare；二是 Medicaid；三是儿童健康保险项目；四是其他保险。私人医疗保险制度体系由两部分构成：一部分是企业雇主提供的团体健康保险，另一部分是个人购买的商业健康保险。

在美国，私人医疗保险市场非常发达，在很大程度上弥补了社会医疗保险计划对特定人群享受医疗服务的限制，有利于满足不同人群、不同层次的医保需要。私人医疗保险一般由雇主为雇员支付保险金（employer-provided insurance），属于企业为员工支付的一种非工资福利，同时，它也可由私人自行购买。在美国，很多人会同时参加社会医疗保险和私人医疗保险。

美国的医疗保险制度经过长期探索和不断演进，呈现出市场化、兼容性强和体制科学的特点。第一，美国的医疗保险遵循市场机制之供求原则，医疗保险市场上的主体具有高度的自主性，投保人会根据自身经济损失的可能性和风险发生率来选择购买保险的数额和种类，保险公司也会自行决策服务定价和经营模式，提供覆盖范围和费用承担模式各异的保险种类；合理的竞争促使保险体系中第三方支付者、保险服务供方、受益者等多方利益关系不断调和并良性发展。第二，兼容性强是指医疗保险类型多样，形成了政府福利性质的医疗保险、商业医疗保险和社会医疗保险共同发挥作用的政企共建运营模式，因而保险品种、保险覆盖地域以及保险覆盖范围相互交叉、互相影响；此外，保险的筹资模式具备宽入口、渠道稳定及运作合理的特点，筹资来源涵盖个人缴纳、雇主提供、政府财政保障和医疗信托基金等多个层次，聚焦和保障弱势群体的利益。第三，专业化的保险从业队伍、医生资格管理协会、卫生服务管理局以及医疗保险信息系统等实现了美国医疗保险制度体系资金筹集、运作分析、保险赔付及费用管控全方位的网络化和信息化以及对医疗保险多方实体的科学管理。

在运营管理方面，将医疗保险和医疗提供者融为一体，由同一个机构统筹风险和资金分配，以预防供方诱导并分摊基本医保的财政压力；设立技术评估办公室，完善医疗设备的需求证制度和标准审核制度，防止医疗设备的过度引进；采用历史经验费率方法，按照过往损失记录制定不同族群的保险费率，从而指导投保人优化保险结构并敦促医疗机构提高医疗技术；第三方代理机制中，私人保险组织作为共同的第三方，通过选择性缔约建立优质的医疗服务网络，通过严格的理赔机制、重点病案管理及绩效考核不断激励医疗服务供方并为消费者提供全方位的健康管理；风险共担机制拟通过风险分担的再设计，分摊高风险投保人的给付风险并促使保险机构创新慢性病患者的服务模式；保险交换机制作为现行分散式保险市场的替代和补充，有利于避免行政程序的冗杂和医疗资源的重复浪费[①]。

2. 德国的医疗保险制度与事务管理

德国医疗保险制度主要由法定医疗保险和私人医疗保险两大体系共同构成。月收入较高的人（大多是自由职业者或高收入者）可以选择参加私人医疗保险。每个参加社会保险的人都可以购买私人医疗保险，可以享受单人病房以及牙科等专项服务。其中以法定医疗保险为主，以私人医疗保险为辅，前者涵盖的范围非常广泛，包括预防医疗药品及康复等。除公务员和自由职业者等人群外，凡是收入低于法定界限的德国公民必须投保法定医疗保险，没有收入来源的家属可以免费共同保险。2007 年，《加强法定医疗保险竞争法》规定了实行全民强制参保，所有人都有强制参保的义务；疾病基金实行统一的基本费率，可收取额外费率；完善风险调整机制，建立一个全国健康基金，统一分配疾病基金收缴的保费。此外，还特别规定私人医疗保险必须提供一个与法定医疗保险一样的基本费率和待遇选项。自该法全面实施，德国医疗保险进入覆盖全民的平稳发展阶段[②]。德国法定医疗保险的管理主要由政府和非政府组织共同协作完成，其管理体制的特点是统一制度、分散管理、鼓励竞争、社会自治。从政府组织层面上看，在德国卫生系统中，各级政府都有各自具体的职责，主要分为三个层次：第一层是联邦卫生部，负责全国医疗卫生管理，主要职能是制定和颁布卫生和医疗保险方面的立法和政策，对全国卫生和医疗保险运行中的重大问题进行研究和宏观调控，制定卫生防疫规划等；第二层是各州的卫生管理部门，负责进行医院规划、管理州内医院，以及监督疾病基金、医院和医生协会等组织；第三层是地方卫生管理部门，包括市、县卫生局，负责公共健康问题。此外，政府职能还包括对医疗保险管理机构进行监督。从非政府组织层面上看，德国政府委派相关自治团体对疾病基金和医疗服务提供者协会进行监管。其中，最重要的自治团体为 2004 年成立的联邦联合委员会（G-BA），法律规定联邦联合委员会有广泛的监管权力，包括制定和实施疾病基金所提供服务的标准等[③]。2008 年，联邦联合委员会的成员包括联邦疾病基金协会（Federal Association of Sickness Funds）、医院联盟（Hospital Federation）和法定医疗保险医师协会（Federal Association of SHI Physicians）。此外，联邦联合委员会还下设两个政策研究及咨询机构，医疗服务质量和经济研究所（Institute for Quality and Efficiency in Healthcare）和医疗质量监督协会（Institute for Quality）。联邦联合委员会在参考政策研究所及咨询机构建议的基础上，制定疾病基金所需保障的医疗服务种类及质量标准。联邦疾病基金协会、医院联盟和法定医疗保险医师协会分别负责监督其成员执行[④]。

3. 英国的医疗保险制度与事务管理

英国是 NHS 体系的典型代表，采用全民公费医疗主导型模式，以 NHS 为主导，以社会医疗救助、商业健康保险为辅助。在医疗卫生领域的各个环节，政府都有权对医疗卫生资源实行直接的宏观管理。在政府间财政关系上，英国是一个财政相对集权的国家，联邦政府通过税收筹集医疗卫生服务资金，然后交由卫生部门按地域将总体预算分配至威尔士、英格兰、苏格兰和北爱尔兰四个分部；地方政府只负责资金的使用而没有征税的权力，但地方财政在各自的预算范围内享有充分的自主权，资金使用不受英国议会及联邦政府的干涉。

在 NHS 中，英国联邦政府的关键作用是提供财政支持。NHS 体系卫生支出主要来自联邦政府的税收。英国现行的医疗服务体系由初级医疗卫生保健服务、二级医疗卫生保健服务和三级医疗卫生保健服务构成，服务网络呈金字塔形。其中，底部是初级医疗卫生保健服务，中部为二级医疗卫

---

① 张梦遥，穆怀中. 美国医疗保险基金管理政策的逻辑体系及重点——基于近十年 CNKI 相关文献述评. 地方财政研究，2017，(2)：107-112.

② 陈晨，黄万丁. 德国法定医疗保险的成功经验及启示——基于参保机制视角. 社会保障研究，2022，(2)：103-111.

③ 冯鹏程，邵晓军，赵正堂. 德国医保治理及商业健康保险融合发展的研究. 保险理论与实践，2021，(2)：112-129.

④ 房珊杉，孙纽云，梁铭会. 德国医疗保障体系改革及启示. 中国卫生政策研究，2013，6 (1)：28-33.

生保健服务，塔尖是三级医疗卫生保健服务。NHS 规定患者只有经过初级医疗卫生保健服务才能转诊至二级或三级医疗卫生保健服务，才能享受到二级或三级的医疗卫生保健服务。医疗保障的运行机制为：国家卫生部负责医疗保障立法及医疗保障覆盖面、医疗服务质量监管；英国全民医疗服务体系分别独立履行全民医疗保障行政职能，与卫生部不相隶属。英国城乡人口的无差别免费医疗实行按诊疗付费、按人头付费模式，每个人只能登记一个全科医师，只能有一份病历，可选择转诊医疗机构。

私人医疗保险又称商业健康保险，其存在主要用于满足公民对医疗服务的不同层次的需求。英国商业健康保险的类型主要分为三类。一是普通的商业健康保险，对投保患者在私人医院诊断、手术以及住院费用上进行保障，免去了投保患者在 NHS 服务体系中可能面临的等候时间问题。与其他保险类型一样，保险费的拟定因人而异，主要根据投保患者的年龄、预期赔偿数额、家庭保障以及职业等方面裁定。二是重大疾病保险。此类保险一般包括癌症、心脏病、中风、器官移植手术或重度残疾等。赔偿方式多为一次性支付，数额一般为数万英镑。三是永久性或长期医疗保险。用于保护失能患者的基本财产。保险公司负责确保患者在不需要变卖房产的情况下，为其支付全部或部分的私人护理费用。

运营管理方面呈现如下特征：一是财政投入逐年增加，英国全民医疗保健所需资金由税收支付，公民享受免费基本医疗，初级医疗卫生保健服务由全科医师负责，转诊须经全科医师同意并提前预约，转诊等待期最长不超过 18 周；二是建立公众意见反馈机制。英国全民医疗服务体系利用公众反馈的意见，在制定和完善全民医疗服务政策时作参考，以改进全民医疗服务工作，降低全民医疗服务费用，提高全民医疗服务质量；三是严格的医疗费用审核机制。英国设有专门的服务数据收集审计机构，建立了癌症患者手术率、5 年存活率等不同病种的数据库，并通过对不同医院、不同地区的同一病种进行全国性的诊疗审计比对，减少不合理的医疗支出。

4. 新加坡的医疗保险制度与事务管理

新加坡医疗保障制度的基本框架包括四部分：政府补贴（Subsidy）、保健储蓄计划（Medisave）、健保双全计划（MediShield）和保健基金计划（Medifund），简称“S+3M 制度”。基本思路为：第一，由政府对基本医疗服务直接进行大量的补贴，公民在享受基本医疗时，直接支付政府补贴后的价格，此处与英国 NHS 有点类似，但新加坡只对本国公民提供补贴；第二，公民在享受门诊基本医疗时，需要使用自己的现金支付（不可以用公积金），包括绝大多数的普通门诊费用（部分慢性疾病除外）；第三，在住院治疗时，在享受政府补贴的基础上，自付部分可以使用个人公积金支付；第四，在个人公积金支出达到一定额度后，由终身健保计划支付起付线以上部分的大部分费用；第五，对困难人群由保健基金计划进行救助。

新加坡医疗保险管理的特点如下。

1）倡导“个人负责”的保障理念。新加坡医疗保障体系的一个基本理念是“个人负责”，它贯穿于整个医疗保障计划之中，强调责任与权利对等、缴费和待遇关联。例如，保健储蓄计划以个人责任为主，强调个人对自身的医疗费用负责。它虽然也有某种共济性特点，但只是体现在家庭成员之间。终身健保计划的参保人只有在支付了医疗费用的自付和共付部分之后，才能获得补偿。所有这些都体现了“个人负责”的理念。因此，新加坡的医疗保障体系能够有效增强参保者的自我健康意识，促使个人及家庭节约医疗储蓄资金，减少医疗费用支出。同时，这也是新加坡医疗保险费用没有出现较快上涨，费用控制较好的一个重要原因。

2）政府主导与市场机制相结合。新加坡政府为了提高医疗保险制度的运行效率，积极引入市场竞争机制，在供给上采用了公私混合供给体制。健保双全计划及其改革后形成的终身健保计划中的额外参保项目，都由政府指定的商业保险公司承办并提供服务。商业保险公司在政府监管下充分发挥了市场主体的积极作用，既满足民众多样化的医疗需求，又在一定程度上提高了保险服务的质量和效率。

3）推行精细化运作管理。新加坡医疗保障体系具有精细化管理的特点，具体体现在筹资机制和支付机制两个方面。在筹资机制方面，按照中央公积金会员的年龄、收入、职业等标准制定缴费率，终身健保计划和乐龄健保计划的缴费水平还随着年龄的增长而调整，以规避逆向选择。由于缴费与风险挂钩，有利于确保资金的可持续性。在支付机制方面，医疗费用偿付对每一个具体医疗服务项目都制定了详细的支付限额。保健储蓄计划建立了最低存款机制和最高封顶机制；又如，保健储蓄计划内的储蓄资金，既可以在家庭成员内部互济使用，也可以购买其他保险，如终身健保计划和商业保险等，有利于充分运用储蓄资金。

4）体现社会公平。新加坡医疗保障制度的公平性主要表现为：终身健保计划规定，只要接受同样的治疗，就能获得一样的偿付；政府在推进健保双全计划向终身健保计划过渡的过程中，不仅提供过渡补贴，还为中低收入人群参加终身健保计划提供永久性补贴，并对享受补贴后仍然无力参保的穷人，以及对改革前患有严重疾病的人群，都由政府财政兜底，确保所有新加坡公民和永久居民都能享受终身的健康保障。除此之外，政府在制定补偿标准、提供就医补贴时，还专门限定了医院和病房的档次类型，重点是为大多数民众提供基本医疗保障，体现医保的社会公平性。

5）注重激励约束。保健储蓄计划的激励约束作用主要体现在为自雇者提供优惠政策和便捷缴费手段；健保双全计划遵循激励约束原则，制定缴费标准，实行年龄越大、缴费越多的政策，鼓励人们尽早参保。在费用偿付方面，健保双全计划和保健储蓄计划都强调通过费用分担来控制参保人的医疗行为，都制定有相应的自负部分、共同保险、索赔限额等约束性条款。除此之外，为了引导人们合理就医，对不同类型的医院或病房实行不同的免赔额和补贴比例，以促进医疗资源的合理利用。

三、医疗保险筹资管理

（一）医疗保险筹资

医疗保险基金作为医疗保险制度的经济基础，在整个医疗保险事业中占有举足轻重的地位，而医疗保险基金筹集作为医疗保险基金运行的起点，是整个医疗保险工作的核心环节之一。

（二）医疗保险的筹资对象

从世界各国总的情况看，医疗保险的筹资对象不外乎包括国家、雇主和参保人。由于各国经济、政治和社会保障价值理念的差异，其具体对象又有不同，概括起来有如下几种。

1. 单方负担型

单方负担型主要为国家单方负担型，如新西兰规定，政府从税收中提供全部医疗保险费用，参保人与雇主不缴纳医疗保险费用；其次为雇主单方负担型，这种负担类型为爱沙尼亚等国家所采用。

2. 双方负担型

双方负担型有三种形式：国家与雇主双方共同承担，如加拿大、波兰；雇主与参保人双方共同承担，如阿根廷；国家与参保人双方共同承担，如澳大利亚、智利、瑞士。

3. 三方负担型

三方负担型即医疗保险基金由国家、雇主和参保人三方共同筹集，为英国、法国、新加坡、美国等世界上绝大多数国家和地区所采纳的医疗保险基金筹集制度。在三方负担型中，国家负担医疗费用的方式各不相同，有的由国家财政直接承担一定比例的医疗保险费用，如英国、瑞典、法国等国家。一些国家的财政仅给予一定的补助，如新加坡。另一些国家的财政则仅负担特定人群的医疗保险费，如美国，其国家财政仅负担某些未参保的老年人及贫困人口的住院费用。当然，世界各国根据本国的不同情况可能采取两种或两种以上的筹资方式。如日本，对国民健康保险（居民医保）

实行参保人与政府双方负担型筹资，而对雇员健康保险（职工医保）则实行参保人、雇主和政府三方负担型筹资。

（三）医疗保险筹资管理的国际比较

目前，各国医疗保险筹资大致有自由参保模式、强制缴费模式、国家税收模式、储蓄账户模式四大途径。其代表性国家分别是美国、德国、英国、新加坡。下面就根据各国的具体情况来分析比较每种模式的特点。

1. 美国的自由参保模式

美国医疗保险的筹资以私人缴纳为主要方式。保险主要由雇主购买团体险，雇主承担大部分的医疗保险费用。无雇主单位的，个人自由选择是否购买。其筹资具有灵活性，受到的保障水平取决于缴纳保险费的数量，多投多保，少投少保，不投不保。这种方式的好处是能够适应科学的进步，可以提供多样化的服务以满足消费者对不同层次的医疗服务需求。社会医疗保险主要是由雇主、雇员缴纳工资税、个体业主税，用于支付老年人的医疗保险。税款分别由雇主和雇员按照一定的税率共同负担，国家以税收的形式强制征收。税款成为联邦住院保险信托基金。全部医疗费及管理费用都用此基金支付。针对低收入和缺乏生活来源的个人及家庭补助医疗和少数民族免费医疗，美国政府提供了一种医疗帮助的措施，其资金主要由政府筹集，联邦政府和州政府各负担 50%。

2. 德国的强制缴费模式

德国法定医疗保险的资金来源于保险费和其他收入，医疗保险疾病基金会的支出和收入须通过每年制定的预算法案予以明确。全国性的医疗保险基金负责每年根据各基金会参保人的年龄、性别、疾病风险等因素，将从各个基金会中雇主缴费部分统一收缴上来的保费分摊到各个基金会，当医疗保险疾病基金会被分配的资金入不敷出时，该机构须向其参保人收取与收入无关的额外保险费，当医疗保险疾病基金会被分配的资金运营良好时，须向其参保人返还额外费用。法律也规定了，医疗保险疾病基金会为确保其支付能力，要设立储备金。

对于参保人而言，德国法定医保的基本费率为 14.6%，额外费率平均为 1.1%[①]。其中，成员有缴纳保险费义务的收入相当于我国所说的缴费基数，一般情况下，雇员的一半保险费由雇主承担，其他由参保人自己承担。德国法律针对义务参保雇员、法定养老保险金领取人、保障金领取人、非固定工作的雇员、在各种机构中的康复者、青年和残疾人以及大学生、实习生等各个群体的缴费基数均进行了特别明确而详细的规定。

3. 英国的国家税收模式

英国全民医疗保险制度体系的筹资来源如下。一是公共资金筹集，主要包括政府税收、社会保险缴费以及全民医疗服务信托基金等。英国在 1948 年通过并颁布了《国家卫生服务法》，医疗保险范围扩大到全体公民，实施全民医疗保险制度。这一制度又称全民医疗服务，其医疗经费主要来源于中央财政收入，约占全部国民保健费用的 80%[②]。二是商业保险性质的医保资金，即政府通过税收优惠等政策措施，鼓励有需求的个人购买商业保险，由商业保险公司直接向投保人就诊的医疗服务机构付费。三是个人自费支付渠道，主要指医疗费中需要个人承担的自费部分，以及超出医保服务范围的特殊医疗服务，由个人直接向医疗机构支付。需要强调的是，英国国家卫生医疗服务体系主要通过全科医师和公立医院提供医疗服务。全科医师所开的诊所是私人医疗机构，政府通过合同的方式采购其所提供的医疗服务，并根据其就诊人数和工作量发放经费。

---

① 陈晨，黄万丁. 德国法定医疗保险的成功经验及启示——基于参保机制视角. 社会保障研究，2022，（2）：103-111.

② 广发证券，刘淇，陈福. 保险行业专题研究：从医疗保险体系看我国健康险市场的空间. https://new.qq.com/rain/a/20211112A030JA00[2021-11-12].

4. 新加坡的储蓄账户模式

新加坡实行的是典型的强制储蓄型保障计划。该国医疗保险制度主要分为强制性医疗保健储蓄、社会医疗保险和社会医疗救助三个部分。医疗保健储蓄是强制性的中央公积金制度的组成部分，它要求所有在职员工，按照一定收入比例定期缴纳公积金并根据不同年龄确定不同的缴费率。在新加坡，每个居民都有自己的医疗保健储蓄账户，该账户只限于支付住院费用和少数昂贵的门诊费用，并有严格的启动和提取限额。新加坡的保健储蓄是建立在中央公积金制度的基础上的，每个有工作的劳动者都被强制参加医疗保健储蓄。对于这种保健储蓄，还有以下三个方面的规定：总额封顶，即政府对储户足以应对一生中有病时住院基本床位费的需要进行测算，定出最高限额数；最低限额，即当储户的年龄达 5 岁时，医疗储蓄的总额只要保持一个最低限额，超过部分可以提取；余额继承，即当储户本人去世后，医疗储蓄的余款可以作为遗产由家属继承，而且免交遗产税。这种筹资方式与其他方式的最大区别在于它以一代人或几代人的医疗储蓄来抵御疾病风险，即通过足够长的时间来纵向分担疾病风险，而其他方式是通过大量人群来横向分担疾病风险。

四、医疗保险支付管理

（一）医疗保险支付概念

医疗保险的支付方式，是指医疗保险费用拨付的途径和方法。不同的医疗保险制度模式，其费用拨付的途径和方法各不相同。医疗保险支付方式是医疗保险制度的核心内容之一，它对费用控制、资源配置、规范和引导供方的医疗行为等方面具有很强的导向作用，关系着医疗保险的平稳运行，是医疗保险过程中涉及各方经济利益的最直接、最敏感的环节。如何设计医疗保险的支付管理方式，关系到医疗服务供方、医疗服务需求者及医疗基金经营者之间不同的制约关系的形成。目前，国外医疗保险支付方式有以下几种。①按服务单元付费制：西欧各国广泛采用这种办法，但各国的费用标准与计算方法不尽相同。②按人头付费制：英国、丹麦、荷兰等国家最早采用该法，美国健康维持组织也广泛使用按人头付费方式。③总额预算制：法国对医疗费用实行总量控制、层层承包的总额预算制费用支付办法。④工资制：这种费用支付方式广泛应用于芬兰、瑞典、西班牙、葡萄牙、希腊、土耳其、印度、以色列等国家。如英国、加拿大等实行全民医疗保险制度的国家和美国的健康维持组织等也使用此方法。⑤按病种付费制：采用此种支付制度的以欧美国家为主，如美国、挪威、法国、比利时、英国、荷兰、瑞士、意大利、德国等。

（二）医疗保险支付管理国际比较

1. 美国的医疗保险支付方式

美国是商业保险为主的国家，其支付方式有以下几种。①承保人以不同的标准按服务项目付费。②费用共付制。费用共付制是指由第三者和消费者共同支付费用的制度。在美国实现费用共付制的具体方法多种多样。③对医院实行预付制。美国的医疗保险支付方式以预付费为主，这是为了避免按项目付费制下医生过度医疗而导致的卫生费用不合理上涨现象的发生。④对医生以相对价值为尺度实现补偿。对医生付费的传统方式是按服务项目付费，在医疗服务市场上，服务提供者处于垄断地位，第三方付费又会加剧服务提供者过度提供服务的行为。1989 年，美国国会倡导用“按资源投入为基础的相对价值费用率”制定的价目表给医生付费，该方法把医生提供医疗服务所需的资源投入定为三种：每项服务中医生的劳动投入总量、医疗成本（含治疗失当保险费）和专科训练成本。综合这三种因素，估算出某一特定医疗服务的按资源投入为基准的相对价值。由此制定医生服务及工资标准，使医生服务收费相对合理。

2. 德国的医疗保险支付方式

德国是实行社会医疗保险的国家，其医疗保险的支付方式为：①医疗费用实行总额预算。德国政府在宏观上实行医疗保险费用预算制，每年度给出医疗支出总预算及各类医生协会费用预算，特别是在医院照顾、药品供应、贵重设备等方面严格控制预算。②对医生实行按点数付费制度。总费用移交医学会后，各医学会按点数付费给医生。③医生、医院与患者之间没有现金流通，医生的报酬由疾病基金支付。

3. 英国的医疗保险支付方式

英国自20世纪90年代末确定采用基于卫生保健资源组（Health Care Resource Group，HRG）的方法、将按结果付费制度作为全国医院的补偿方案之后，持续改革支付方式，重点聚焦在基层医疗机构服务能力和质量的提升方面。随着2014年医改白皮书“五年展望”和2017年白皮书“五年展望的下步”的推进，英国将进一步提升基层的医疗、心理健康和社会护理等方面的服务能力，并提出了适应疾病谱变化的新型诊疗护理模式；而支付方式改革作为配套改革措施也必不可少。英国提出了适应改革的四种主要支付方式（组合），将医院资源向基层倾斜；并对完成全英国80%以上就诊量的基层诊所的主要支付方式——基础医疗服务的合同质量与结果框架进行了更新与完善，借此激励基层服务供方提升服务质量。其改革更加注重针对性与适应性，对医疗卫生领域的管理精细化产生了积极作用。

四种支付方式包括：①初级诊疗按人头付费。对于多专科社区提供者和初级与急症诊疗等综合诊疗模式，采用按人头付费的形式，涵盖初级、二级、社区和精神健康等领域，未来还将包括社会护理。②急诊急救全额支付。为保证急诊和急救支付方式更具适应性并避免重复支付，对其支付主要关注三类指标，并将根据绩效考核的结果决定是否全额支付：一是对医疗服务“始终在线”的保证；二是管理风险的能力和对患者选择的支持；三是对网络主体紧密联动的激励。③护理及专门服务采用多种支付方式。针对高质量选择性护理和专门服务的不同情况，NHS采用了不同的支付方式，例如，对于髋关节置换这类长期影响很大的急症诊疗行为，创新性地采用按照事件付款，对手术效果以及术后恢复情况的总体事件进行支付；而对于艾滋病等需要长期护理的疾病，则采用“护理年”（year of care，YoC）的支付方式。④心理健康服务按人头支付。对于此类长期服务，支付方式与心理健康结果以及持续管理和康复情况等挂钩，实行按人头付费的方式，并将在时机成熟时对诊疗方案比较确定的心理健康服务采取强制性的国家统一价格支付[①]。

4. 新加坡的医疗保险支付方式

作为新加坡医疗保障制度的主体，终身健保计划中支付方式主要包括按床日付费、按病种付费和按手术难度付费等。在按床日付费方面，对于普通住院治疗，终身健保计划制定了按床日付费的上限，如普通病房为每天700新元，重症监护治疗病房（ICU）为每天1200新元，社区医院为每天350新元，精神科为每天100新元；在按病种付费方面，对于门诊特殊大病，如癌症化疗，规定每个月支付不超过3000新元，肾透析每月支付不超过1000新元，器官移植排异反应治疗每月不超过200新元，器官移植每次不超过7000新元，近距离放疗每个疗程不超过500新元等；在按手术难度付费方面，根据手术和治疗的复杂程度，新加坡将治疗分为7级、21个收费等次，2000多种成熟的治疗方式都有规定的编码，并被归入相应公积金的支付标准和等次，控制了医药费用的不合理增长和各种原因的滥用[②]。

---

① 吕兰婷，刘文凤. 英国以支付方式改革推动医疗卫生精细化管理的经验与启示. 中华医院管理杂志，2020，36（11）：966-968.

② 丁一磊. 新加坡健康保障制度演变的特点及启示. 中国卫生政策研究，2018，11（10）：34-42.

第三节 医疗保险信息与监管体系比较

一、医疗保险财务管理

（一）医疗保险财务管理概念

任何组织开展经济活动时都需要进行财务活动和处理财务关系，即离不开财务管理。医疗保险财务管理是医疗保险管理机构的一项重要管理工作，它是指按照国家统一的财务制度和医疗保险政策、法令及医疗保险管理机构的财务目标，通过计划、核算、控制和监督等手段，合理组织医疗保险基金的筹集、支付、调整、使用和储备等财务活动。医疗保险财务管理的核心内容是收入管理和支出管理，其主要目标是实现医疗保险基金“收支平衡、略有结余”。

（二）医疗保险财务管理国际比较

1. 美国医疗保险财务管理

美国的医疗保险主要由政府性保障项目（Medicare、Medicaid 和军人等特殊人群保险）和商业性医疗保险构成，政府直接管理的医疗保险基金主要是联邦医疗保险（即 Medicare），这部分基金由联邦政府纳入财政专户直接管理，在政府预算外单独管理，对于补充保险及其他个人所有的商业性医疗保险基金，政府只是制定相关财税政策和安全监督，并不直接管理。美国联邦医疗保险财务管理有两个特点。①以财务部为管理主体。虽然美国的医疗保险基金收入由税务部门征收，支付由社会保障署负责，但是整个社会医疗保险基金收支全部经国库流动，基金结余以购买政府债券为主，其管理主体是财政部，在整个基金收支过程中，部门责任明晰、基金流程简洁。②信息披露监管规范。美国有专门的信托基金管理委员会向国会或国民报告或披露基本信息，既有当期的基金运行情况，又有基于保险精算的未来中长期基金预测报告。

2. 英国医疗保险财务管理

英国 NHS 具有覆盖面广、国民待遇公平、成本低等特点，医疗保险按照统一标准征收、统一标准给付，参保对象就医时个人基本不用支付医疗费用，是典型的全民福利型医疗保险体系。在此模式下，政府参与到医疗保险基金筹集、使用、支出等管理的各个环节。医疗保险基金主要由英国税务及海关总署（Her Majesty’s Revenue and Customs，HMRC）通过税收的形式筹集，再采取预算拨款形式交由卫生部管理，绝大部分医疗保险基金源于财政收入，因而必须以雄厚的国家财力作为后盾。该模式的突出缺点在于：在微观层面，国家包办的医疗机构缺乏活力，诊疗效率较低，难以满足国民不断增长的医疗需求；在宏观层面，福利性医疗保险支出较大，资源浪费严重，政府财政不堪重负。

3. 德国医疗保险财务管理

德国的社会医疗保险由不同类别的法定保险计划组成，每一类保险计划中又包含多个疾病基金。截至 2010 年，德国有 130 多个公共非营利性疾病基金，各保险基金有一定的自主权，雇员可以根据职业和需要自由选择参加哪一类疾病基金[①]。法定医疗保险由雇主、雇员共同缴纳保险费，法定医疗保险基金的筹资和分配由联邦保险监管局（Federal Insurance Supervisory Office，FISO，德文缩写 BAV）统筹管理，雇主和雇员按照缴费标准将保险费缴纳至联邦保险监管局管理的“健保基金”，将保费汇总后根据需要再将基金分配给各类保险计划和机构，政府财政根据基金的实际情况

---

① Porter M E，Guth C. Redefining German Health Care，Moving to a Value-Based System . Berlin Heidelberg：Springer，2012：73-74.

给予适当补贴。

二、医疗保险信息管理

（一）医疗保险信息管理的重要性

互联网背景下，信息成为一种必不可少的资源，信息技术（IT）广泛渗透于人们的生活、工作和学习中，加强信息管理是社会经济发展的必然要求。医疗保险涵盖参保单位、参保人、定点医疗机构、定点零售药店、经办机构等主体的基本信息，涉及参保登记、缴费申报与核定、费用征集、个人账户管理、费用审核、待遇支付等业务信息及必要的医疗服务信息，还包括收入、支出、结余等基金管理信息。信息管理是医保发展的基本支撑，需要进行信息采集、整理、分析、存储、监测、传输和发布，准确、及时、全面而有效的信息管理对提升医疗保险管理规范性、加强医保决策科学性和实现医保服务社会化都至关重要。

（二）医疗保险信息管理国际比较

美国的医疗保险信息管理系统主要由软件公司开发，它能实现医疗保险全过程的数字化管理，而且该系统能与医疗机构的信息系统连接、沟通和交换信息。该系统一般分成三类：应用报告系统、数据库管理系统和决策支持系统。它除了具有常规的收费和支付管理功能，还具有许多有效的管理功能，如医疗服务质量的监督与改善、费用控制及生产效率的管理、医疗服务利用的控制与改善、医疗保险需求分析、医疗保险计划的评估、医疗服务滥用和医疗保险欺诈行为的预留与控制等。在医疗保险方进行费用支付过程中还可以通过健康信息管理系统（Health Information Technology，HIT）查阅相关信息，HIT 在管理患者的临床记录、资源使用等相关数据、服务的利用率、质量（如健康状况、诊疗结果和患者满意度）和安全性（如负性事件和医疗错误）等方面发挥着重要作用，包括这些领域的信息收集、存储、传输和分析，常用的用户包括消费者、服务提供者、医疗服务付费方和政府。现有的 HIT 系统既有单独管理和操作的系统，也有可供信息交换的系统，电子病历系统（Electronic Medical Records，EMRs；或 Electronic Health Records，EHRs）是信息管理中不可缺少的组成部分，它可以用于记录和更新患者的健康信息、输入医师的订单及报告结果等；此外，个人健康记录（Personal Health Record，PHR）也是美国进行患者健康信息输入、存储和传递的重要信息系统。

英国政府非常重视医疗信息系统的建设。信息的利用和管理在提升英国 NHS 体系的效率方面发挥着重要作用，这些信息包括财务收支、医疗服务等待时间、患者满意度、医疗服务质量和医疗事故等，为了便于管理，英国对这些领域的信息建立了对应的指标体系。在信息收集环节，NHS 信托机构（NHS Trusts）[①]需要将急诊医疗服务相关的数据汇总并提交给卫生部，全科医师的财务信息、患者的支付信息、社区护理服务信息也需要在相应的系统中收集并上报卫生部，卫生部门需要对这些数据进行分析和公开。根据 2000 年英国颁布的《信息自由法案 2000》（The Freedom of Information Act 2000），包括卫生部和 NHS 机构在内的公共机构有义务向公众披露相关信息和获取信息的渠道，并确保个人信息的准确性和安全性，在允许范围内个人可查看相关信息，部分信息还用于医疗服务的研究。为了支撑 NHS 的信息管理，英国卫生部在 2002 年就提出通过建立国家信息技术项目（National Programme for Information Technology，NPfIT）为整个 NHS 提供集成式信息技

① 1990 年，英国政府通过了《NHS 与社区护理法案》，要求卫生部门从医院和其他医疗机构购买医疗服务，由此建立了 NHS 信托机构，该机构也称为信托医疗机构。它们在英国卫生部的监督下，面向英国公民提供医疗服务。参见王雁菊，孙明媚，宋禾. 英国医疗保障制度的改革经验及对中国的启示. 医学与哲学，2007，28（8）：3.

术框架，2005 年卫生部又建立了“为健康而连接”（Connecting for Health，CfH）的机构，作为唯一一个国家级的为 NHS 提供信息技术支撑的机构，它包含了各类医疗服务机构和患者的全面信息。

德国在联邦、州和社团各个层面建立了关于医疗卫生的信息管理和研究系统。1998 年，联邦卫生部下属的研究机构发布了第一份全面的《联邦卫生报告》（Federal Health Reporting），阐述了流行病学、公共卫生和医疗服务等领域的数据和信息，之后相关的数据不断更新扩展。《联邦卫生报告》通过在线数据库和特定出版物向公众公开，并为制定政策提供依据。与此同时，卫生保健系统发展评估咨询委员会（SVR）每两年向联邦卫生部报告一次关于医疗卫生领域的发展趋势、对经济的影响、医疗卫生过度供给或供给不足等问题。根据法律规定，联邦疾病基金联合会和 SHI 医师联合会必须提供和发布有关其财务绩效和活动以及参保成员结构的统计数据，他们还有权进行健康技术评估或健康服务和政策研究并发布相关信息报告①。

三、医疗保险监督管理体系

（一）概述

监管也称管制或规制，是政府（或第三方）依据一定的规制，对个人和经济主体具有的负外部性或负内部性的活动进行限制的行为。监管制度的构成应该包括监管主体（谁来管）、监管对象（管谁）、监管内容（管什么）、监管工具及处理措施等主要要素。医疗保险监督管理是指政府行政管理部门依据医疗保险的法律法规和由此制定的各项规章制度，运用科学管理手段，对供方医院、需方参保单位和个人及其他组织遵守医疗保险法律法规的情况进行监督检查，对违法行为追究法律责任的活动的总称。医疗保险监督管理具有四个功能：第一，规范功能，通过对医院督查，促使医院规范医疗行为，保证医疗费用使用的合理性；第二，制约功能，通过对整个医疗过程及涉及医疗保险事务中偏差的纠正，减少和制止违法行为的发生；第三，预防功能，通过事前监督和事中监督，防止在医疗服务过程中可能发生的违法和不合理行为，防患于未然；第四，促进功能，通过医疗保险监督，加强医疗机构内部管理，保证医疗保险各项政策的贯彻实施，促进医疗保险改革的顺利开展。

（二）医疗保险监督管理体系国际比较

从监管主体来看，监管可以通过多种方式进行，包括自我监管、议会或地方当局的监管、法院和法庭的监管、中央政府部门的监管以及监管机构的监管等。目前，对医疗领域违规行为的监管主要来自政府部门、保险机构和行业协会。各国监管主体的权力配置主要有两种类型：一类是集权式监管，如日本；另一类是分权式监管，如荷兰、英国、加拿大、美国、新加坡。在集权式监管中，监管权集中在政府部门，如日本医疗保险的监管主体是厚生劳动省；在分权式监管中，监管主体呈现出多元化的特征，一般中央政府主要负责制定相关的监管政策，具体的监管工作则由不同主体承担。例如，英国的大部分医疗保健支出由政府承担，一般卫生部每年根据加权计算公式将 80%的资金直接分配给初级保健信托机构并为其区域范围内的人提供医疗保健②，而初级保健信托机构的绩效受当地战略卫生管理局（Strategic Health Authority，SHA）的监管；美国在联邦、州和地方市县等各层级的政府和非政府组织都会对医疗卫生系统进行监管，联邦层面的监管机构主要包括美国卫生与公众服务部（HHS）下属的医疗保险和医疗救助中心（Centers for Medicare and Medicaid Services）、疾病控制与预防中心（Centers for Disease Control and Prevention，CDC）、食品和药品监

---

① Porter M E，Guth C. Redefining German Health Care，Moving to a Value-Based System . Berlin Heidelberg：Springer，2012：70.

② Boyle S. United Kingdom （England）：Health system review. Health Systems in Transition，2011，（13）：22.

督管理局（Food and Drug Administration，FDA）等，州和地方层面的监管主体包括公共卫生部门、供方许可委员会、保险专员等，美国医学协会（American Medical Association，AMA）则是典型的第三方监管主体；加拿大医疗服务和保险监管主体可以分为联邦、省、领地、政府间组织和行业组织四个部分，四类主体负有不同的监管职能。

由于不同的监管主体对违规行为监管的目的和侧重点不同，因而其监管对象也有所差异，主要包括对医疗机构、医生和医疗保险基金的监管。例如卫生部门更加注重对医疗机构和医生的医疗服务质量、安全和效率进行监管，保险部门更加注重对医疗费用的合理性和保险基金使用的规范性进行监管，行业协会（如医师协会）则代表本行业的利益并对其主体的行为进行监管。

不同监管主体所负责的监管内容也不同。例如，中央政府卫生和保险行政部门主要负责政策制定，对相关保险和卫生法律的执行情况、保险资金的运行情况进行审核和监管；而地方行政部门、行业协会、第三方专业组织等主要对医疗机构运行情况、医疗质量安全、费用情况、违法违规行为等进行监管。

从时间和过程看，监管还可以分为事前、事中和事后监管，且不同过程中的监管方式和工具有所差异。在事前监管方面，不同国家普遍通过“守门人”制度、支付制度改革和谈判机制等工具进行监管。“守门人”制度可以使全科医师在一定程度上避免道德风险、合理分流病源以及控制不必要支出，有利于促使医疗费用向基层医疗机构流动；支付制度改革是目前各国控制医药费用不合理上涨的有效经济杠杆，通过建立以按病种付费、按人头付费、总额预付和 DRG 为主的混合支付方式，规范诊疗行为，减少因道德风险和诱导需求而造成的不合理支出问题；谈判机制则为政府、供方和保险方提供平等协商谈判的机会，并促进三方激励相容和互相监督，达到控制医疗费用和减少欺诈行为的目的。在事中监管方面，各国主要采取对医疗机构进行评议审核、建立信息反馈机制、公众参与举报等方式强化过程管理。在事后监管方面，各国主要通过事后检查账目、审核账单和诊疗流程等方式进行评估，并对违规行为拒绝支付或依法进行处罚。

从监管的法律法规建设看，大部分国家都出台了社会保险法或健康保障法等，有些国家还出台了专门针对医疗保险的反欺诈法案，以此作为监管和处罚的依据。此外，各国根据各自卫生体制特点采取不同的措施对医疗领域的违规行为进行监管，如表 5-1 所示。日本、英国、美国和新加坡在卫生体制、监管主体、监管权力的配置、监管内容、监管方式和监管依据等方面各有其特点。

表 5-1　日本、英国、美国和新加坡对医疗机构违规行为监管情况

国家	卫生体制	监管主体	监管权力的配置	监管内容	监管方式	监管依据
日本	社会医疗保险	各级卫生部门	集中	保险医疗项目的运行； 审查医院、诊所和药店的保险偿付请求； 监管医疗保险基金运行	事前监管，医疗保险支付范围的确定、支付方式的改革、支付主导下的集体谈判； 事中监管，对医疗行为的监督、账单审查； 事后监管，对骗保等行为的惩罚	《医疗服务法案》《健康保险法》
英国	全民医疗保险	卫生总体监管，同时委托专业机构（反欺诈工作部）进行监管	分散	对 NHS 预算进行独立审计； 计算由工资单欺诈或资质造假获得就业或伪造就业经历和其他欺诈造成的损失； 欺诈防范	事前监管，通过内部竞争强化约束、严格的“守门人”制度、医疗服务费用支付方式、公费医疗偿付范围的界定； 事中监管，契约管理、药品信息反馈机制； 事后监管，监管医生的行为	《社会保障法》《联邦医疗保险和医疗救助法案》《医疗保险转移和责任办法》《负担得起的保健法》《社会保障管理（欺诈）法案》《公共利益披露法案》

续表

国家	卫生体制	监管主体	监管权力的配置	监管内容	监管方式	监管依据
美国	商业医疗保险	政府实施宏观调控，第三方组织实施行业监管	分散	非法回扣； 供方欺诈、滥用和浪费	事前监管，全科医师承担“守门人责任”、医疗服务支付方式、制定行医指南，规范诊疗行为； 事中监管，信息披露； 事后监管，就医记录的审查	《社会保障法》《联邦医疗保险和医疗救助法案》《全国医疗规划和资源发展法案》《社会保障补充法案》《医疗保险转移责任办法》《联邦医保处方药品法案》等
新加坡	储蓄医疗保险	中央政府委托保健公司等第三方保险机构实施监督	分散	诊疗项目的合理性； 供方滥用与浪费	事前监管，社区医疗服务系统、医疗服务支付方式、对医疗服务供方的控制； 事中监管，公开医疗服务价格； 事后监管，对违法行为的惩罚	《临床指南》《临床药师职业行为指南》《护士行为指南》《新加坡医生注册法》《西医注册法》《中医职业者法》《新加坡私立医院和诊所法》《预示医疗指示法》等

资料来源：马晓静，鲁丽静. 医疗机构医保相关违规行为监管的国际经验与启示. 中国医院管理，2013，33（7）：39-42.

思考题

1）什么是医疗保险管理体制？
2）什么是“管理式医疗”？
3）简述国外医疗保险管理体制改革与发展的趋势。
4）国外医疗保险支付管理的模式有哪几种？

（湖北经济学院财政与公共管理学院　余军华、贺睿博、严　妮、吴　敏、张　勇）

第六章 几个典型国家的医疗保险介绍

内容提要

国家间医疗保险制度的典型案例比较是为了全面了解医疗保险在不同国家体制中的具体实践。本章根据地缘、制度、经济和文化等相近的特征对医疗保障在各国的实践进行了案例分析。重点从医疗保障制度体系、筹融资与管理模式、服务提供、医疗保障制度的改革与发展等方面进行了比较，以观察不同国家的制度特点和运行情况，从中发现它们的特色和异同，为制度的全面比较提供更多的参考。

第一节 德国与英国

一、德国的医疗保险

德国是世界上第一个建立医疗保险制度的国家，1990 年联邦德国和民主德国实现统一。据《2022 世界卫生统计报告》资料，2020 年德国总人口达 8378.4 余万人，居西欧各国人口之首，原分立的医疗服务体系也实现了统一。据世界银行资料，2021 年，德国人均 GDP 为 50 788 美元（全球排名约 17 位），按世界银行划分，德国属于高收入 OECD 国家，是高度现代化的国家，也是世界上第一个实施社会保险制度的国家，其社会保险制度自 1883 年开始，历时悠久且制度完善，为世界各国所学习和模仿。

根据《2022 世界卫生统计报告》，德国每人每年医疗费用为 4683 美元，占 GDP 的 9.22%，国内一般政府卫生支出（GGHE-D）占一般政府支出的 20.1%，在欧洲各国中占比最高。德国的医疗资源相对丰富，2012～2020 年，德国每千人口医师数为 4.43 名，每千人口护理人员数为 14.2 名。其国民健康水平在西欧国家中属中等，2019 年平均期望寿命为 81.7 岁，其中男性 78.7 岁、女性 84.8 岁，5 岁以下儿童死亡率为 4‰，全民健康覆盖服务覆盖指数为 86。

德国的医疗保险制度是以“基金会”方式管理的，核心是医院和医生。在德国的社会保障制度中，医疗保险制度的任务、功能、地位极其重要，在 20 世纪 60 年代，其覆盖人口就超过 90%[①]。

德国法定医疗保险建立之初主要适用于企业工人、雇佣手工业者及其他商贸人员，当时其保险待遇也已惠及雇员的家庭成员。20 世纪初，法定医疗保险的参保范围扩大到农业和林业工人、临时工人、流动交易商等流动人员，随后中小学生、大学生，以及社会上的残疾人、失业者及其家庭成员也被覆盖到法定医疗保险中来。法定医疗保险的保障项目主要包括：疾病的预防和疾病的早期诊断；疾病的治疗；病愈后的身体康复；生病期间的护理；丧葬待遇；妇女孕期及哺乳期间的有关待遇；另外当病假超过 6 周时，投保者可以从医疗保险机构领取相当于基本工资 80%的病假补贴，最长为 78 周。

（一）医疗保险制度体系

德国的医疗保险源自 1883 年，其基本精神延续至今。19 世纪德国快速工业化之际，工人背井

---

① 索特曼，布赛，菲盖拉斯. 社会医疗保险国际比较. 张晓译. 北京：中国劳动社会保障出版社，2009：23.

离乡，如发生伤病则常家破人亡，因此若干工人自发组织成立互助团体。又因工业革命初期，缺乏劳工及社会保障制度，社会主义思潮兴起，影响社会安定及统治。首相俾斯麦仿照民间互助模式，以法令规定受雇者与雇主各负担一半费用及选任各一半代表，组成疾病基金会，以支付伤病者的医疗费用。此种相互帮助的社会连带责任（solidarity）制度对安定社会及对抗社会主义思潮有相当大的作用；后来更延伸此制度至设立退休、失业、职业伤害，乃至最近的长期护理保险等。因此，德国是建立社会保险制度的鼻祖。

德国医疗保险制度的治理是分权的。由下而上，各利益关系者高度参与、相互帮助、自主管理，并且付费者与医疗服务提供者相互协商与制约。首先，如前所述，依照法律，由受雇者与雇主各自推选一半代表组成疾病基金会，根据需要收取保险费；其次，各邦的诸多疾病基金会组成各邦的疾病基金会联合会；最后，各邦的疾病基金会联合会再组成全国的疾病基金会联合会，形成“购买健康照护者联合会”。各个与疾病基金会特约的私人开业医生则个别组成保险医师公会，由保险医师公会联合组成保险医师联合会。疾病基金会联合会与保险医师联合会都为非政府但必须依法设立的组织，因此，常被称为“组合主义”或“社团主义”（corporatism）。医院则依司法组成类似组织。

政府的卫生及社会安全责任在于提出法案经国会通过后，规范及监督社会医疗保险的运作。政府是规范与监督医疗保险者的角色（裁判），而非执行医疗保险业务者（球员）。疾病基金会联合会与保险医师联合会分别在联邦及邦的层次，议定医疗费用及签订合同。具体管理体系详情见图 6-1、图 6-2。

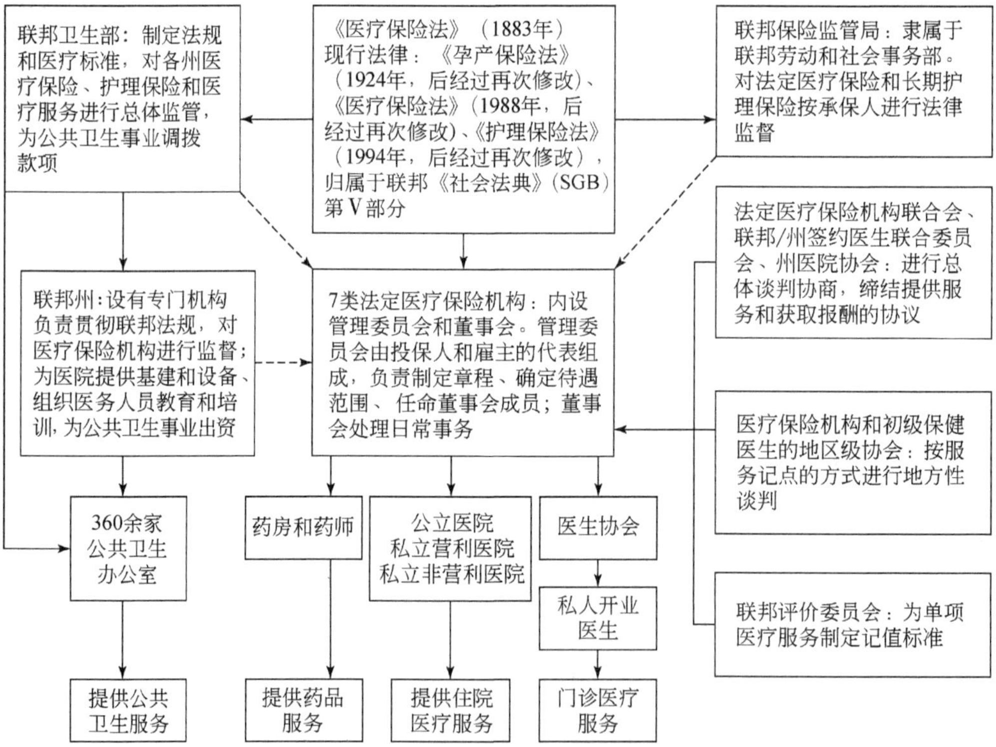

图 6-1 德国医疗保障管理机构图

资料来源：中国医疗保险研究会，国际劳动保障研究所. 部分国家（地区）最新医疗保障改革研究. 北京：经济科学出版社，2013：93.

法定医疗保险最主要的特点是实行自主管理体制，其自主性反映在管理组织与政府责任的分开上。在德国，国家没有统一的医疗保险经办机构，法定医疗保险的承保机构为医疗保险基金，主要有八大类基金（地区保险基金、公司医疗保险基金、农业医疗保险基金、矿工医疗保险基金等）及其他约 630 个自主的医疗保险基金。这些基金公司在财政上都是独立的，并有专门的管理委员会（由被保险人和雇主代表组成）和专职的理事会负责管理运作。另外，由法定医疗保险基金与代表医生利益的医生协会签订合同，通过谈判决定所需支付的医疗费用以及医生的报酬工资等具体事务。

尽管参保和覆盖人数在增加，但德国医疗保险机构的总数随着时间的推移在不断减少。根据中国医疗保险研究会《国外医疗保障制度改革追踪研究（2012 年报告）》中的资料：1993~2007 年，普通地方医疗保险机构数量大减，从 269 个降为 16 个，是最大的“缩水者”。原因有二：一是竞争压力，导致投保人员转往其他医疗保险机构，从而人数减少；二是实行了大规模的兼并，将分散的小机构重组成按州分区域设立的医疗保险分支机构。相似情况也发生在手工业医疗保险机构上，其总数也下降到原先的 1/7 左右；企业医疗保险机构数量也缩减了一半以上。

（二）筹融资与管理模式

德国医疗保险资金筹集和偿付的主体由公共和私人两方面的四大部分组成，即属于公共的法定保险、政府税收以及隶属私人的私人保险公司、私人及雇主所成立的私人组织等。1990 年的数据表明，公共部分共占 76.4%，私人保险与个人自费共占 23.7%左右（表 6-1），充分体现了德国医疗保险制度的法定社会保险性质。根据《2021 中国卫生健康统计年鉴》数据，2018 年德国每人每年医疗支出近 4251 美元，占 GDP 的 11.4%。这些由基金会掌握的基金，经由疾病基金会与保险医师联合会的裁判，制定支付价格。个别医师则在提供医疗服务后，向保险医师联合会申请费用，亦由保险医师联合会审查及核对支付而形成四角关系（图 6-2），并进一步强化了组合与自主管理，基金会与保险医师联合会之间定期谈判费用，进一步形成“总额预算”制度，即由保险医师联合会依据一定金额总包全体被保险人的某种医疗服务（如门诊服务）。

表 6-1　德国医疗保险资金来源及构成情况（1990 ~ 2003 年）　（单位：%）

资金来源	1990 年	1995 年	2000 年	2003 年
公共	76.4	78.2	75.5	74.6
——法定保险	65.4	68.2	67.7	66.8
——政府税收	10.8	10.0	7.8	7.8
私人	23.7	21.8	24.5	25.4
——个人自费	11.1	10.8	12.2	12.3
——私人保险	7.2	6.6	8.2	8.6
——其他	5.4	4.4	4.1	4.5

资料来源：中国医疗保险研究会，国际劳动保障研究所. 部分国家（地区）最新医疗保障改革研究. 北京：经济科学出版社，2013：90.

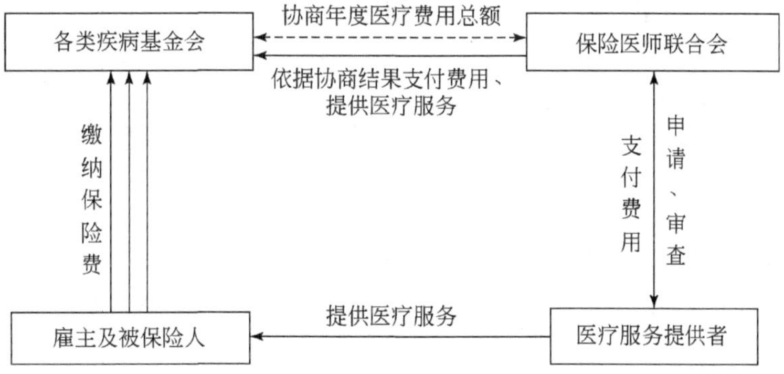

图 6-2　德国医疗保险运行架构示意图

德国政府规定各基金会必须提供共同的医疗项目给所有的被保险人，因此各基金会的保险费率必然不同。会员年纪轻、薪资高者，费率必然低；反之，因为医疗范围相同，年纪大、薪资低者，费率必然高。此种基金会必然面临财政困难。

因基金会属法定的非营利团体，结余又不能分配，因此德国政府设定平准基金，将富有的基金会结余转移给弱势的基金会。自 1996 年起，联邦政府更进一步规定民众可自行选择基金会投保，基金会不得拒绝。因此高费率的弱势基金会的会员纷纷投保低费率的强势基金会，更强化社会连带责任与互助，而弱势基金会纷纷解散，原因如前中国医疗保险研究会《国外医疗保障制度改革追踪研究（2012 年报告）》中所述。

（三）服务提供

一般门诊由疾病基金会的全科医师与专科医师提供，病患可自由选择医师而没有“守门人”制度。近年则要求加强转诊，且自 2004 年起，基金会开始提供被保险人“健康照护守门人”模式（即参保人就诊首诊需选择全科医师）。

对于德国的医疗支付，基金会对门诊采取按项目付费的方式。因为费用不断上涨，付费者（基金会）难以承受，故由基金会与保险医师联合会协商总额，再由保险医师联合会审查及支付。总额若采取上限制，总额固定，单价随量浮动。量价互动下，量不断增加，导致单价过低，保险医师终难承受，只得改为目标制。在目标制下，单价固定超过总额则打折或列入次年谈判基础，导致总额难以控制。德国过去多年徘徊于两者之间，历经多次改变，近年的改革则将支付医院的按日付费改为按病种付费的 DRG 制度（2004 年）。门诊则自 2006 年起逐步采用以资源消耗为基础的相对价值比率（resource-based relative value scale，RBRVS）及个案管理，提升医疗质量，合理支付费用。德国的疾病基金会除提供医疗给付外，还提供疾病、残疾及死亡等方面的现金支付。

（四）医疗保障制度的改革与发展

尽管德国的医疗保险制度建立较早，但与之匹配的医师制度与医院制度却分别是在第二次世界大战后的 20 世纪 50 年代和 70 年代相继建立和实施的。但 70 年代中期以后，由于能源危机和经济衰退，1977 年德国出台和实施了医疗保险费抑制法案，对医疗保险制度实行了重要改革。

目前，德国的医疗保险有 3 种：政府管理的公共医疗保险（GKV）、德国公司或国际公司提供的商业保险（PKV），以及两者的结合。法定医疗保险系统受公法约束。根据《部分国家（地区）最新医疗保障改革研究》，2009 年，德国医疗保险的覆盖面为 100%，其中法定医疗保险覆盖了 89.2%的人口，私人医疗保险及其他形式的保障，覆盖了其他 10.8%的人口，即 2009 年以后德国医疗保险实现了全民覆盖，其中参加法定医疗保险的人口一直保持稳定。

近年来，为应对人口老龄化所造成的卫生费用过快上涨、经济全球化带来的竞争压力、公众对医疗服务供给公正性缺失的不满等问题，德国在医疗保障方面采取了一系列遏制费用增长、提高供给效率和确保公正性的改革举措。

近 20 多年来，施罗德政府和默克尔政府都在进行持续性改革。1998 年德国大选，以施罗德领衔的左翼红绿联盟获胜，连续执政 16 年的科尔担纲内阁落选，这同时也宣告了科尔政府以压缩待遇、提高自付比例及增加市场因素的医疗保险改革的结束。这一方面是因为政治理念、经济纲领的差异，另一方面也是因为提高共付比例等措施遭遇了民众众多的反对。于是，施罗德政府在 1998 年秋天执政后，颁布了《加强法定医疗保险竞争法案》，该法于 1999 年 1 月 1 日开始实施。该法规定，暂停实施科尔政府第三步骤的医疗改革方案中有关市场机制的改革措施。另外，该法还降低了原先科尔政府改革计划中提高药品和安装义齿的共付比例，在医院等领域重新引进支出封顶，在牙科治疗方面的约束甚至比以前更加严格。

1999 年 12 月，尽管遭到反对党的阻拦，施罗德政府完整的医改方案还是通过议会审议正式出台，并于 2000 年 1 月 1 日实施。施罗德政府将其称为一个以患者为核心、突出社会公正和加强医保待遇的结构性改革。改革的矛头集中在迄今为止较少触及的德国医疗保障体系的结构性弱点上。面对医保缴费费率居高不下这一威胁德国经济复苏的难题，施罗德政府不得不采用总额预算的旧法，遏制费用增长；同时，又不愿失信于民，于是推出加强全科、专科医师等级医疗和医院医疗联系的利器，想借此提高服务效率、减少支出，另外向无效和有效用争议的技术、药品开刀，缩减影响不大的待遇，用以赢得对民众的承诺。

默克尔联合政府执政以后，为了应对社会日益严重的人口老龄化问题和卫生支出的迅猛增长带来的挑战，在经过长期争论和酝酿、综合了社会民主党和原先施罗德政府的改革思路后，2006 年 7 月 4 日出台了卫生事业改革的具体措施。改革从收入和支出方面双管齐下，其目的是提高医疗服务供给的质量；通过增加透明度和引入更多的竞争机制来节省医疗开支；扩大投保人选择和决定的范围；减少官僚作风带来的浪费；更多依靠税收来对全社会的医疗保险项目进行融资。

根据《部分国家（地区）最新医疗保障改革研究》，伴随人口老龄化和医学技术的进步，德国的医疗费用快速增长。为了控制成本，2007 年 4 月 1 日，作为社会民主党和基督教民主联盟妥协的产物，《加强法定医疗保险竞争法案》通过，德国新一轮的医疗改革由此开始。2007 年的改革仍将寻找和鼓励竞争作为控制成本的最主要策略。

以竞争为导向固然有其优势，但直到 2010 年，医疗费用的上涨速度依旧很快。德国医疗保险权威专家 Beske 认为，2007 年医疗改革并没有抓住德国医疗保险领域的真正挑战——筹资系统，德国目前的筹资系统将会消耗其未来 20 年收入的 49%。除了人口老龄化和医学技术进步引起的医疗费用的急剧上涨，人口老龄化和出生率下降还使得劳动力减缩，从而导致财政收入的潜在减少，这些都严重威胁着德国法定医疗保险系统筹资的可持续性。

为此，2010 年 11 月，德国联邦议院批准了新的医疗改革方案。新医疗改革的重点与之前的医疗改革有所不同。过去 20 年的医疗改革都主要围绕竞争进行，旨在提供更高效、更具有成本效益的医疗服务；而 2010 年新医疗改革的关注点则是法定医疗保险的筹资系统，如何确保国家能够持续地为将来的医疗费用筹措资金成了最重要的议题，这是德国第一次将筹资作为医疗保险系统改革的焦点。2010 年医疗改革的目标是今后使整个德国法定医疗保险公司每年减少大约 110 亿欧元的负担。该次改革颁布了《法定医疗保险平衡可持续性和社会性筹资法案》和《药品市场结构重组法》，这些法案从 2011 年 1 月开始实行。改革以来，德国的社会医疗保险系统运行发生了许多变化，其中筹资系统和药品市场的改变尤为明显。

二、英国的医疗保健

英国为君主立宪制国家，行政上是由英格兰、苏格兰、威尔士及北爱尔兰组成的联合王国。英国与德国均是高度发达的国家，目前均是欧洲的重要国家。两国均为全民健康覆盖的国家，但英国采取的方法与德国却大不相同，英国的医疗保险由政府主办，包括资金筹集与医疗保障的提供，采用的是由上而下、高度中央计划与集权方式。

根据《2022 世界卫生统计报告》，2020 年英国人口达 6789 余万人，人均 GDP 为 46 200 美元(2021 年，全球排名 22 位)，人民享有不错的健康水准，平均期望寿命为 81.4 岁，其中男 79.8 岁、女 83.0 岁，5 岁以下儿童死亡率为 3‰，英国每千人口医师数为 3.0 名，每千人口护理人员数为 8.85 名。全民健康覆盖服务覆盖指数为 88。

英国在 1946 年以前，除对贫民实施医疗救助外，也对部分就业人口办理医疗保险。第二次世界大战期间，为应对由德国轰炸造成的大量伤患的局面，英国将全国医疗机构与人力集中起来，对伤患进行一体救治，费用由政府支付，这成为日后实施 NHS 的前因。1942 年《社会保险和相关服务》倡议由政府提供全民照护，1944 年完成 NHS 白皮书。第二次世界大战结束后，大选结果为工党获胜，更加促使了NHS法案的通过，在工党的积极筹备下，英国于1948年全面实施NHS。

第二次世界大战增强了英国民众的凝聚力，战争的胜利让人们看到了一个强有力政府的力量。另外，战后的英国百废待兴，人们渴望一个有能力的政府有意愿进行社会改革、提供良好的医疗服务和社会福利。因而，第二次世界大战后英国新首相艾德礼采纳了自由主义经济学家贝弗里奇的提议，将全国的医院国有化，建立起了一套“预防和治疗疾病的综合健康和康复服务”的医疗制度。

在1990年以前，英国NHS为由上而下、高度计划的医疗体系。每年卫生部与财政部洽商年度预算及拨款。医院属卫生部管理，费用由卫生部自上至下拨款。医院人员均属公务员，领固定工资。至于基层全科医师则由地区卫生局予以特约。

NHS使英国国民享有健康照护，但这种制度因没有效率、等候名单（waiting list）长及未能快速回应民意需求而导致民众不满。1979年起，撒切尔夫人（保守党）执政，针对当时的NHS予以检讨。1990年，英国通过《社区法案》（Community Act），将NHS注入市场竞争的观念，以“内部市场”为改革的主轴，自1991年实施。此制度将区域及地区卫生局变为买方（购买医疗服务者），医院则成立信托基金，竞争病患，依据病患多寡决定收入。提供基层医疗的全科医师则被鼓励成为全科医师基金持有者（General Physician Fund Holder，GPFH）。民众选取登记在某个全科医师基金持有者名下，NHS则依据风险校正（年龄与健康水平），将大部分医疗费用交由全科医师基金持有者管理，转诊至专科医师或医院的费用则主要由此基金支出。因此全科医师不仅成为医疗保险的“守门人”，且管理医疗费用、承担财务责任及监督医院的医疗，医院则需竞争病患，从而形成内部市场。

1997年，撒切尔夫人下台，工党执政，将以市场竞争为主的政策调整为强调计划、合作与协议计划的政策，所有全科医师需加入基层医师群（Primary Care Group）。

英国首创的NHS体系分两大层次。第一层次是初级医疗保健，也称一级保健或基础保健，是NHS的主体，是以全科医师诊所和社区诊所等为主的基层医疗服务，人员包括全科医师、牙医、药剂师、眼科医生等。每一个英国居民都得在家居附近的一个全科医师诊所注册，看病首先约见全科医师。任何进一步的治疗都必须经由第一层次的基层医疗转介。NHS资金的75%用于这部分。第二层次是二级医疗卫生保健，以地区医院为主，包括急症、专科门诊及检查、手术治疗和住院护理等，负责重症和手术治疗，以及统筹调配医疗资源等。除非紧急情况，患者一般要先找当地的全科医师就诊，全科医师会根据病情评估是否需要转诊至专科医师或大型医院。

英国的NHS具有三方面的显著特点。一是国民健康卫生服务是通过国家安排计划的形式予以落实与保障的。国家卫生服务经费主要通过国家税收形式予以筹资，占国家卫生服务经费的绝大部分，健康保险筹资和个人以共付的形式分担的费用比例很小。二是医疗卫生服务供给体系以公立机构为主。公共卫生和预防服务根据内容不同分别由各级政府负责提供。住院医疗服务由公立医院提供，政府对医院按计划给予预算补偿。医院医师是国家工作人员，领固定工资。门诊服务和初级医疗卫生保健服务由全科医师提供，全科医师在性质上既属于私人开业者，而形式上又是NHS雇员，要与政府签订合同，根据其注册服务的居民人数获得政府的补偿，是一种典型的按人头付费形式。三是全民普遍免费享受的综合医疗卫生保健服务。居民首先需要选择一名全科医师注册，并接受全科医疗服务，但居民可以随时重新选择和更换全科医师；一般情况下，居民需要经过全科医师转诊才能获得医院服务。

（一）医疗保健服务体系

英国NHS组织管理与服务体系见图6-3。卫生部负责制定政策，管理10个区域战略卫生署，确立各类标准，向初级保健信托机构分配资金以及部分中央预算。区域战略卫生署（Strategic Health Authorities，SHA）于2002年成立，最初有28个机构，分别管理英格兰28个区域，2006年7月经英国国会批准缩减为 10 个。其主要职责包括：制订计划，改善所在地区的医疗服务；保证地方提供高质量的医疗服务，并运行良好；增加地方医疗服务的提供能力，为当地人口提供更多的服务，保证国家的优先项目（比如，改善癌症服务项目）能够融入地方医疗服务计划。NHS 信托机构：在区域战略卫生署之下，设有各类 NHS 信托机构，负责当地 NHS 服务的提供与运作，主要是初级保健信托机构，以及医院信托机构。

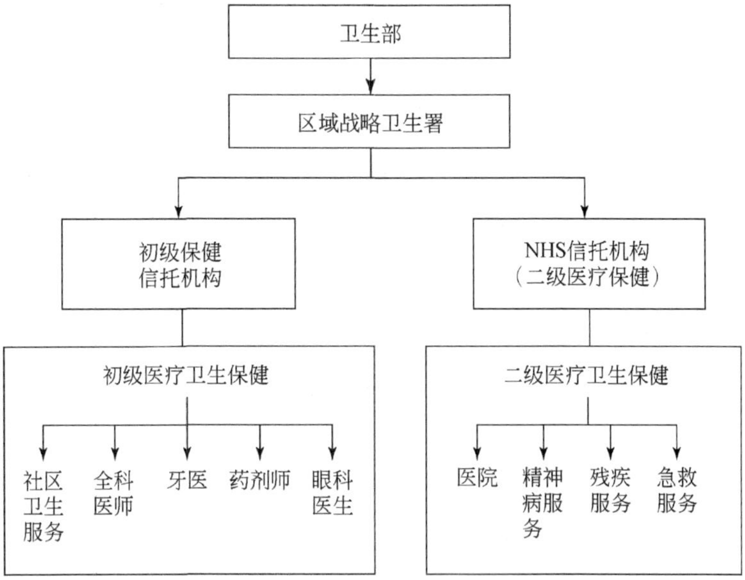

图 6-3　英国 NHS 组织管理与服务体系

资料来源：中国医疗保险研究会，国际劳动保障研究所. 部分国家（地区）最新医疗保障改革研究. 北京：经济科学出版社，2013：26.

初级保健信托机构负责初级医疗卫生保健服务，并在购买二级医疗卫生保健服务和提供社区保健服务方面有重要职责。2011 年全英格兰设有 151 家初级保健信托机构，它们负责评估当地人群的健康需要，并向医疗服务提供者购买所需服务，以提高当地人口的健康水平，具体包括：直接向医院和其他提供者购买医疗服务；与全科医师签约提供初级医疗卫生保健服务，并对其进行管理。初级保健信托机构可谓 NHS 的枢纽，掌控 NHS 多达 80%的预算，例如，2011～2012 年度初级保健信托机构掌握资金为 850 亿英镑，人均 1615 英镑。

NHS 信托机构管理下辖医院，其职责是确保医院提供高质量的卫生保健服务，并有效使用资金。2011 年，170 家 NHS 信托机构和 58 家 NHS 精神健康信托机构管理着 1600 家 NHS 医院和专科医疗中心。此外，2004 年 NHS 成立的基金信托医院（NHS Foundation Trust）是一种新的信托医院形式，它们由地方管理和运营，在资金运用和人员招聘管理方面更加自由，2011 年英格兰共有 129 家基金信托医院。NHS 的改革方向是将 NHS 信托医院全部转变成基金信托医院。

英国的卫生服务管理是中央集权型的，由中央政府提供资金，分配预算到地区卫生部门，再由地方卫生局分配预算到医院和全科医师，免费向全民提供医疗卫生服务。20 世纪 90 年代初，英国卫生服务管理也试图开始进行“内部市场机制”改革，希望通过卫生系统内部市场化改革形成市场买方和卖方两个部分，通过竞争机制来促进服务效率提高。

（二）筹融资与管理模式

NHS 的资金主要来源于一般税收和国民保险缴费，二者比例为 75%左右和 20%左右，个人付费部分和其他收入大约在3%，还有部分收入来自海外患者。一般税收包括直接税（所得税）、增值税及工资税。自付部分主要是 NHS 不给付的药物、眼镜、牙医服务及私人健康保险的费用。其中，来源于一般税收的公共部分占七八成，个人国民保险缴费接近两成，具体费用数据和比例详细见表 6-2。自 2003 年起，为应对日益增加的医疗费用，英国将所得税收加 1%定为 NHS 指定用途税，用于卫生保健医疗支出费用。

表 6-2 1997 ~ 2008 年英国卫生保健支出资金来源情况

年份	卫生保健支出资金/亿英镑				资金各来源所占比例/%			
	公共	个人国民保险缴费	私人医疗保险	合计	公共	个人国民保险缴费	私人医疗保险	合计
1997	442	108	20	570	77.5	18.9	3.6	100.0
1999	518	125	22	665	77.9	18.8	3.3	100.0
2001	594	149	27	770	77.1	19.4	3.5	100.0
2003	711	177	30	918	77.5	19.2	3.3	100.0
2005	848	188	31	1067	79.5	17.6	2.9	100.0
2007	967	213	34	1214	79.7	17.5	2.8	100.0
2008	1036	218	36	1290	80.3	16.9	2.8	100.0

资料来源：OECD 数据库。

费用的配置由卫生部依人口及地区健康情形分配给区域卫生局，再分配给地区卫生局及合约的基层全科医师等。总体而言，因为 NHS 体制是由上而下的，中央政府高度介入资源分配，因此相对其他先进的欧盟国家，英国的医疗支出控制良好，占 GDP 的比率也相对较低。根据《2021 中国卫生健康统计年鉴》，2018 年英国医疗支出占 GDP 的比率为 10.0%，每人每年平均医疗费用为 3392.0 美元（以购买力平价计），比德国少了近 1000 美元。

（三）医疗卫生服务提供

英国 NHS 为国民提供三级卫生保健服务：初级医疗卫生保健服务，二级医疗卫生保健服务和三级医疗卫生保健服务。初级医疗卫生保健服务主要包括全科医师的一般医疗服务、社区医院卫生服务、NHS 直达在线服务，以及随到随诊中心，牙科、眼科等专科服务。即英国的基层医疗服务一般由全科医师提供，居民每年自由选择登记在某一个全科医师下（或基层医生群体）。全科医师必须负责照顾登记者全年的健康，必要时转诊给专科医师或医院。

缺少雇员严重影响了 NHS 的运作效率，这一问题在 NHS 设立之初就已出现，到今天已然常态化。在 NHS 刚建立的十年里，大规模的医疗设施国有化、快速拓展的新业务和技术革新，需要大量雇员来填补岗位，有前殖民地的医生，也有欧盟的医生（约占 10%）。随着英国脱欧，英国医学总会的调查显示，六成的欧盟 NHS 医生会考虑在脱欧后离开英国，因此，未来缺少本国雇员很有可能会降低 NHS 的效率。

在 NHS 体系内，二级医疗卫生保健服务由政府所有的区综合性急症信托医院提供。区综合性急症信托医院是 NHS 医院体系中的核心与主体。在综合性医院里，专业医生不仅诊治由全科医师推荐来的门诊患者，也负责住院患者的治疗。2010 年，英国总共有 332 家综合性急症信托医院。

三级医疗卫生保健服务由更高层次的区域或跨区域三级医院提供。这些医院提供更专业化的医疗服务，如神经外科、心脏移植、肝移植等服务。三级医院通常与医药学院或教学医院密切联系，其本身也常常作为所在领域的研究中心。患者到三级医院就诊一般由二级卫生保健医院的专业医生推荐，少数的也可以由全科医师直接推荐。

除 NHS 医院外，英国还有许多私立医院，为患者提供可选择的医疗服务。患者接受私立医院的医疗服务时，由其参加的私人医疗保险进行付费或者由患者直接进行现金支付。在 NHS 医院不能满足医疗服务的情况下，初级保健信托机构必要时也会考虑购买私立医院的服务。从 2009 年起，NHS 购买私立医院医疗服务的数量大幅增加。2009～2010 年、2010～2011 年初级保健信托机构购买医疗服务的资金分别达到 84 亿英镑和 87 亿英镑。

德国及英国均是欧洲的先进国家，均实施全民健康保险，但实施的背景与方法差异显著。德国采取组合主义，将权力及责任分由地方及民众、雇主与医疗服务提供者共同承担，疾病基金会及保险由工会自主管理，团体之间相互制衡；又因医疗资源丰富，故优点是没有等候名单。虽然实施总额预算，但在按项目付费支付方式下，因费用不断上涨而难以承受沉重的疾病经济负担。2004 年起，德国逐步改革支付制度，让医疗服务提供者承担更多财务与医疗品质上的责任。

英国则相反，是由上而下的体制，由政府掌握资源配置，故费用控制良好，资源分布均匀，民众也享受到了不错的健康服务，但其公共服务体系不免官僚化，缺乏效率，其等候名单令人诟病。其改革的重点则为创造内部市场，使卫生局不再直接经营医院，而是购买医疗服务，让钱跟着患者走（多照顾、多收入），促使基层全科医生组成团体，负责更多健康及财务管理的责任。医院则成立信托基金，增加自主性及责任性，甚至竞争病患。另外，增加对医疗的投资，增加医事人力与设施，缩短等候名单，提升民众住院的选择权，以回应国家民众的要求。

（四）医疗保障制度的改革与发展

自 1948 年建立以来，NHS 体制一直处于不断的改革之中，改革往往与政党轮替有直接关系，其中重大的改革有 3 次：1974 年威尔逊政府的改革、1991 年梅杰政府的改革和 1997 年布莱尔政府的改革。这些改革主要都是围绕 NHS 以下 3 个核心问题进行的。一是制度效率低：由于医生拿固定工资，且与工作好坏关系不大，其积极性不高，不愿主动多提供医疗服务，出现看病难、住院难、手术难的问题。二是私人医疗冲击国家医疗：从 20 世纪 60 年代中期开始，英国政府允许私人开办医院，让私人医院承担部分 NHS 医院的医疗任务。另外，私人也开办了一些诸如“老年之家”或“小型老年人疗养所”的医疗机构。私人医疗所占比例虽然很小，但对国家卫生服务造成了较大冲击，表现为国家卫生费用通过多种渠道流入私人医疗机构，致使医疗费用较快上涨，医务人员盲目流向私人医疗机构，削弱了国家医疗机构技术力量；国立医院力量削弱，将对整个国民健康水平产生一定影响。三是国家卫生经费投入不足，医院设施设备相对比较陈旧。

2010 年，英国联合政府执政后，于 5 月发布了《公平和卓越：解放 NHS》白皮书，预示着新的卫生保健制度改革即将开始。白皮书在很多地方都保留了原来的政策主张，比如：承诺 NHS 向所有人免费提供，以需要为基础而不是以支付能力为基础；承诺促进 NHS 制度公平；承诺每年增加卫生支出；保证支持《NHS 宪章》等。但是新制度认为卫生事务大臣过多参与 NHS 的微观管理，提出建立更多的自治组织。白皮书建议在以下 13 个方面进行改革。

1）建立公共卫生服务机构，负责卫生改革的实证和分析。

2）将改善地方卫生的职能转到地方当局，给予专用资金并向卫生事务大臣负责。

3）将卫生和社会保健信息中心（目前是一个专门卫生局）置于更坚实的法律基础之上，赋予其在信息收集方面凌驾于其他机构之上的权力。

4）将改善卫生保健的结果奉为 NHS 的中心目的。

5）将国家卫生与临床优化研究所改为一个非部门的公共机构，界定其作用和职能，改革其工作程序，保证其独立性，并将其职能扩大到社会保健领域。

6）建立独立的 NHS 委托购买委员会，该委员会向卫生事务大臣负责，努力废除区域战略卫生署。NHS 委托购买委员会最初是作为一个专门的卫生局建立的，之后通过法案将其改为独立的非部门性公共机构。

7）明确限制卫生事务大臣对 NHS 委托购买委员会、地方 NHS 组织发挥的作用，从而强化《NHS 宪章》。

8）赋予地方当局新的职责，在制定 NHS 委托购买方面的地方战略时提高地方的民主合法性，支持社会保健、NHS 和公共卫生的融合与合作。

9）为全科医师联盟综合体系建立一个合法框架，努力废除初级保健信托机构。

10）建立卫生观察（Health Watch）部门，作为医护质量委员会的一个部分，捍卫服务用户和护理人员的利益，将地方参与网络（Local Involvement Network）部门转为地方卫生观察。

11）改革信托医院模式，消除限制，允许建立新的管理制度，提高其职能透明度，取消信托医院授权制度，最终使废除 NHS 信托模式成为可能。

12）加强医护质量委员会作为有效的质量监督员的作用。

13）发展监督局（Development Bureau of Monitor），使之成为卫生和社会保健的经济管理者，包括专门管理的提供。

总体而言，自 NHS 成立以来，英国人口结构的改变、移民、医疗旅游、缺少雇员都给 NHS 带来了巨大的压力，NHS 仍将处于不断改革与发展调整中。

第二节　日本与韩国

一、日本的医疗保险

日本是“全民皆保”的国家，其医疗保障制度健全，主要由公共医疗保险制度（国民皆保险制度）、医疗服务提供制度以及国库负担制度三方面组成。日本是全世界公认的医疗水平最高的国家之一，这应得益于日本健全的医疗保障制度。日本同样也是全世界平均寿命最长和高龄化程度最高的国家之一，日益增加的高龄者社会保障支出已成为阻碍其国家发展的重要因素。为解决经济赤字，维持并强化社会保障功能，进一步体现社会保障制度的公平性，日本政府于 2012 年通过了《社会保障制度和税收一体化》改革方案，强调了社会保障制度和税收一体化的改革方向。

（一）人口、经济与健康状况

日本地狭人稠，根据《2022 世界卫生统计报告》，2020 年日本人口达 1.265 亿人，属高度工业化国家，人均 GDP 为 40 704 美元（全球排第 26 位），是高收入 OECD 国家。日本在军国主义时期，一向注重强民强种，在 20 世纪初（1922 年）即效仿德国，针对受雇者开办医疗保险，第二次世界大战后，逐步扩展保险对象，1961 年建成了国民健康保险制度。

根据《2022 世界卫生统计报告》，2020 年，日本每人每年医疗费用为 4752 美元，占 GDP 的 8.3%。日本是当今世界上健康指标最好的健康国家之一，平均期望寿命达 84.3 岁，其中男性 81.5 岁、女性 86.9 岁，而 5 岁以下儿童死亡率为 2.0‰，是世界最低的国家之一，全民健康覆盖服务覆盖指数 85。

（二）医疗服务体系

日本的医疗法规体系很健全，如有作为基本法的《医疗法》，此外，还有《医师法》《牙科医师法》《药剂师法》《保健师助产师看护师法》等各类资格法，以及针对老年人长期护理的《看护师等人才确保促进法》等，以规范管理医疗从业人员。

根据《2022 世界卫生统计报告》，2012～2020 年，日本每千人口医师数为 2.48 名，每千人口护理人员数为 11.95 名，卫生人力并非特别充裕，但病床设施十分充沛，每千人口病床数为 13.5 张，每百万人口各种高科技设施[如计算机体层摄影（CT）、磁共振成像（MRI）、体外冲击波碎石术（ESWL）等]数量居世界第一位。日本病床数多的原因为2000年之前，急慢性疾病病床不分，平均住院日特别长。

如前所述，日本仿照德国，以受雇者为对象，于1922年制定《健康保险法》。其健康保险的发展由1938年制定《国民健康保险法》开始，现已扩展至以自营者、农林渔业、退职者等为对象，1950~1956年制定各类共济组合（国家公务员等共济组合、地方公务员等共济组合、私立学校教职员工共济组合），1961年将其他地区人口由市町村为保险人，纳入国民健康保险，达到全民健康照理，1983年为适应人口老龄化发展，制定了《老年人保健法》，1997年制定《长期照护法》，并于2000年实施。日本的健康保险，总体上分为受雇者保险及地域保险两类，如图6-4所示。

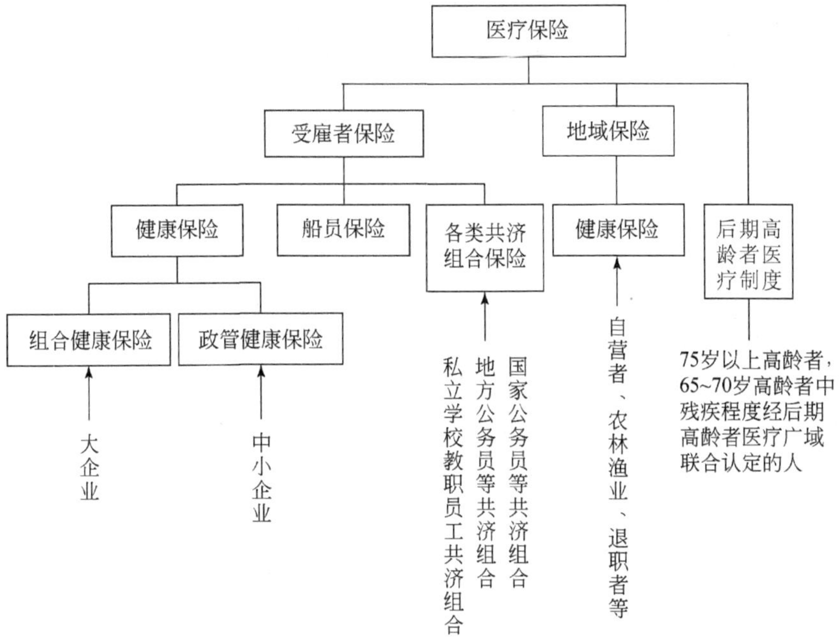

图6-4　日本各类健康保险示意图

资料来源：根据日本国立社会保障人口问题研究所《社会保障统计年报（平成18年版）》等相关资料整理

日本的医保制度表面上"师承德国"，但仔细分析会发现，政府介入程度较德国为深。上述各类保险中，只有组合健康保险由劳资双方自主管理（占人口的24.1%），其他如中小企业及各类共济组合保险多由厚生劳动省管理（占人口的28.3%），国民健康保险由地方政府办理（占人口的39.7%）。

医疗支付标准则由厚生劳动省召集包括学者在内的各方人士，组成中央社会保险医疗协会，共同审议通过，而实际上由厚生劳动省主导，而非德国模式由基金会联合会与保险医师联合会协商订定。

医疗费用申报与审查方面，受雇者保险为自主设立的"社会保险支付基金"办理，地域保险（国民保险）为"国民健康保险团体联合会"办理（市町村保险人的联合会），这也与德国由医疗服务提供者组成的保险医师联合会审查有很大的不同。

总体而言，日本的医疗服务提供制度有以下几个特点：第一，医疗服务提供机构以民营医疗机构为主；第二，与其他OECD国家相比较，日本每千人平均医院病床数量较为充足，但是其医师人数仍显不足，看护师人数趋于一般水平；第三，患者可以自由选择医疗机构，导致日本人的首诊频度非常高；第四，医疗人员具备从业资格，确保相关法律法规健全。

（三）筹融资与管理模式

日本的医疗保险的财源主要来自两个部分：一是保费，这部分是主要财源；二是以税收为财源的国库补助金。保费方面，被雇用者保险根据被雇用者的工资、奖金额缴纳保费，由被雇用者个人和雇主各承担一半。国民健康保险和后期高龄者医疗保险则根据家庭成员数收入等决定保费，由市町村负责征收。除此之外，医疗保险或护理保险的利用者也承担一部分费用，即部分负担金。另外，国家和地方政府从社会保险的“应能负担”观点出发，减免低收入者的保费，各种保险制度的国库负担金额有所区别。

2012 年，日本社会保障财源的总体保费为 60.6 兆日元，国库负担 29.4 兆日元，地方负担 10.9 兆日元。具体来看，医疗保险方面，国民健康保险的各项财源比例分别是保费 50%、国家 41%、都道府县 9%，后期高龄者医疗保险的财源比例是保费 50%（75 岁以上为 10%，不满 75 岁为 40%）、国家 33.33%、都道府县 8.33%、市町村 8.33%[①]。

另外，日本政府还通过财政补助等调整保险者之间的财力差距，保障国民皆保险。例如，健康保险参保人的平均年龄较为年轻，平均医疗费相对便宜，平均收入较高，保费收入相对稳定；而国民健康保险的参保人平均年龄较高，平均医疗费相对昂贵，平均收入较低，保费收入也不太稳定，特别是很多受雇者退休后从被雇用者保险转为国民健康保险，导致财政情况更为严峻。对此，日本政府用税金为财源的国库补助金进行合理调节。

总体而言，日本是多元的保险制度，因此各个保险组合的保险费率是相同的，政府掌控的组合（中、小企业）的费率为 8.2%（2004 年）；其他保险组合掌控的费率为 3.0%～9.5%（2003 年平均为 7.5%）[①]。受雇者保险费用负担原则上为劳、雇各承担一半；针对受雇者保险，特别是其他组合费率的掌控，因会员收入高、保费低，其财务状况会良好，而国民健康保险则相对财务困难。财政的补助主要在国民健康保险及老年人的医疗介护或照护上。

尽管日本的医疗保险制度不同，保险人数众多，但是参保者享有的健康照护待遇是相同的。不论何种保险类型，医疗服务提供者得到的支付标准相同，审核的单位（如前述）与标准也相同，因此，也视为单一支付制度及单一支付者（single payer）。支付制度以按项目付费为主，但是从 2004 年开始实施 DRG 制度。

（四）服务提供

日本的健康保险除提供医疗给付外，均与德国相同，并另外提供各种疾病、死亡、生育等现金给付。医疗支付主要采用按项目付费制，药品方面则制定药价基准。

基层医疗（门诊）由私人的开业医师提供。日本的私人诊所称为“诊所”（clinic），而主要提供住院的机构称为“医院”（hospital）。医院以私人非营利为主，但厚生劳动省下的各都、道、府、县及国立大学医学院以下均设有公立医院。日本原来的医疗制度缺乏“守门人”及转诊制度，医药不分业、医院不分级且没有专科医师及评审制度，这与欧美国家有很大的不同。

近年来日本的医疗保险制度改革，除医药分业，增加转诊及减低病员门诊诱因、改革公立医院提升管理绩效、实施医院评审、区分急慢性医疗及专科医师制度、试办 DRG 支付制度等外，值得关注的是社会保障制度与税收制度的一体化改革，这与日本的超高老龄化的人口结构、需求与医疗技术发展、医疗护理资源的匹配、财务的压力有关，处于积极的改革与调整中。

---

① 中国医疗保险研究会，国际劳动保障研究所. 部分国家（地区）最新医疗保障改革研究. 北京：经济科学出版社，2013.

二、韩国的医疗保险

（一）人口、经济与健康状况

韩国于第二次世界大战前深受日本影响，第二次世界大战后又深受美国的影响。韩国人民积极进取，民性强悍，凡事“争第一”，勇往直前，在健康照护体系建设上亦是如此。即使条件不是十分成熟，仍决定办理全面健康保险或从事各项改革。韩国在 20 世纪 90 年代以前为集权政治，后民主制度逐渐落实，属新兴民主国家。

根据《2022 世界卫生统计报告》，2020 年韩国人口共 5127 余万人。根据世界银行 2021 年年报，韩国人均 GDP 为 35 196 美元，全球排名为第 29 位。韩国国民的平均期望寿命为 83.7 岁，其中男性 80.3 岁、女性 86.1 岁，5 岁以下儿童死亡率达 3.0‰，每人平均医疗支出为 1070 美元，卫生总费用占 GDP 的 6.5%。2012～2020 年，每千人口医师数为 2.48 名，每千人口护理人员数为 8.18 名，每千人口病床数为 4.4 张，全民健康覆盖服务覆盖指数为 87。

韩国健康照护体系的发展深受日本的影响，1963 年也是先从大企业的员工开始办理健康保险的，后逐步扩展至其他人群。1988 年时，虽然每人平均收入只有 5200 美元，但韩国毅然将农村人口与员工 5 人及其以上的中小企业均强制纳入保险，并于 1989 年完成全民健康照护体系建设。

（二）医疗服务体系

韩国实施的健康保险制度模式为社会医疗保险，除对贫民实施医疗救助外，1963 年先对大型企业员工开始办理强制性的健康保险，员工与雇主各承担一半的保费，组成保险公团（似德国的疾病基金会）而成为保险人。

韩国原为集权政治国家，政府强力主事健康保险。韩国的学者及卫生福利部原对保险体制有两派意见，争论甚为激烈。一派主张维持多元保险人，理由为促进竞争；另一派则认为社会保险间缺乏竞争的空间（给付内容相同，支付标准相同），多元保险人反而会导致行政费用高昂及保险费率的不公平。韩国在以金大中为总统时，对健保改革特别重视，强力主事。韩国于 1998 年先将以地区人口为对象的保险公团及公教人员的保险公团整合，再于 2000 年将以大企业为对象的原多保险人（374 个）合并为全国单一的“国民健康保险公团”（National Health Insurance Corporation，NHIC）。

如前所述，韩国每千人口医师数为 2.48 名，每千人口护理人员数为 8.18 名。韩国传统医学发达，纳入保险给付，韩国由于公共部门投入少，又缺乏严谨的医疗网规划，非但城乡医疗资源差距大，而且医疗资源以营利性的医院为主，占 70%。

韩国近年的三大改革有组织体制（单一保险人）、医药分业及 DRG 支付制度。除组织体制外，其余二者至目前乏善可陈。

（三）筹融资与管理模式

韩国医疗保险主要的财源为保险费及自付。韩国由于在国民所得 5200 美元时即实施全面健康保险，因此费率偏低，且因政府高度介入，政府承担财务责任，调整费率必然容易受到强大民意反对。由于其筹资水平低，政府财源投入少，因此个人部分负担重。医学中心的门诊部分个人负担高达 60%，住院个人负担 50%，个人负担总体医疗支出的 50%以上。大众缴纳保费，富人才有能力就医（其能够付得起个人部分的负担及自费项目）。因此，对高额费用部分的个人负担，韩国的健保制度评价不高。

（四）服务提供

公立与私营医疗机构相结合，是韩国医疗卫生服务体系的一个重要特征。在韩国，96%的医院、诊所都是私立的，承担了国家大部分的医疗保健服务。由于私营医疗机构以利益最大化为目标，故90%以上的医生就职于私营医院或诊所。私营医院不仅能够提供公立医院所具备的医疗服务，而且可提供更多医保范围外的、价格更高的服务，私营医院也设有大型门诊中心、诊所，甚至设有住院保健部。[①]

韩国医疗服务提供机构中，以私立医院为主，公立医院的病床数只占总床数的 8.5%，非营利性的财团法人医院病床数只占 14.5%，77.0%则属营利性医院[②]；在韩国，另一特点是没有严谨的区域医疗网规划，医疗资源城乡差距大，形成农村地区有保险但无医疗的困境。韩国与日本相同，医药是不分业的，曾在 1994 年立法进行医药分业，准备 2000 年实施，但却引发大规模的医生抗议，甚至导致医师罢工，最后只得通过提高医师的诊察费、扩大医师用药范围及提高药师的调剂费来解决。结果是保险支出增加了，但民众权益保障及医疗品质提升有限。

韩国的医疗给付包括韩医，类似于我国的中医，韩医普遍受国民欢迎。另外韩国的医保不给付项目多，CT、MRI 是近年才纳入医保给付保障范围的。

截至 2019 年，韩国的医疗支付仍以按项目付费为主，正逐步实施韩国版 DRG 制度（KDRG），但遭到医界的强力反弹与抵制。

（五）监管方式

韩国的健康照护制度也属于社会医疗保险制度模式，也都是单一支付制度，政府强力介入，而不是像德国的医患双方（购买及提供医疗服务双方）自组团体，自主管理、相互协商与制衡，韩国几乎由政府主导。

韩国进行了医药分业及建立转诊制度，尽管韩国政府强力导入，但医疗界反弹明显，特别是医生反对，效果不佳。

韩国是在条件不甚成熟的情况下实施全民健康保险制度的，面临了不少困境，但决策较日本积极，如实施单一保险制，但医药分业与支付改革面临诸多困难，更甚者，自付额太高、民众就医可及性不佳是其最大的挑战。

总体来看，日本和韩国均属于亚洲高度发达的国家。日本自明治维新以来，采取君主立宪制，其医学教育及医疗制度仿效德国，采用社会保险模式（即社会医疗保险制度模式）。韩国医学教育及医疗制度早期受日本影响较深，第二次世界大战后，变为同时受日本和美国的影响。然而由于文化差异性，日本、韩国的健康保险制度与德国在基本精神上仍有相当的差异性。

目前，日韩两国社会保障制度改革已进入新的阶段。日本社会保障制度正在从“20 世纪 70 年代模式”向“21 世纪（2025 年）日本模式”转换，日本政府通过社会保障制度与税收一体化改革，解决社会保障资金来源，构筑可持续的“中福利，中负担”的社会保障制度，而韩国社会保障制度改革进入整合提升期，指导思想由先（经济）增长后（福利）分配转向（经济）增长与（福利）分配同步推进。

---

① 姚霞. 韩国医疗保险制度的改革及对我国的启示. 中国医药导报，2013，10（25）：165-168.

② 杨志良. 健康保险. 台北：华格纳企业股份有限公司，2005：11-19.

第三节　美国与加拿大

一、美国的医疗保险

（一）基本概况

美国在医疗保险制度建设方面无疑是个后来者，不仅在经济上富裕，在医疗技术上也非常先进，但是医疗资源的分配不尽合理，2010 年时有 4900 万人没有医疗保险①，难以负担昂贵的医疗费用。一直以来，美国民众对此都非常不满，医疗保险改革也一直是历届政府的核心议题。从 1912 年西奥多・罗斯福提出“全民医保”的竞选主张到奥巴马医改的通过，改革已历经近百年。

美国的医疗保障体系主要由三大部分组成②。一是社会医疗保险，由联邦政府和地方政府举办，帮助特殊和弱势人群的医疗保险计划主要包括医疗照顾制度、医疗补助制度、工伤补偿保险、少数民族医疗和军人医疗计划。二是私营医疗保险。私营的商业医疗保险在美国国民医疗保障中占据主导地位。除老年人和丧失劳动能力的残疾人享受老年医疗保险以及合乎条件的低收入贫困户享受医疗救助外，其他公民只能参加私营的商业医疗保险或者自己负担医疗费用③。三是管理式医疗组织。这是一种由保险人与医疗服务提供者联合提供服务的医疗保险形式。其种类比较复杂，其中最有代表性的是健康维持组织（Health Maintenance Organization，HMO）、优先服务提供者组织（Preferred Provider Organization，PPO）和点服务（Point of Service，POS）计划。经过多年实践，管理式医疗组织由于在节省医疗费用和提高医疗质量方面的成效，其医疗保险管理形式已成为美国占主导地位的医疗保险形式。

上述三大医疗保险计划均自成体系，相互独立、相互补充、相互促进。除社会医疗保险由政府主持外，其余均为私有计划，分别由雇主和个人自由选择、各自负责。由此可见，美国整个医疗保障体系的市场化程度是相当高的。

（二）特点

与世界上其他发达国家相比，美国的医疗保险制度体系有两个显著的特点。一是尽管美国医疗水平高、医疗保障资金雄厚，医疗总费用和人均费用都比其他发达国家高，但并不能把所有国民纳入这个体系，并不是人人拥有医疗保险。二是美国的医疗保险方式纷繁多样，政府的控制能力非常弱小，主要依靠美国自由市场经济发展模式下的医疗保险市场化来调控和运作。

20 世纪以来，美国的经济发展迅速，人民的生活水平提高得很快。随着医学科学的发展及医生业务水平的提高，美国在医疗保健方面的花费高出其他发达国家，1965 年美国的医疗卫生服务费占 GDP 的 6%，1975 年为 8.4%，1987 年为 11.2%，2010 年为 17.8%。美国医疗费用增长趋势从 2010 年开始变缓，2017 年医疗费用占 GDP 的比例为 17.9%④，这在很大程度上归功于奥巴马政府，但其比值仍处于高位。美国的医疗总费用如此之高，为什么许多人还不能进入这个体系，得到甚至是最基本的医疗保障？其原因是多方面的。美国的医疗保险有私立和政府提供两大类，但无论哪种都有相应的资格限制。有的人必须通过他们的雇主提供医疗保险，有的人由政府的医疗计划覆盖，有的人自己购买保险，有的人能够私人支付医疗服务费。除此之外，就是没有医疗保险的人了。美国自

① 巴拉克・奥巴马，杨善发. 美国医改：现状与未来. 中国农村卫生事业管理，2016，36（8）：1004-1009.

② 姚秀元. 考察美、加两国的医疗保障体制. 前进论坛，2007,（6）：24-26.

③ 姜守明，耿亮. 西方社会保障制度概论. 北京：科学出版社，2002：156.

④ 鲍大旺，朱健，杨善发. 美国医疗费用持续增长的马克思主义分析. 医学争鸣，2020，11（5）：48-51.

由市场经济发展模式下的医疗保险市场化，决定了政府对医疗保险方面干预力度的弱小[①]。自由主义和个人主义是美国人价值观的一个重要标志，正是由于自由主义和个人主义长期以来支配着美国人在自由平等、政府的责任和公民的权利义务方面的认识，“大社会小政府”的观念已经根深蒂固，他们普遍认为政府的干预是对个人自由的妨碍[②]。在享受医疗保障方面，美国人的观念也与其他西方国家不同。之所以20世纪80～90年代以来美国多次有关建立国家医疗服务改革的提议都遭失败，就是因为美国人依靠个人奋斗获得不同程度的福利是他们追求的目标，平等的公共福利除非绝对必要（大萧条时期），否则是不被看重的。不同经济收入、不同工作环境、不同年龄段、不同健康程度的人群，他们对医疗保险的需求也是不同的。这种市场供求关系形成了美国特有的医疗保险制度体系模式。不同类型、不同层次和不同性质的医疗保险计划可供美国人选择，他们根据自己的实际需要和能力可以选择参加一个或几个医疗保险项目。这种供求关系的自由化充分体现了资本主义制度下的经济市场化。在医疗保险市场化的运行中，政府的作用只是一小部分。

第二次世界大战后，美国医疗卫生服务费用的资金来源越来越社会化，超过80%的资金来源于个人、私有保险公司，其余来源于政府、慈善机构和其他社会资源。自由主义和个人主义在一定程度上限制了美国国家政府权力的运用。结果，政府被限制在当私人医疗保险企业出现漏洞时扮演填补的角色中。当然，政府医疗照顾和医疗补助计划虽然覆盖面较小，但对于保障弱势群体的健康起到了决定性的作用，并已成为现代美国医疗保险制度体系中的基石。美国医疗保险制度体系模式的主要优点是促进了自由医疗市场的发展，比其他发达国家更少地涉及政府的力量，医疗保障基本不依赖于税收的资助。

（三）历史、现状与挑战

1. 美国医疗保险改革的历程

美国医疗保险改革的首倡者是担任过两届共和党总统的西奥多·罗斯福。他在1912年总统候选人竞选纲领中首次提出建立全国性医疗保险制度的主张。该主张虽然掀起一场医疗保险改革的热潮，但只是昙花一现，此后的继任者们大多是保守派，医保改革一度被搁置。直到20世纪30年代，美国医疗问题变得严重起来，再加上经济大萧条导致的失业增加、财富缩水，为了恢复经济和缓和社会矛盾，富兰克林·罗斯福实施了一系列经济社会政策，被称为罗斯福“新政”。“新政”的一项重要内容是1935年通过的《社会保障法》，主要是确立了养老和失业保险制度。本来这项法案中还包含医疗保险的内容，但是医疗保险政策遭到强烈反对。之后，杜鲁门总统积极推动包括医疗保险、公共卫生等内容的医疗改革，提出全民医疗保险制度的设想，但也遭到强烈批判而未能成功。1961年，肯尼迪总统考虑到全民医疗保险计划的实施难度太大，曾向国会提出给予老年人医疗保险的建议。1965年是美国医疗保险制度建设的一个里程碑。这一年，通过约翰逊总统的努力，国会通过了《社会保障法》修正案，决定设立服务于老年人和残疾人的Medicare和服务于低收入人群的Medicaid，7月30日该修正案经总统签署成为法律。约翰逊还先后使国会通过其他40多个医疗法案，从而完成了自1935年《社会保障法》以来美国最重大的一次社会改革。

1980年，共和党人里根当选总统，执政期间奉行保守主义理念，终结了自罗斯福“新政”以来社会保障不断扩张的历史，开始大刀阔斧地削减社会保障支出、减少联邦政府的干预。在医疗领域，里根无意推行全民医疗保险制度，只是为了控制医疗费用，1983年在老年医疗照顾制度中实行预付制度；为了解决穷人看病问题，1986年通过了《急诊医疗法案》，但政策效果都不明显。乔治·布什步里根后尘，在长达12年的共和党执政期间，医疗改革归于沉寂，医疗问题日益积累。主要体

① 高芳英. 美国医疗保险体系初探. 苏州大学学报（哲学社会科学版），2007，(5)：99-103.

② 郭林，杨植强. 奥巴马医疗保障制度改革综论. 江汉论坛，2013，(3)：125-129.

现在：一是很多人没有医疗保险。据1991年的人口普查统计，当时约有3700万人没有任何医疗保险，占总人口的15%；二是医疗费用高。1992年美国医疗总费用占到GDP的14%，而且有不断增长的趋势。1993年，克林顿上台后重新将医疗保险改革作为施政重点，并专门筹建了“全国医疗改革特别小组”，负责起草医疗保险改革计划。1993年10月，克林顿正式向国会递交了长达1342页的《医疗保障法案》，其涉及内容主要有以下两点。一是扩展医保覆盖范围。强制雇主补助员工购买商业医疗保险，保险费由雇主承担80%，员工缴纳20%。政府对小企业、失业者和穷人提供医疗补贴。二是组建健康同盟。这是患者和医生间的非营利性中介组织，加入健康同盟必须缴纳一定的保险费，健康同盟则为成员提供各种医疗保险方案的信息，帮助成员选择优质、经济的保险方案，并替他们付款。组建健康同盟的目的是将以往分散的单个患者联合起来，在与保险公司、医院和医生进行价格谈判时，可以发挥整体优势，从而降低医疗费用，提高医疗质量。虽然改革的呼声很高，但是不同利益群体对改革方案缺乏共识，最终克林顿的医保方案也没有通过。但克林顿政府推动了一些力所能及的立法，包括1996年的《健康保险可携带性与责任法》和1997年的《州儿童健康保险计划》。这被认为是自医疗照顾和医疗援助制度实施以来美国在医疗保险改革方面取得的最大进步。

2. 现状

（1）奥巴马医改

2009年1月奥巴马入主白宫之时，美国的医疗难题依然未获解决，反而更加严重。一是医疗费用高昂。2009年，美国的医疗卫生支出达2.4万亿美元，占GDP的17.4%，人均7960美元[①]。若不能采取有效控制措施，其医疗费用还将继续增长。二是缺乏医疗保险的人数有增无减。2009年约有5070万人没有医疗保险[②]，还有很多人保险不足或面临失去保险的风险。奥巴马上台之后，将医疗改革列入议事日程，展开雄心勃勃的改革计划。

奥巴马总统吸取了20世纪90年代克林顿总统医改功亏一篑的教训，历经多方权衡和政治谈判，法案内容多次修改，改变了原来建立单一支付机制的全民医疗保险制度模式的构想。他的方案仍建立在雇佣关系的保险合同基础之上，但要保证公司或者雇主为雇员购买保险，奥巴马方的对策是“强制医保”，也称“最低基本保额条款”，要求每个公民从2014年开始购买最低限度的医疗保险，否则将罚缴滞纳金95美元，若仍不购买保险，罚金将于2015年升至325美元，2016年升至695美元。强制医保条款是医改计划的核心，根据分摊原理，只有所有民众加入医疗保险，才能将保险费用降至最低。医改法的其他条款，譬如通过扩大医疗救助项目覆盖更多的穷人，有效控制医疗费用、加强对私营保险公司管理、促进保险公司的竞争、在州层面建立保险公司和政府的保险合作社来增加保险选择等都要依靠更多人享有保险来完成。但是，善意的强制却激怒了大批美国人，反对者声称该计划是医疗领域的“政府接管”。

2009年4月8日，奥巴马在白宫设立医疗改革办公室。同年9月9日，奥巴马宣布其医疗改革计划包括三个目标：一是给已有保险的人提供更多安全保障；二是给没有保险的人提供在他们经济支付能力范围内的选择；三是缓解医疗保健体系给家庭、企业和政府带来的开支增长压力。其目的则是要解决长期困扰美国医疗保健体系的三大难题：第一，遏制医疗费用过快增长趋势，减轻政府、企业和国民的经济负担；第二，实现医疗保险覆盖全民，杜绝私营医疗保险公司对投保人的各种歧视性规定；第三，全面提高医疗保健水平，改善服务质量。

2010年3月21日，国会两院历史性地通过了参议院H.R. 3590号议案（《患者保护与平价医疗法案》）和众议院H.R. 4872议案（对前述参议院议案的修正案），两者合为众所周知的奥巴马医改

---

① 冯鹏程. 美国医改面面观. 中国保险报，2015-10-14（5）.

② 文太林. 从罗斯福到奥巴马——美国医疗保险的百年变革. 新东方，2014，(2)：68-73.

（奥巴马于当年 3 月 23 日签署）。奥巴马医改的通过，预示着从 2014 年 1 月 1 日起，全美医疗保险覆盖率将由 85%提高到 95%，3200 万无医保人口及 1400 万未被纳入医保的低收入（其标准是四口之家年收入在 2.2 万美元以下）人群将获得政府补贴，同时在 10 年内（2010～2019 年）减少联邦赤字 1430 亿美元，改革的总成本约为 9400 亿美元。奥巴马医改最突出的内容是对私营医保行业与公共医保项目进行改革，即扩大政府的作用，创建一个由政府主办的公共医疗保险计划，通过它与私营医疗保险计划的竞争，降低保险费用，让更多的人获得医疗保障，从而基本实现全民医保。

然而，当奥巴马医改获得通过后，全美相继有 26 个州提出了“医改违宪”诉讼，遍布全国的地方性反医改集会甚至大规模的抗议活动不时出现。在法庭上争议的焦点是联邦政府是否有权强制个人购买医疗保险。美国法律规定，如果医改法案在一州被裁定违宪，就要交由负责司法解释的联邦最高法院进行裁决。在数次涉险过关后，2011 年 8 月，设在亚特兰大的联邦第十一巡回上诉法院裁定奥巴马医改违宪，令该医改法案最终被提交给联邦最高法院。2012 年 3 月，联邦最高法院连续 3 天就该医改法案举行听证会。奥巴马政府曾提出，该医改法案要到 2014 年才会生效，在此之前联邦最高法院无权对其作出裁决，但这一观点随即遭到驳回，听证会如期举行。在听证过程中，他们上演了一场惊心动魄的“攻防战”。最后，6 月 28 日美国联邦最高法院裁定，总统奥巴马的医疗保险改革大部分条款合乎宪法，该医改法案终于涉险通过。

（2）特朗普医改

奥巴马医改使得美国医疗保险的普及达到了前所未有的水准，但同时也触及了中产阶级、资本家、保险公司的利益，因其限制市场自由及增加财政负担而饱受争议或批评[①]。限制市场自由是指奥巴马医改对保险公司提出了多项规定，包括不得拒保、保费限制、成立非营利性公共保险机构等。这些措施直接干预了美国现行的商业保险市场，提高了保险公司面临逆向选择和道德风险的成本，对保险公司的盈利造成了较大幅度冲击，这与美国信奉的资本主义市场主导经济的观念相悖。增加财政负担是指奥巴马医改规定个人和企业雇主强制性参保，否则将面临惩罚性的税收。在全球经济不向好的情况下，对于美国民众而言，这些规定增加了短期内的经济负担，因此美国政府不得不提高补贴力度，财政压力加大，将医疗保险变成了一种变相的“医疗税”。

奥巴马连任两届后，2016 年特朗普成功当选美国第 45 任总统。选举开始前，特朗普就表态将会在当选之后废除奥巴马医改。2017 年 1 月 20 日，特朗普上任后签署的第一条行政令即限制奥巴马医改的运行[①]。特朗普医改的启动将使联邦财政赤字在未来十年里达到 3370 亿美元的削减额度；总支出将减少 1.2 万亿美元；税收将减少 0.9 万亿美元。但同时，该项改革也有其不利后果：到 2026 年，5200 万美国人将沦为无医保群体。在《患者保护与平价医疗法案》的保障下，该数字仅为 2800 万人[②]。

特朗普政府的《美国医疗法案》历经了多番替换与修改，而参议院共和党人公布的《优化医疗重整法案》被看作是该议案的核心，主要内容是：①改革 Medicaid，中止医疗救助计划的扩大方案，削减医疗救助项目预算。财政对 Medicaid 的补贴从个人发放改为集中拨款，设定每一财年 Medicaid 的救助上限，收紧 Medicaid 的救助覆盖范围，并将范围的设定权力移交各州自行安排，要求各州对接受 Medicaid 的群体征收额外的税收以补贴财政，联邦政府将减少整体的补贴额度。另外规定在 2020 年 1 月 1 日之后停止新人加入 Medicaid 项目。②取消个人强制购买保险措施，允许各州退出医疗保险交易平台。废除强制参保是将行政手段改为价格杠杆，不再对未参保的个人和企业雇主征收额外的惩罚性税款，而是允许保险公司对中断医保超过 63 天的个人征收超额的保险费用以及放开对老年人的价格歧视，允许保险公司最高对老年人征收 5 倍的保费，以此激励人们尽早购买医疗

① 邹武捷. 美国医疗保险改革分析——以奥巴马医改与特朗普医改对比为例. 中国保险，2020，(3)：61-64.

② 李俊，李重. 从奥巴马医疗到特朗普医疗：美国医疗改革对我国的启示. 中国卫生经济，2018，37 (4)：94-96.

保险。③改变补助机制。以人均收入为依据的补助模式改为以年龄为依据的保费补助，同时不再规定补助之后保费占收入的比例，对高收入者不再提供补助，以期减少政府在医疗保险方面的财政投入。④削减针对富人群体的医保相关税收。贫富之间财富再分配的一大途径将名存实亡。新的收费方案及医保产品服务项目规定上的所有调整将有利于高收入群体和青睐廉价简单化产品的年轻健康参保人群。

（3）拜登政府的医改方案

拜登正式上任后签署了关于医疗保健的一揽子行政措施，下令重新开放《患者保护与平价医疗法案》。拜登政府在后续的医改政策上，也会更加偏向于提升医保覆盖面、扩大政府对民众的医疗补助[①]。民主党承诺将实施普遍负担得起的优质医疗保障；降低处方药价格、保费和自付费用；降低医疗成本并提高医疗质量；消除医疗保障方面的性别、种族等歧视性措施；确保生育健康和孕产妇健康；投资卫生科学研究，为各个机构的健康和医学研究提供更多且可持续的资金支持。其中，重启《患者保护与平价医疗法案》和通过新型冠状病毒救助计划是拜登医疗改革计划两大主要支柱。

自 2012 年正式施行以来，《患者保护与平价医疗法案》将未参保率从 2010 年的 17.8%降至 2019 年的 10.9%。拜登政府医疗改革的路径主要包括扩大《患者保护与平价医疗法案》的覆盖范围、增强《患者保护与平价医疗法案》关于公众选择的法律规定。2021 年 1 月 28 日，拜登签署了指示联邦政府在 2 月 15 日至 5 月 15 日开启特殊参保时间的行政令，为受到新冠肺炎疫情影响的人们提供获得保险的新机会，并提议对《患者保护与平价医疗法案》进行大规模扩张。

竞选期间，拜登团队主张通过公共选择强化《患者保护与平价医疗法案》。公共选择也被称为公共保险选项，主要通过创建政府经营的健康保险专门机构来与私人健康保险公司竞争，其目的在于为那些无法负担私人健康保险公司保费、已有疾病而被私人健康保险公司拒绝的无保险公民提供更加负担得起的健康保险。通过公共选择，拜登政府弥补了《患者保护与平价医疗法案》中存在的不足，并有效地终结不利的“州权利”论调，打破地方保险垄断，将联邦政府的卫生政策更高效地执行。

3. 挑战

美国的医疗保障居于民生问题的核心，历来是两党争论的焦点。经历了奥巴马政府时期《患者保护与平价医疗法案》的提出与执行、特朗普政府时期共和党废除该法案的尝试，拜登上任后签署行政令以重启《患者保护与平价医疗法案》，扩展《患者保护与平价医疗法案》的覆盖范围，增强《患者保护与平价医疗法案》关于公共选择的法律规定。然而，所有这些医疗改革措施的施行绝非易事。

（1）卫生支出大幅攀升

过去几十年来，美国的医疗卫生支出大幅攀升，从1960年的人均148美元[②]增加到2019年的11 500美元，增幅达约 77 倍；2017 年美国的医疗卫生支出占当年 GDP 的 17.9%[③]；根据 2011 年 OECD 的资料，美国的年人均医疗卫生支出是 OECD 国家的 2.5 倍[②]。由于导致医疗卫生费用上涨的各种因素继续存在、人口老龄化的发展，拜登的医改方案未来 10 年的总成本估计为 7500 亿美元，将通过取消对富人的减税措施以及将最高所得税税率提高到之前的 39.6%来支付。研究预测显示，2017～2026 年美国医疗卫生支出将年均增长 5.5%，到 2026 年美国医疗卫生支出 GDP 占比将增至 19.7%[③]。

（2）存在卫生不公平现象，医疗服务利用不足与过度并存

美国是世界发达国家中唯一没有实现全民医保覆盖的国家。普通居民只能自愿购买私人健康保险。同时，美国存在严重的过度医疗现象，这包括两个方面，即医疗保险过度和医疗服务利用过度。在拥有医保的人群中，约 20%以上的人群持有两份医疗保险，因而可以享受很多的医学服务甚至过

---

① 许闲，周源，余安琪. 美国医疗保险改革的经验与启示. 复旦学报（社会科学版），2022，(1)：156-164.

② 徐国平，李东华. 美国卫生体系面临的挑战及对中国的启示. 中国卫生政策研究，2014，7（2）：32-37.

③ 鲍大旺，朱健，杨善发. 美国医疗费用持续增长的马克思主义分析. 医学争鸣，2020，11（5）：48-51.

度消费。同时，现代医学技术过度滥用导致医疗费用不断上涨。美国使用MRI和CT检查的次数为OECD国家的2.1倍[①]。

（3）健康效益较差，健康水平低于大多数发达国家

2011年在OECD的34个国家中，尽管美国个人年均医疗卫生支出为8508美元，高于任何其他国家，但居民人均期望寿命为78.7岁，排倒数第九位；而日本的个人年均医疗卫生支出为3387美元，仅为美国的40%，但居民人均期望寿命达82.7岁；美国的妇女健康和儿童健康水平等多项指标也都落后于大多数发达国家[①]。世界卫生组织的数据显示，在其调查的191个国家中，美国国民的总体健康水平排第72位，医疗筹资分配的公平性排第55位[②]。

（4）基层医疗机构全科医师数量明显不足

在大多数医疗技术比较先进的国家，基层医疗机构的全科医师数量占医生总数的50%以上。美国基层医疗机构全科医师占比在1960年以前达到50%～80%，但随着专科医师和全科医师收入比例明显拉大，全科医师的数量在不断减少，目前约占30%[③]。随着美国社会老龄化的不断加剧，如果这一发展趋势不能得到有效干预，2025年美国全科医师缺口将达到5.2万人，美国的医疗成本会继续上涨，进而影响其卫生服务质量。

（四）改革的方向

1. 加强成本控制

美国医改的一个重要表征是医保费用增长并未因医改推进而得到遏制，始终居高不下。美国无论是人均年医药费用，还是卫生费用支出占GDP的比例，均远高于其他发达国家。美国的高卫生费用支出似乎并未体现出医疗卫生服务的可及性和便利性的同步效应。医保费用居高不下，实际上反映了医疗卫生体系的深层次问题，如过度的市场化导向和医疗服务的垄断化趋势。拜登的医改项目最为困难的长期挑战在于成本控制，它将使法案的补贴与《患者保护与平价医疗法案》的早期草案保持一致。如果要永久保持这些变化，可能会在十年内耗资数千亿美元。医疗改革若可持续推进，必须在成本管控上下重手，在平衡兼顾医务工作者、患者、医疗产品市场等群体利益的基础上，制定出细化合理的收费标准。

2. 医疗改革需合理兼顾政府管控、市场规律以及民众诉求

民主党在奥巴马医改中挥舞“政策大棒”，削弱市场力量并加大政府投入，本质上是政府对市场义务的变相填补与替代。特朗普医改则走向另一个极端，在联邦政府的预算账单上斤斤计较，在以医疗器械商为代表的市场利益考量上瞻前顾后，却对底层民众的切肤之痛含糊其词。政治斗争导致美国医改难以达成全社会共识，加之联邦政府与各州的利益博弈，使得医改无法形成强大的执行力。因此，改革需要兼顾政府管控、市场规律以及民众的诉求。

3. 管理式医疗模式是大势所趋

自20世纪90年代起，美国健康险的经营模式实现了由传统的费用报销型到管理式医疗的转型。管理式医疗包括健康维持组织、优先服务提供者组织、点服务计划等，其核心是保险机构与医疗机构共享利益、共担风险、共同控制不当医疗费用支出。管理式医疗一方面将健康管理和健康维持纳入健康保险服务，丰富了健康保险的服务内涵；另一方面则加强了医保合作，吸收医生和医院参与，

① 徐国平，李东华. 美国卫生体系面临的挑战及对中国的启示. 中国卫生政策研究，2014，7（2）：32-37.

② Himmelstein D U，Thorne D，Warren E，et al. Medical bankruptcy in the United States，2007：Results of a national study. The American Journal of Medicine，2009，122（8）：741-746.

③ Peterson S M，Liaw W R，Philips R L，et al. Projecting US primary care physician workforce needs 2010-2025. The Annals of Family Medicine，2012，10（6）：503-509.

促使其合理使用医疗资源，强化了对医疗行为的管控，在一定程度上缓解了医疗费用快速上涨的压力。不论是奥巴马执政时期还是特朗普执政时期，管理式医疗备受推崇，可见其对于社会运转而言是有着提升效率作用的。

二、加拿大的医疗保险

（一）基本概况

加拿大是实行全民医疗保险制度的国家，全民医疗保险制度作为加拿大最主要的一项社会福利，为该国的经济社会发展做出了重要贡献。加拿大是西方七大工业化国家之一，政治体制是联邦议会制，经济发达，1972 年正式建立了覆盖全国 10 个省和 3 个自治区的全民医疗保健体系，1984 年出台了具有历史意义的《加拿大卫生法案》（Canada Health Act），该法案承诺要为所有加拿大人提供各种必要的门诊和住院服务。世界卫生组织发布的《2018 世界卫生统计报告》显示，2016 年加拿大公民的预期寿命为 82.8 岁（世界平均为 72.0 岁），出生健康期望寿命为 73.2 岁（世界平均为 63.3 岁），新生儿死亡率为 3.2‰（世界平均为 18.6‰）。加拿大的医疗保障体制，实际上是一个全民参与的公共集资系统，也可以说是一个由 10 个省与 3 个自治区的医疗保险计划组成的连锁体系。加拿大的医疗保障体系强调的是以人为本的医疗保障理念，它完全以患者病情为诊治的出发点，而不考虑其经济承受能力，体现了全体公民人人平等与权利一致的价值观。在加拿大全民医疗保障体系下，其医疗服务的提供者主要包括两个部分：基层医疗服务和二级医疗服务。基层医疗服务的提供者有全科医师、注册护士、执业护士、药剂师等，其中以全科医师为主。二级医疗服务包括医院专科服务、长期护理机构服务和社区服务机构服务。

（二）特点

加拿大全民医疗保险制度是在国家的强力干预下建立和运作的。联邦政府依据《加拿大卫生法案》制定全国通用的国民卫生医疗保障制度，并为各地区提供财力支持。联邦政府通过“加拿大医疗拨款”向各地区拨出用于医疗保障的资金，同时对医疗服务体系实行公共管理。在加拿大，全体国民都可以享受免费的基本医疗服务。无论其经济状况如何，在个人缴纳规定比例的保险费后，均可自动成为投保者和保险享受者。就个人缴纳保险费用的方法和比例而言，加拿大各省不尽相同。一些国家将个人保险金缴纳的多少与其享受的医疗保险程度挂钩。但在加拿大，两者却并无相关关系。丧失经济能力的弱势人群可以申请全面或者部分减免保险费，而老年人则不论其经济能力如何，均可自动成为免费医疗保险的享受者，享受基本医疗保障服务。不仅如此，加拿大医保的内容及基本医疗服务范围非常广泛，包括医院服务、医生服务及牙科服务等。患者可以选择医生，免费获得医疗保险提供的规定基本卫生服务。在享有国家医保的同时，个人还可以参加私人医保或雇主资助的医保。

1984 年《加拿大卫生法案》在巩固 1957 年的《医院保险和诊断服务法案》（The Hospital Insurance and Diagnostic Services Act）和 1966 年的《医疗保健法案》的基础上，最终出台。这部法案确立了加拿大医疗卫生政策的基本目标：保护、促进和恢复加拿大居民的身体和精神健康，使其很容易地享有合理的健康服务，没有财政或其他方面的任何障碍。并在原有的四个准则基础上增加了可及性准则，这样现行加拿大医疗卫生政策的五个准则就形成了。

（1）公共管理（public administration）。该准则适用于省和地方医疗保险计划，其目的是省和地方医疗保险计划必须由一个公共权威机构在非营利基础上进行管理和经营。

（2）综合性（comprehensiveness）。该准则要求省和地方的医疗保险计划必须包括由医院和医生提供的所有受保的医疗服务。

（3）普遍性（universality）。根据这一准则，所有受保的省和地方居民都必须拥有在同一标准和条件下享有由省和地方医疗保险计划所提供的受保医疗服务。

（4）便携性（portability）。该准则要求省和地方的受保人在全国各地（如迁居、国内旅行等）都能享有医疗服务；在国外同样享有医疗保险服务，当然这对医疗保险项目和条件有具体要求和限制。

（5）可及性（accessibility）。该准则的目的是确保所有省和地方的受保人在同样条件下享有合理、同等的受保医疗服务。规定受保人不管经济条件或年龄、健康状况等如何，都要一视同仁，不得区别对待。

（三）历史、现状与挑战

1. 加拿大全民医保的历史进程

1867 年颁布的《英属北美法案》对联邦和省级政府的权力有了初步的划分。例如，法案的第 92 条规定：医院、收容所、慈善机构和救济机构由省级政府负责，而联邦政府负责国际卫生检疫，照顾生病的海员、土著居民和军队人员，以及麻醉药品的控制等。自《英属北美法案》颁布之后，加拿大医疗卫生事业有了一些新的发展。第一个省级卫生部门于 1882 年在安大略省成立，新斯科舍省在继承了早期中央卫生部门的基础上，于 1904 年成立了卫生部门。新不伦瑞克省在 1918 年设立了内阁卫生部长的职位，并成为其他一些省份效仿的范例。在省级政府的压力下，1919 年，加拿大成立了联邦卫生部。1914 年，加拿大首个医疗保险制度——“都市医生计划”在萨斯喀彻温省（Saskatchewan）成立。但是到此为止，加拿大还远远没有建立起全民覆盖的基本医疗卫生服务。

一直到 20 世纪 40 年代以前，加拿大的医院和医疗服务大部分都是由私人出资的，并且许多医院都是宗教或者志愿组织经营的，患者自己支付医疗费用，这样个人的支付能力就直接影响了其就诊的可能性。20 世纪 30 年代的经济危机和第二次世界大战对西方国家社会福利制度的建立产生了深远影响，加拿大也不例外。最重要的是，第二次世界大战对联邦政府的角色和加拿大人接受政府在经济和社会事务方面的深层干预产生了深远影响。联邦政府的作用开始得到加强。这期间对加拿大的医疗卫生政策产生直接影响的是《希格蒂报告》（Heagerty Report）。1943 年，关于医疗保险和公共卫生的《希格蒂报告》公布于世，是 1942 年早期在联邦政府要求下关于战后重建的一部分。这一报告的具体建议是呼吁实施一个联邦-省联合医疗保险计划，这一保险包括由省级政府提供的医疗保险、公共卫生条款，以及由联邦政府提供的资金援助、制定标准和技术咨询方面的帮助。1947 年，萨斯喀彻温省建立了加拿大首个省级住院保险计划。之后，大约过了十年，加拿大联邦政府筹资的全民医疗保险计划才真正建立起来，这主要是通过两项立法——1957 年的《医院保险和诊断服务法案》和 1966 年的《医疗保健法案》完成的。这两项立法不仅确立了联邦政府与省政府的费用分担机制，而且确立了加拿大医疗卫生服务的公共管理、综合性、普遍性、便携性四个准则。这样，联邦政府首次通过立法的形式强行介入了医疗卫生领域。

在 1979 年，应加拿大联邦政府的请求，法官埃米特·豪尔着手评估加拿大全国的医疗服务状况。在报告中，他认为加拿大的医疗服务处于世界最佳之列，但是他也警告医生的额外收费（extra-billing）和医院要求的使用者付费（user fees）正在形成一个威胁医疗保健全民可及性（universal accessibility）的双层制度（two-tiered system）。根据这一报告，为克服上述弊端，1984 年《加拿大卫生法案》最终出台。

2. 现状

《加拿大卫生法案》合并了 1957 年和 1966 年两个联邦立法并加以更新，成为加拿大医疗体制发展中最重要的里程碑。因此，《加拿大卫生法案》实际上成了指导全国医疗体系建设和发展的根本大法。

《加拿大卫生法案》巩固了以前的立法，并使原先普遍存在的“额外收费”和“使用者付费”

都变成了非法行为，对直接向患者收费的其他形式也进行了更多限制。该法强调，不管公民是否具有支付能力，享有医疗服务是他们的权利。加拿大政府明确宣布，政府在医疗领域的工作目标就是，让加拿大成为世界上人口最健康的国家之一。围绕这个目标，政府为医疗体系树立主导观念或国民共识，指导国家医疗体系应如何处理及应对为公民健康提供服务、筹措经费、医疗服务范围等基本医疗保险问题。

加拿大卫生保健制度是根据联邦政府的《加拿大卫生法案》制定的，并由加拿大 13 个省级行政区的政府部门制定具体实施法案并组织实施。公共卫生保健制度是加拿大医疗保障制度最基本的（或主体）制度，也称为全民医疗保险制度。公共卫生保健制度覆盖了加拿大绝大多数的居民，并免费提供医疗服务。公共卫生保健制度的资金来源于联邦和省两级政府的财政预算。公共卫生保健制度的服务项目包括全科医师提供的社区医疗服务、需要的住院医疗服务，以及由医院提供的护理、检查和诊断、放疗和理疗服务等全面的医疗保健服务，但不包括药品及相应的费用。

2001 年，加拿大总理设立了医疗保健未来委员会。此后，该委员会历经调查向卫生部长提交了一份名为“构建价值”（Building on Value）的健康战略报告，该报告的制定以《加拿大卫生法案》的五个原则作为指导原则。在“构建价值”健康战略报告的基础上，每年加拿大卫生部都会根据居民健康情况和卫生体系的发展现状制定健康发展战略并确定优先干预领域，其中健康发展战略目标隔几年就会有一些细微的变动，但优先干预领域每年都有变化。健康发展战略目标主要是构建可持续性的卫生体系、保证食品和产品的安全性等主题，而优先干预领域变化较多，例如 2008～2009 年的优先干预领域集中在改善加拿大人的健康状况、加强公共卫生保健和卫生系统的效率和有效性上，2011～2012 年变成促进卫生系统创新，2017～2018 年则转向加强卫生立法的现代化和透明度[①]。这样的健康发展战略和优先干预领域，不仅可以使加拿大卫生体系在稳步前进中实现发展目标，而且做到了实时关注加拿大居民的切身需求。卫生部门根据不同时期发展情况提出的发展政策体现了创新精神，例如 2009 年提出的实施 5 年期食品和消费者安全行动计划、2015 年提出的人才培养和管理计划以及卫生系统创新计划等。

加拿大全民医疗体系的运作原则体现了国家目标的价值观，其核心就是平等，即在医疗面前人人平等。该价值观代表了社会主流意识。正因如此，富人不能因为富有而拥有更多的生存机会，也不可以将穷人的生命价值降低。

3. 挑战

加拿大的医疗保健制度曾被誉为世界上最好的社会医疗保健制度之一，本国公民也引以为豪。该制度的最大特点就是强调公平和人权的原则。以加拿大的卫生法为标志建立的全民医疗保险力图保证公民不因各种原因失去对卫生保健的可及性。但是国家单一支付的保险体制也导致了很多问题的出现。

1）加拿大现行的医疗保险制度使国家财政负担过重，影响医疗服务质量的提高。加拿大医院根据患者量向政府报预算，但政府预算有限，如果医院入不敷出，则有关门的可能。因为经济的增长速度远远低于人民对医疗保健需求的增长速度，会使医院的服务和管理水平下降。

2）医疗费用问题。加拿大卫生信息研究所（Canadian Institute for Health Information，CIHI）数据显示[②]，加拿大卫生费用支出总额在近年来持续上升，由 1975 年的 121.994 亿美元到 2015 年的 225.5331 亿美元，整体增幅约达到 84.87%。公共卫生支出费用从 1975 年的 93.003 亿美元上涨至 2015 年的 158.7225 亿美元，上涨幅度约为 70.66%。考虑到物价水平因素，加拿大卫生费用、公共卫生费用总体费用上升幅度在可接受范围内。加拿大人均卫生费用支出增幅较大。1975～2015 年，

① 谭笑，陈明曦，刘晶晶. 加拿大卫生法和健康战略对中国的启示. 中国卫生政策研究，2019，32（4）：114-117.

② 赵明月，徐闲馨. 加拿大公共医疗卫生体系控费方式分析. 市场周刊，2018，（10）：185-187.

加拿大人均卫生费用支出从 536.1 美元上涨至 9205.1 美元，上涨了 16 倍多。排除物价水平因素影响，上涨幅度可能低于这一数值，但总体来说仍旧偏高。总费用下降但人均费用上升可能是由于加拿大总额预算制的控费方式将部分医疗负担从公共部门转移到了私人部门，如药品费用。

3）服务效率问题。医疗费用控制的结果也进一步导致了该国卫生系统的另外一个严重问题，即服务效率问题。在加拿大，全民医疗保险制度体系对公立医院的支付采用总额预付制，即在一个年度对每一家医院支付一笔固定的费用，超支自理，结余归己。总额预付制固然可以有效地遏制费用的增长并增加财务的可预测性，但是其负面后果就是诱使医院减少服务数量，从而加剧了患者排队时间过长问题，而且也没有创造一种激励机制，促使医院改善服务品质、提高服务效率。总体来说，加拿大的医疗资源本来就不够丰沛，优秀的医生还有极大的可能被外国吸走，这是民众看病治病大排长龙的一个重要原因，而医保付费机制对医疗服务的激励结构有所欠缺，使得医疗服务短缺的问题雪上加霜。

（四）改革的方向

加拿大医疗保险的实施和运行效果基本是令人满意的，这一医疗保障模式也受到了该国绝大多数居民的支持。但毋庸讳言，该国医疗保险制度仍存在着一些不足之处和弊端。如何进一步完善医疗保险政策，改革医疗保险制度体系，提高医疗服务效率，合理配置和利用卫生资源，控制医疗费用的增长，成为该国政府极为关注的一个问题。本着公平、效率以及卫生服务提供者自主性的原则，需要采取一系列改革举措，以消除卫生保健系统中存在的一些弊端，使加拿大国民能获得更高质量的卫生保健服务。

1. 加强宏观调控，完善医疗保险政策

加拿大卫生改革目标，主要是在保持该国医疗卫生事业正常运行的前提下，进一步有效控制卫生投入总量。在保证医疗服务质量前提下，提高医疗保险体制的运行效率和宏观效益。控制优先、兼顾发展，效率优先、兼顾质量，进一步完善公共医疗保险政策，加大国家对医疗卫生服务的宏观调控力度。以控制供方为重点、控制需方为补充，提高医疗机构和医务人员的服务效率。控制医疗保险范围、调整费用支付方式和政策，在有效控制医疗保险费用的基础上提高医疗保障的水平。加拿大政府在 1984 年的《加拿大卫生法案》中确定了《固定拨款法案》。20 世纪 90 年代后，又针对该国人口老龄化趋势加快和医疗服务效率低下等问题，建立了以社区保健服务代替医院服务、以疾病预防和自我保健代替临床治疗的医疗模式。同时加强对医疗机构的管理，加强医疗监督，改革对医生的补偿办法。加拿大政府对某些低效率、高成本、机构设置重复或非必需的医疗机构采取了关闭、合并等措施，改革对医院的支付方式，提高卫生服务的效率。政府在宏观层面上调整和完善医疗保险相关政策，通过经济补偿手段控制医院业务总量，调整和规定医院的发展速度及方向，以保障卫生服务的公平性、可及性，并有效地控制医疗费用的过度上涨。在微观层面则放开搞活，通过预算安排，审核批准和自主管理，给医疗机构更多的经营自主权，以提高卫生资源的配置和卫生服务供给的效率。

2. 改革补偿机制，强化费用控制机制

加拿大医疗服务中供需双方缺乏成本意识，从而造成卫生资源的浪费和医疗费用的持续增长。首先，加拿大政府应加强对医疗费用支出的监督管理，改革不合理的支付管理制度。设立相关审议机构，对医院处方进行审核，对诊疗合理性进行必要的审议，对不合理的处方予以处罚，对各种医疗新技术进行评价和审核。其次，强化对供方的费用控制，医生只能通过调整医疗服务提供的数量来实现其收入水准。为防止医生过度提供医疗服务，对医疗服务费用设立上限。改革医务人员工资支付办法，把对医生酬金的支付逐步改为按服务人头支付，并实行费用封顶，限定医生年收入的增长率。最后，加强需方费用的控制，适度提高患者医疗费用的自付比例，通过调整经济利益的手段，增强患者的费用意识，以达到控制医疗费用的目的。同时，还可以采取提高药品费用自付金额、规定不同药品的不同自付比例、减少或取消部分特殊服务的免费照顾等措施，增强患者的费用意识。

3. 加强卫生资源的合理配置，实行医院总额预算控制

加拿大各省级政府在与医院协会商谈医院预算总额时，根据各医院的服务人口的构成和需求水平，决定各家医院的预算总额，同时对预算超支部分不予补偿。优化卫生资源配置，加强卫生资源的合理使用。加拿大政府采取一系列措施，优化卫生资源的配置，进一步提高该国医疗服务的公平性，有效地增加了资源的数量和可得性。如积极推行区域卫生规划，针对不同地区卫生健康状况及寿命的差异，尤其是部分边远地区及农村地区存在的缺医少药问题，该国采取一系列激励机制和措施，鼓励医务人员到农村去服务，到医疗需求较大的边远地区去服务。

思考题

1）请从法律建设角度分析德国医疗保险制度改革的重点和路径。

2）试分析英国未来医疗保健制度改革的方向和重点。

3）请分析日本社会保障和税制一体化改革的重点。

4）试比较日本与韩国医疗保险制度体系的异同。

5）美国与加拿大的医疗保险体系的构建有何区别？

6）美国、加拿大两国截然不同的医保体系对我国的医疗保险体制改革有什么借鉴意义？

［东南大学公共卫生学院　张　晓（第一节）、刘　蓉（第二节）、张华（第二节）］

［内蒙古医科大学卫生管理学院　李长乐（第一节）］

［南京医科大学医政学院　胡　月（第三节）］

第七章　医疗保险面临的共同问题与改革趋势

内容提要

医疗保险在不同国家呈现出不同的发展模式和特色，但是随着人类社会的全球化、一体化和科技的迅猛发展，世界各国医疗保险制度面临着一些共同的问题：一是健康观念和疾病谱的变化给医疗保险带来巨大的挑战；二是人口老龄化对医疗服务和医疗费用支出造成重大影响，加剧了医疗费用上涨与医疗保险基金有限之间的矛盾；三是医药科学技术发展带来了医疗服务需求和医疗成本的双重增加。所有的这些问题集中反映为医疗费用的不断增长，因此如何既能满足国民医疗健康需求，又能有效地控制医疗费用成为各国医疗保险改革的共同趋势。加强预防保健、改革费用偿付方式、促使医疗保险制度模式的完善是医疗保险改革发展的共同选择。

第一节　健康观念和疾病谱的变化对医疗保险的挑战

一、健康观念和疾病谱的变化

健康是人类关注的主题，是每个人应该拥有的最基本人权。在现代社会，不论是个人的健康还是群体的健康，不仅需要医学科学技术的发展，还需要建立由个人、社会和国家共同合作的健康保障机制。疾病是非健康状态的一种类型，随着社会经济的发展，所有的国家都将经历疾病谱的变化，特别是非传染性疾病的上升，这对医疗保险制度提出了巨大挑战。

（一）健康观念的变化

健康是所有人的普遍追求，其重要性不言而喻。对于个人来说，健康是幸福生活的基石；对于国家而言，健康是经济社会发展、国家富强、民族振兴的基本保证。一项全球调查结果显示，良好的健康一直排在全世界人所有愿望的首位①。那么，什么才是健康，如何来看待健康呢？随着经济社会的发展和科技的进步，人们的健康观念也在不断变化。

传统的健康观念将健康定义为人体生理机能正常，没有缺陷和疾病。疾病与健康确实相互伴随，是一对矛盾。从生理或生物学角度，健康就是生物学上的适应，机体处于内稳态；而疾病则表明身体的某一部分或系统在功能和结构上出现异常，会造成机体功能下降，生活质量受到损害甚至死亡。这种生物医学模式的健康观念促进了医学的发展，但是却忽略了人的社会性。随着人类对人属性的不断认识，由生物自然人上升到社会经济人，人们对健康的认识也日趋全方位、多层次。经济的发展和国民收入的增加使得人们对健康提出了更高的要求，已经不再满足于不生病、身体好，还要求合理的营养、良好的劳动生活条件和生活方式、平衡的心理状态和健康的心态、良好的社会活动能力、延长寿命等。

现代人的健康观是整体健康观。早在 1948 年实施的《世界卫生组织组织法》就提出：健康是身体、精神与社会的全部的美满状态，不仅是免于疾病或残弱。从而把人的健康从生物学的意义扩展到精神和社会关系方面，把人的身心、家庭和社会生活的健康状态均包括在内。1974 年第 27 届

① 乌日图. 医疗保障制度国际比较研究及政策选择. 北京：中国社会科学院研究生院，2003：133-144.

世界卫生会议强调：医学应采用各种新知识、新技术和新方法促进健康，研究心理社会因素在疾病和保健中的作用。为了进一步使人们完整和准确地理解健康，世界卫生组织提出了衡量健康的十大标准：①有充沛的精力，能从容不迫地担负日常生活和繁重工作，而且不感到过分紧张与疲劳；②处事乐观，态度积极，乐于承担责任，事无大小，不挑剔；③善于休息，睡眠好；④应变能力强，能适应外界环境的各种变化；⑤能够抵抗一般性感冒和传染病；⑥体重适当，身体匀称，站立时，头、肩、臂位置协调；⑦眼睛明亮，反应敏捷，眼睑不易发炎；⑧牙齿清洁，无龋齿，不疼痛；牙龈颜色正常，无出血现象；⑨头发有光泽，无头屑；⑩肌肉丰满，皮肤有弹性。这是一种积极的、反映了人类健康本质的观念，把人作为一个社会成员，在更高层次上揭示了整体健康所涉及的各个层面。

（二）疾病谱的变化趋势

20 世纪 50 年代以来，多数国家完成了第一次卫生革命，通过控制传染源、预防接种、改善环境等措施，控制了危害人类健康的传染性疾病，人类疾病谱和死因谱都发生了很大变化，威胁人类健康和生命的主要疾病已经由传染病逐步改变为慢性非传染性疾病。世界卫生组织《预防慢性病：一项至关重要的投资》报告对慢性非传染性疾病的范围进行了界定，它主要包括心脏病、脑卒中、癌症、慢性呼吸道疾病和糖尿病等。除此之外，视力衰退和失明、听力衰退和失聪、口腔疾病和遗传疾病也属于慢性非传染性疾病的范畴。随着社会经济的发展，没有一个国家不经历慢性非传染性疾病上升的状况。然而，大多数慢性非传染性疾病有着共同的危险因素，例如最突出的四种慢性非传染性疾病——心血管疾病、癌症、慢性阻塞性肺病和糖尿病，都与生活方式的共同危险因素有关，因此改善人们的行为和生活方式、控制非传染性疾病成为世界各国卫生工作的首要任务。

进入 21 世纪，慢性非传染性疾病发病率的迅速上升已经成为世界绝大多数国家面临的主要健康问题和挑战。这种持续增加的挑战不仅威胁经济和社会的发展，而且不断威胁人类的健康和生命，造成了最大比例的残疾和死亡。根据世界卫生组织发布的《2019 年全球卫生估计报告》，2019 年全球 5540 万死亡病例中，前十大死因占 55%，其中有 7 个是非传染性疾病，主要包括缺血性心脏病、脑卒中、慢性阻塞性肺病、气管和肺部癌症、阿尔茨海默病、糖尿病、肾病。这 7 个死因的死亡病例占所有死亡病例的 44%、前十大死因的死亡病例的 80%。同时，2019 年所有非传染性疾病合计占全球死亡人数的 74%[①]。虽然在不同经济发展地区，慢性非传染性疾病的分布和死亡的负担不同，但是慢性非传染性疾病已经成为造成死亡和失能的首位因素。在欧美发达国家，慢性非传染性疾病已经经历了从快速上升、顶峰到下降的过程，但是以心脑血管疾病为代表的慢性非传染性疾病仍然是导致死亡和失能的第一位原因，慢性非传染性疾病死亡占总死亡的 75%以上；发展中国家疾病负担上升最快的是慢性非传染性疾病和伤害，从 20 世纪 90 年代开始，心血管病也成为导致死亡和失能的首位原因，其死亡病例在东亚和中东地区占总死亡人口的 50%；在经济不发达的非洲地区，慢性非传染性疾病死亡人口占总死亡人口的 22%，且这一比例随着经济的发展还在不断上升。可见，应对慢性非传染性疾病已经不仅仅是发达国家的事情，世界各国都应该采取措施对其进行预防和控制。

二、健康观念和疾病谱变化对医疗保险的挑战

整体健康观和慢性非传染性疾病的持续增加给医疗保险带来了巨大挑战，主要包括医疗费用不断上涨，预防保健受到重视，医疗服务将发生重大变化。

---

① World Health Organization. The Top 10 Causes of Death . https://www.who.int/news-room/fact-sheets/detail/the-top-10-causes-of-ath[2022-05-14].

（一）慢性非传染性疾病导致医疗费用上涨

慢性非传染性疾病带来的直接结果是医疗费用的上涨、医疗负担的增加。慢性非传染性疾病已经成为世界各国主要的健康问题，同时慢性非传染性疾病多为终身性疾病，预后差，并常常伴有不同程度的并发症甚至残疾，不仅严重影响居民的健康，使存活的患者生活质量大大降低，而且治疗慢性非传染性疾病给个人、家庭和社会带来了沉重的经济负担。世界80%的慢性非传染性疾病死亡发生在发展中国家，慢性非传染性疾病成为致贫的重要原因，因此，慢性非传染性疾病治疗费用已经成为医疗保险费用支出的重要内容，也是医疗费用上涨的重要原因。中国慢性非传染性疾病患病率和患者数都快速上升，2018 年《全国第六次卫生服务统计调查报告》显示，我国 15 岁及以上居民慢性非传染性疾病患病率为 34.3%，比 2013 年增加 9.8 个百分点，农村慢性非传染性疾病患病率增长大于城市，各年龄组慢性非传染性疾病患病率均有所上升，特别是 15～24 岁和 25～34 岁组青壮年人群慢性非传染性疾病患病率分别为 3.7%、7.1%，是 2013 年的两倍。慢性非传染性疾病占两周患病的比例达到 71.5%，患病率最高的五种慢性非传染性疾病是高血压、糖尿病、椎间盘疾病、脑血管病和慢性胃肠炎[①]。根据《中国卫生健康统计年鉴（2020）》，2019 年平均住院医药费用最高的 3 种疾病依次是心肌梗死冠状动脉搭桥（68 625.6 元）、急性心肌梗死（30 381.3 元）、肺恶性肿瘤（29 737.8 元）[②]，这些医疗费用较高的治疗都与慢性非传染性疾病有关。

（二）健康观念和疾病谱变化对预防保健提出更高要求

随着健康观念的变化，人们更加重视包括身体、心理和社会各层面的整体健康，对日常保健和疾病预防提出了更高的要求。慢性非传染性疾病的发生与遗传、环境、行为方式等危险因素有关，其中环境因素和行为方式因素是可以通过预防和干预加以控制的。这些危险因素主要包括吸烟、不健康饮食、缺乏体力运动、肥胖等，高血压本身是一种慢性非传染性疾病，同时又是其他慢性非传染性疾病如心脏病、脑卒中等的危险因素。慢性非传染性疾病的主要病因已经确定，通过对慢性非传染性疾病危险因素进行控制，人类完全可以减少慢性非传染性疾病的发生、减缓病程的进展、降低各种并发症、减少失能和残疾，提高生命质量。根据世界卫生组织的报告，如果消除慢性非传染性疾病的危险因素，至少 80%的心脏病、脑卒中和 2 型糖尿病，以及 40%以上的癌症都是可以避免的。在高收入的发达国家，心脏病死亡率在过去 30 年间显著下降，在最成功的国家下降了 70%；心脑血管疾病的死亡率从 20 世纪中期开始下降，2000～2019 年心血管疾病死亡率下降 16%，脑卒中死亡率下降 21%，全部肿瘤死亡率下降 7.2%[③]。心脑血管疾病死亡率下降的主要原因归功于控烟、减酒、调整饮食等的初级预防，高血压及高血脂早期发现与早期治疗的二级预防，以及心脑血管意外救护和诊疗技术的提高；肿瘤死亡率下降的主要原因在于吸烟的减少和早期发现、早期治疗的提高。发达国家已经在预防保健领域实施行动，发展中国家对慢性非传染性疾病的预防也开始给予更多重视。

（三）健康观念和疾病谱变化对医疗服务产生重大影响

随着疾病构成的变化，人类的死亡模式中慢性疾病占据了主导地位，无论是疾病原因还是健康后果，医学模式已经由生物医学模式转变成为当前的生物-心理-社会医学模式。现代整体健康观和

---

① 国家卫生健康委统计信息中心. 全国第六次卫生服务统计调查报告 2018. 北京：人民卫生出版社，2021.

② 国家卫生健康委员会. 中国卫生健康统计年鉴（2020）. 北京：中国协和医科大学出版社，2020.

③ World Health Organization. World Health Statistics 2019：Monitoring Health for the SDGs，Sustainable Development Goals. https://apps.who.int/iris/handle/10665/324835［2022-05-10］.

医学模式的变化，使医学的对象不再继续以疾病为主，而是逐步转变为面向整个人群的健康，医学的发展也不再以治病为最终目的，而是转向预防疾病与损失，维持和提高健康水平，这对传统的医疗服务产生了重大影响。第一，医疗服务将改变服务的提供模式，从治疗服务扩大到预防服务，将治疗与预防结合起来，预防保健的思想贯穿于医疗服务的全过程中，做到预防先行、寓防于治、防治并举。临床医生不仅仅专注于治疗疾病本身，还应该将临床治疗与疾病预防结合起来，把健康知识、与个人行为相关的防病措施有针对性地传达给患者。第二，医疗服务从技术服务扩大到社会服务。医生应当具有医学知识和人文科学知识，从关注疾病转向关注人本，除诊治疾病外，还应当重视人体自身健康动力的挖掘，通过社会医学诊断，及早发现居民的健康问题，找到危害居民健康的危险因素，进行健康指导和健康促进，指导人们形成健康的生活习惯和行为方式。第三，医疗服务从生理服务扩大到心理服务。现代医学模式和整体健康观念要求卫生服务的整体性，在进行身体照顾的同时，也要对普通人群和患者进行心理服务。心理健康是身体健康的精神支柱，良好的情绪状态可以使生理功能处于最佳状态，反之则会降低或者破坏身体的某种功能而引起疾病，医疗服务需要了解影响患者的心理因素，加强心理护理和心理康复工作，不断丰富心理服务的内容和措施，达到更好地治病防病的效果。

三、世界医疗保险制度的发展趋势

医疗保险制度建立的最初目的是通过对疾病造成的收入损失进行补偿，分散疾病风险，降低被保险人的经济负担，但是随着健康观念的变化和慢性疾病的增加，人们对医疗保险提出了更高的要求，促使医疗保险不断发展完善。

（一）医疗保险向健康保险发展，保障范围扩大

医疗保险制度建立初期，各国首先把疾病津贴作为医疗保险的首选内容，然后再把治疗疾病的医疗费用纳入保障范围。在各国的医疗费用补偿中，医疗保险首先解决的是对人们生活水平影响较大的治疗费用，如大病住院医疗费用，继而扩大到一般医疗服务，如门诊费用。在医疗保险制度比较完善的发达国家，健康保险不仅补偿疾病给人们带来的医疗费用等直接经济损失，也补偿由疾病导致的收入下降等间接经济损失，还包含了预防保健、健康促进等方面的内容，保障范围不断扩大。随着健康观念的变化和慢性疾病的增加，人们逐渐认识到预防保健的重要性，各国医疗保险制度也应逐步将预防保健纳入保障范围，以实现慢性非传染性疾病的发生率的降低和疾病的早发现早治疗，从而达到既控制医疗费用，又从根本上提高健康水平的目的。

德国医疗保险从单纯的疾病治疗转向疾病治疗与预防相结合。过去，德国社会医疗保险的重点是疾病治疗，但随着肥胖、高血压、糖尿病等慢性疾病发病率的急剧增加，用于治疗的费用不堪重负。因此，德国医疗保险改变“只治不防”的观念，康复也由传统、被动、消极的治疗性康复转为主动、积极的预防性康复。同时，改革医疗保险与慢性疾病防治不相适应的政策，从组织体系和经费上保证慢性疾病预防工作的开展，并对慢性疾病预防确定了六项原则：①促进心血管疾病预防；②锻炼肌肉，活动关节；③健康进食；④自我调适；⑤减肥；⑥减少烟害。这些措施使疾病从单纯治疗逐步转向以预防为主的格局。澳大利亚成立了政府的健康促进机构，由政府拨款支持健康促进工作，同时建立健康促进基金会实现多渠道健康促进筹资，重视部门间的合作，通过社区发展，组成健康促进的联盟，运用健康促进理论成功实施了心脏病预防、合理膳食和控制吸烟等。

（二）支付制度向预付制发展，加强预防保健

医疗保险的支付制度，也称为结算办法，既确定了医疗保险机构向医疗服务提供者支付患者医疗费用的途径和方法，也定义了支付价格。对于医疗机构来说，支付制度是收取医疗费用、补偿医

疗成本的依据，是经济来源和经济利益所在。由于利益机制的作用，支付制度成为医疗服务提供者主要的经济诱因。支付制度给医疗服务提供者提供了不同的经济诱因，会影响并引导他们的医疗行为，导致不同的经济效果，进而引起医疗保险资源不同的流向。当支付制度有利于增加高技术医疗服务和住院服务的收入时，医务人员和资金就会离开预防和初级医疗卫生保健，而较多地流入治疗性服务；当支付制度有利于鼓励卫生保健和预防时，医务人员也将被吸引过去。所以，支付制度是合理配置医疗资源、控制医疗费用的重要手段。

按服务项目付费是医疗保险中最传统，也是运用最广泛的一种支付方式，是典型的后付制。由于其按医疗服务项目和服务数量，根据物价部门或双方协议规定的价格结算，在鼓励医疗机构提供全面、优质服务的同时，容易造成医疗服务供方重视治疗、忽视预防，引发诱导需求，造成医疗费用上涨。医疗费用预付制是指按照服务人数、服务数量或经测算的平均费用核定的医疗费用总额预先支付给医疗机构，由医疗机构掌握费用支出，结余归己、超支自付的医疗费用结算办法，包括按人头付费、按病种分类付费、总额预付制等。预付制有利于促使医疗机构形成内在的成本约束机制，自觉采取控制费用的措施，如积极开展预防、健康教育、定期体检等活动，以最大限度地降低发病率，从而减少费用开支，鼓励医生以较低的医疗成本为更多的患者服务。调查表明，实行按人头预付制后，人均医疗费用能够下降 10%～40%，住院率下降 25%～45%[①]。英国、美国、德国对全科医师或多专科的诊所已经实行按人头付费的预付制，促使他们控制成本，并积极进行预防医疗服务。

（三）卫生保健向健康教育发展，倡导健康生活方式

人类疾病谱发生了巨大变化，包括心脑血管疾病、恶性肿瘤、呼吸系统疾病、糖尿病等疾病在内的慢性非传染性疾病成为危害人类健康、导致死亡的主要原因。慢性疾病的治疗往往花费很高，但是收效不大。健康相关行为和生活方式是影响慢性疾病发生、发展的重要因素，改变饮食和生活习惯、减少慢性疾病的危险因素是降低慢性疾病发病率、减少不必要卫生保健支出的最好方法。慢性疾病的预防和控制还需要民众具备自我保健意识，加强个体预防。个体预防通过群体或媒体的手段向民众传播必要的预防知识，提倡健康的生活方式，有针对性地促进个体健康。只有使社会的所有成员都了解或掌握一定的健康知识，才能有效地提高整个社会的健康意识和健康水平。这就需要提高医药卫生知识传播的社会化程度，运用各种社会媒介提高卫生知识传播的深度、广度，使所有社会成员都能树立正确的自我保健意识，自觉采取积极措施维护与增进健康，养成符合健康要求的生活习惯，如进行适当的体育锻炼、合理的饮食营养、正常的社会行为和戒除不良的生活行为等。

加强健康教育是改变不良生活方式的有力武器。20 世纪 70 年代，美国人认识到控制慢性疾病仅凭高科技是不行的，只有从源头入手，才能减少和控制慢性疾病，他们找到了一种十分经济有效甚至是一本万利的办法，那就是健康教育。1971 年美国设立健康教育总统委员会，1974 年把健康教育列为国家优先卫生项目之一，并于 1979 年发动美国历史上的第二次公共卫生革命。健康教育的内容主要包括提倡健康饮食和生活方式、开办健康烹饪课程、免费测量血压、电台播放健康信息和新闻、散发教育材料、在学校开展健康生活方式教育和普及高血压防控知识等。美国通过三十多年的健康教育实践，心血管疾病的死亡率下降 50%，其中 2/3 是通过改善行为与生活方式而取得的[②]，充分体现了健康教育的成绩。中国在全面推进健康中国建设的过程中，也将加强健康教育、普及健康生活作为重要内容。

---

① 穆怀中. 社会保障国际比较. 2 版. 北京：中国劳动社会保障出版社，2007.

② 王政军. 美国预防老年慢性病启示.中国老年学杂志，2014，34：5936-5937.

第二节　人口老龄化对医疗保险的新要求

一、世界人口老龄化的趋势

人口老龄化是指一个国家或地区在一个时期内因年轻人口数量减少、老龄人口数量增加而导致的老龄人口比例不断上升的现象或过程。国际上一般认为如果某国家 60 岁及以上人口占总人口的比例达到 10%，或 65 岁及以上人口占总人口的比例达到 7%，那么该国家或地区的人口即进入了老龄化进程。随着科学技术发展和医学的进步，人类健康水平不断提高，婴孩的死亡率整体降低，寿命持续延长，人口老龄化已经成为当今世界人口结构变化最重要的一个趋势。人口老龄化不仅是普遍性的全球现象，也是经久不衰的。在 20 世纪内，世界老年人的比例持续增长，这个现象在 21 世纪将继续存在并发展。

（一）老龄人口数量及其占总人口比例不断增加

老龄人口数量占总人口比例是指 60 岁及以上或者 65 岁及以上人口数量占一个国家或地区总人口的比例，简称老龄人口占比。从世界范围看，不管是发达国家，还是发展中国家，老龄人口的数量及其占总人口比例都在不断增加，这是全球人口趋向老龄化的重要特征。

老龄人口的增加是人口从高生殖率和高死亡率转变到低生殖率和低死亡率的结果，当人们的寿命更长、选择少生子女时，这一现象不可避免。根据联合国《2014 年世界人口状况》，世界总和生育率已从 20 世纪 70 年代初期每名妇女约 4.5 个孩子降至 1994 年每名妇女 3 个孩子，2014 年再次下降为每名妇女 2.5 个孩子。在接下来的时间里生育率还会继续降低，到 2050 年将降至每名妇女生育 2.2 个孩子。与此同时，全球人类平均寿命却从 1990 年的 64.8 岁延长至 2019 年的 72.6 岁。根据联合国《2019 年世界人口展望》，2019 年 65 岁及以上人口约占全球人口的 9%，预计到 2030 年，这一比例将增至 12%，2050 年达到 16%，即每六个人中就有一个年龄在 65 岁及以上，而在欧洲、北美等地，这个比例可能还会上升至 25%①。

中国自 2000 年步入老龄社会之后，老龄人口数量及其占比都在快速增长。依据中国第五、第六和第七次人口普查的数据进行对比分析：2000 年，60 岁及以上的老龄人口为 1.3 亿人，占总人口比例为 10.3%，65 岁及以上老龄人口为 8827 万人，占比为 7%；2010 年，中国 60 岁及以上的老龄人口达到 1.78 亿人，占总人口比例为 13.3%，65 岁及以上老龄人口达到 1.18 亿人，占总人口比例为 8.9%；2020 年，中国 60 岁及以上的老龄人口数达到 2.64 亿人，占总人口比例为 18.7%，65 岁及以上老年人口达到 1.9 亿人，占总人口比例为 13.5%。可见，这二十年中国老龄人口数量及其占比增长加快，人口老龄化程度持续加深。

（二）老龄人口年均增速加快

老龄人口年均增速是指总人口中 60 岁及以上或者 65 岁及以上人口的年度平均增长速度。根据联合国《全球人口老龄化 1950-2050》（World Population Ageing 1950-2050）的调查结果，老年人是世界上增长最快的年龄群体，就全球而言，老龄人口每年以 2%的速度增长，而世界总人口的增长率为每年 1.2%，老龄人口比整个人口增长快很多。2014 年，60 岁及以上人口的年增长率几乎是人口总体增长率的三倍。按绝对值计算，60 岁及以上人口的数目从 1994 年到 2014 年几乎翻了一番，

① UN. Population Division. World Population Prospects 2019：Highlights. https://digitallibrary.un.org/record/3813698?ln=zh_CN ［2022-05-10］.

超过了 5 岁以下儿童数量①。65 岁及以上人口的数量也在 2018 年首次超过了 5 岁以下的儿童数量，预期至少在今后二十五年内，老龄人口将继续比其他年龄组更快速地增长，到 2050 年，老龄人口的数量将是 5 岁以下儿童数量的两倍多，全世界 65 岁及以上的人口将超过 15~24 岁的青少年②。21 世纪开始时，世界人口有接近 6 亿老年人，为 2000 年记录数目的 3 倍，到 21 世纪中叶，将有约 20 亿老年人，老年人全体又一次将在 50 年间翻两番③。老龄人口这样的迅速增长将会给个人、家庭、社会和国际社会带来经济、文化、生活方式等多方面的挑战。

根据中国第七次全国人口普查的数据，中国 31 个省、自治区、直辖市和现役军人的人口中，0～14 岁人口为 25 338 万人，占 17.95%；15～59 岁人口为 89 438 万人，占 63.35%；60 岁及以上人口为 26 402 万人，占 18.70%，其中 65 岁及以上人口为 19 064 万人，占 13.50%。与 2010 年第六次全国人口普查相比，60 岁及以上人口比例上升了 5.44 个百分点，65 岁及以上人口比例上升了 4.63 个百分点，0～14 岁人口比例上升了 1.35 个百分点，15～59 岁人口比例下降了 6.79 个百分点，老龄人口已成为增长最快的年龄群体。

（三）老龄社会发展呈现阶段性变化

老龄人口的快速增长必然带来老龄社会发展，而老龄人口占比及其带来的老龄人口赡养比变化使得老龄社会发展呈现阶段性变化。当一个国家或地区刚进入老龄社会时，即 65 岁及以上人口占总人口的比例达到 7%，届时老龄人口赡养比为 1∶10，也就是 10 个劳动人口供养一个老龄人口。美、英、法、德、澳等国家在 20 世纪 50 年代已经进入老龄社会。2000 年，发达国家 65 岁及以上人口占比已经达到 14.3%，老年赡养比达到 1∶5，因此将此作为该地区或国家进入深度老龄社会的标准。预计 2035 年左右，发达国家 65 岁及以上人口占比将达到 21.2%，老年人口赡养比为 1∶2.5，这被视为超级老龄社会。世界主要国家人口老龄化的时间见表 7-1。

表 7-1 世界主要国家人口老龄化的进度表 （单位：年）

项目	美国	德国	日本	中国	世界	发达国家	最不发达国家
老龄化（7%）	1950	1950	1970	2000	2005	1950	2050
——发展所需时间	65	25	25	25	35	50	40
深度老龄化（14%）	2015	1975	1995	2025	2040	2000	2090
——老龄人口赡养比 1∶5	2015	1970	1995	2030	2035	1995	2085
——发展所需时间	10	35	15	10	35	25	10
超级老龄化（20%）	2025	2010	2010	2035	2075	2025	2100

资料来源：杨燕绥. 中国老龄社会与养老保障发展报告（2013）. 北京：清华大学出版社，2014：11.

随着社会逐步进入深度老龄化社会，高龄老年人及需要照顾的老年人持续增加，并成为普遍现象。根据联合国《世界人口老龄化 1950—2050》报告，对于大多数国家而言，虽然高龄老年人只占总人口的一小部分，但是 80 岁及以上高龄老年人将会是增长最快的群体，超出老龄人口的增长速度。2000 年，80 岁及以上高龄老年人的年平均增长率为 3.8%，是 60 岁及以上老龄人口增长率的 2

① Population Division, DESA. United Nations Concise Report on the World Population Situation 2014.New York: United Nations Publications,2014.

② UN. Population Division. World Population Prospects 2019：Highlights. https://digitallibrary.un.org/record/3813698?ln=zh_CN［2022-05-10］.

③ Population Division，DESA，United Nations. World Population Ageing 1950-2050. New York：United Nations Publications，2002.

倍，每 9 个老年人中就有 1 个 80 岁及以上的高龄老年人。到 2050 年将会出现每 5 个老年人中有 1 个高龄老年人的现象，高龄老年人总量将达到 3.79 亿人，占总人口比例将会从目前的 1%上升到 4.1%。其中最具代表性的是日本，每 3 个老年人中将会有 1 个老年人超过 80 岁[①]。由于老年人更容易受到疾病的侵害，严重影响其生活质量，老龄人口对健康服务的需求和医疗费用将会远远超过其他人群。

包括中国在内的发展中国家的人口老龄化发展则呈现出速度快、时间短、规模大的特点，到 2050 年，全世界将有 4/5 的老龄人口生活在发展中国家。与发达国家比较起来，许多发展中国家都会因缺乏一套覆盖全民的退休福利计划及社会福利政策，而在处理人口老龄化问题上备尝艰辛。因此各国必须尽早研究解决老龄人口剧增特别是高龄老年人剧增所引发的各种问题。

二、人口老龄化对医疗服务和医疗费用的影响

人口老龄化是社会文明和社会进步的重要标志，然而它同时也给人类社会带来了重重隐忧。人口老龄化不仅会导致医疗费用的快速上涨，影响医疗保险基金的收支平衡，还会对医疗护理和医疗服务可及性提出更高的要求。

（一）人口老龄化促使医疗费用快速上涨

老年人随着年龄的增大，生理功能逐步减退，机体抵抗力下降，疾病发病率大大高于其他人群，特别容易受到高血压、糖尿病、肿瘤、心血管疾病和阿尔茨海默病等慢性疾病的侵袭，这些慢性疾病成为致残和致死的最直接原因。所以，随着人口老龄化的加剧，老年人对医疗保险的需求会进一步增加，医疗费用成本也会随之进一步扩大，成为造成医疗费用快速上涨的重要因素之一。根据 2018 年全国第六次卫生服务统计调查结果，65 岁及以上老年人两周患病率为 58.4%，慢性疾病患病率为 62.3%，两者均为全体人群的 1.8 倍。老年人发病率比青年人要高 3～4 倍，人均患有 2～3 种疾病，住院率高出至少 2.5 倍。有研究表明，在医疗服务价格不变的条件下，人口老龄化导致的医疗费用负担年递增率为 1.54%[②]，人口老龄化将带来医疗费用负担的持续增加。

由于患病率增加，65 岁及以上老年人的医疗支出比青年人要多得多。美国的医疗费用无论总数、人均还是占 GDP 的比例都排世界第一，而且每年的增长幅度持续超过 GDP 的增长，其中 1/3 的医疗开支用于 65 岁及以上的老年人。从美国的人口结构看，战后 1946～1964 年“婴儿潮”出生的一代人逐步开始进入老年，其总人数达到了 7800 万人，是目前 65 岁及以上老年人的 2 倍，他们所花费的医疗费用将大大超过目前老年人的花费，使医疗费用的增长呈现出一种加快的趋势。

（二）人口老龄化增加了医疗保险基金的风险性

人口老龄化会使医疗保险参保人员的结构发生变化，一方面导致医疗保险基金的供给减少，另一方面会造成医疗保险基金的支出增加，最终会影响医疗保险基金的收支平衡，对医疗保险基金的筹集和使用提出巨大挑战，增加了基金的风险性。

人口老龄化将造成医疗保险基金供给的减少。医疗保险基金是医疗保险制度运行的物质基础和根本保障，筹集足够的医疗保险基金对医疗保险制度的实施至关重要。从世界范围看，不论是通过税收征集医疗保险基金的国家，还是缴纳医疗保险费的国家，医疗保险基金的筹集大部分对老年人实行优惠或者免税，医疗保险基金的筹集主要来自劳动人口。例如，英国的社会健康保险税主要针对有收入的雇员，自愿健康保险还一度对 60 岁及以上的参保人群实行减免个人所得税的政策；瑞典社会健康保险税的缴纳对象是就职的劳动者；而美国主要覆盖 65 岁及以上老年人的 Medicare 不

① Population Division，DESA，United Nations. World Population Ageing 1950-2050. New York：United Nations Publications，2002.
② 仇雨临. 基本医疗保险应正视人口老龄化. 中国社会保障，2005，(1)：27-28.

需要个人缴纳保险金；中国的职工医疗保险制度中，在职职工及其单位缴纳医疗保险费，退休职工则不再负担医疗保险费用。由于老龄化进程的加快，老龄人口的比例上升，老龄人口赡养比会由老龄社会初期的 1∶10，发展到深度老龄社会的 1∶5，甚至超级老龄社会的 1∶1.5。与之相对应的是，提供医疗保险基金供款的人数相对于使用基金的人数减少，医疗保险基金的筹集面临挑战。

人口老龄化同时会使医疗保险基金支出增加。人口老龄化是促使医疗费用快速上涨的重要因素之一，而医疗保险基金是医疗费用补偿的主要经费来源。目前，老年人患病率比较高的疾病是高血压、脑血管病、糖尿病、恶性肿瘤及呼吸系统疾病等，有的疾病甚至会伴随终身，随着科技的发展，这些疾病可以通过手术或药物得到一定的治疗和控制。随着人群生存时间的延长，此类疾病的发病率呈现增高的趋势，老年人患这类疾病的数量明显高于其他人群，因此，随着老龄化的加剧，对医疗保险的需求会进一步增加，医疗费用支出也会进一步扩大，对医疗保险基金造成巨大压力。

（三）人口老龄化使长期护理需求增长

人口老龄化伴随着人类平均预期寿命的延长，高龄老年人、失能老年人的数量将大幅增加，其长期护理的需求也将会不断增长。长期护理是在较长的时期内向日常生活无法自理的社会成员提供一套综合的护理服务，其内容不仅包括健康，而且更加关键的是日常生活起居的照顾。

长寿不等于健康，随着年龄的增长，老年人患病率呈上升趋势。根据 2018 年全国第六次卫生服务统计调查报告，随着年龄的增加，老年人的两周患病率和慢性疾病患病率都呈上升的趋势。在两周患病率方面，60～69 岁组是 52.1%，70～79 岁组则是 60.9%；在慢性疾病患病率方面，60～69 岁组为 55.4%，而 70～79 岁组则是 65.1%。从老年人失能情况看，60～69 岁组中，失能比例为 3.7%，而 70～79 岁组失能比例为 7.7%，80 岁及以上老年人失能的比例增加为 20.1%。中国老龄研究中心调查数据也显示，我国 60 岁以上的老年人余寿中，2/3 时间处于“带病生存”状态[①]。患病率的增加和各种并发症的发展会造成失能老年人群体的扩大，他们需要长期的关怀和照顾。

高龄老年人的长期护理需求增长迅速。随着生活条件的改善和医疗卫生事业的发展，人类寿命高龄化趋势越来越明显。联合国《2019 年世界人口展望》显示，2019 年世界老龄人口中 80 岁及以上的高龄老年人约为 1.43 亿人，预计 2050 年时将达到 4.26 亿人，其年龄增长带来的是生理性及疾病引起的病理性老化，老年人身体各方面功能不断减退，失能程度增加。2018 年，中国 80 岁及以上老年人中，轻度、中度及重度失能比例分别为 10.3%、3.5%、6.3%[②]，不仅失能比例高，重度失能比例上升速度也最快，急需长期护理服务。同时，在大量的老龄人口中，阿尔茨海默病也成为常见病之一，病程持续多年，长期护理的需求更大。

三、各国积极应对人口老龄化的对策

人口老龄化带来的医疗费用支出不断增长与医疗保险基金有限之间形成尖锐的矛盾，加之高龄老年人和失能老年人的护理需求又日益增加，使得医疗保险面临重大挑战。世界各国针对这一情况，在扩大医疗保险筹资、建立专门的老年医疗保险制度、长期护理制度和加强社区卫生服务等方面进行了积极的探索。

（一）多渠道增加医疗保险基金收入

随着人口老龄化的发展，大部分国家就业人口的比例下降，医疗保险基金的供给人数下降，筹集的基金收入相应减少，医疗保险基金收支矛盾日益尖锐。例如，2002 年德国的社会医疗保险平均 14%

① 王治军，王沁. 对现阶段中国长期护理保险产品的开发建议. 经济研究导刊，2012，(3)：106-108.

② 国家卫生健康委统计信息中心. 全国第六次卫生服务统计调查报告 2018. 北京：人民卫生出版社，2021.

的筹资水平是建立在 70%从业人员缴费、30%退休及无业人员不缴纳费基础上的。在此后的 30～40 年，从业人员将降至 60%，退休及无业人员将升至 40%，医疗保险基金将出现巨大的缺口[①]。

世界各国增加医疗保险基金收入的渠道主要有扩大缴费的收入基数、增加基金征缴的对象和提高医疗保险的缴费率，从而扩大医疗保险资金的供给。法国自 1991 年起开征用于医疗保险的“社会共同救济税”，扩大了保险费的缴费范畴，将许多替代性收入，如养老金、失业救济金、遗产性收入及财产性收入等纳入缴税基数，并且这一税种的税率呈逐年上升的趋势，1991 年开征为 1.1%，1998 年达到 7.5%[②]。英国为了补偿医疗保险税收的不足，将失业者和因在家护理老年人而未工作的家庭成员等群体纳入征缴范围，由政府代缴社会健康保险税。在德国，退休者由退休基金组织缴纳其保险费，失业者则由失业基金组织支付其保险费。同时，德国法定医疗保险的平均保险费率已经从 1970 年的 8%提高到 2016 年的 14.6%[③]。除此之外，一些国家还通过发行彩票、开征烟草附加费等办法补助医疗保险基金，如法国政府以机动车辆附加保险费、石油及制成品税、烟草酒精税、医药广告税等特种税收的一部分予以补助[④]，以增加医疗保险基金的收入。

（二）建立专门的老年人医疗保险制度

联合国等多个国际组织提出，各国要使本国公民实现公平地享受基本医疗保健服务，即不同经济收入、不同性别、不同年龄、不同文化背景及不同信仰的人群都平等享有获得医疗保健服务的机会和权利。针对老年人疾病患病率高、医疗花费多和经济收入相对较低的特点，一些国家建立了专门的老年人医疗保险制度，政府对老年人医疗保险进行财政补贴或者在税收、投资上给予优惠政策，以更好解决老龄人口的医疗保障问题。

美国的 Medicare 开始于 1965 年《社会保障法》第 18 款的规定，享受待遇的对象主要是年满 65 岁、本人或其配偶缴纳社会保险税 10 年以上的老年人和 65 岁以下、领取残疾社会保障至少 24 个月的残疾人。Medicare 主要由 A、B、C、D 四个部分组成，分别对应住院保险、补充医疗保险、医疗照顾优惠计划和处方用药计划。住院保险覆盖了住院及相关的医疗服务，绝大多数美国老年人参加了该部分；补充医疗保险需要缴纳一定的费用，包括医师服务、门诊检验、特定的医疗供应和设备；1999 年美国政府启动改革，为医疗照顾优惠计划受益人提供了更多的选择。作为美国政府两项公共医疗保险计划之一，住院保险在整个美国医疗保障体系中占有十分重要的地位。据统计，美国参加住院保险的人数，1966 年仅为 1908.2 万人，2008 年达到 4500 万人，2017 年增至 5800 万人[⑤]。日本于 1982 年立法实施老年人保健制度，主要对象是 70 岁及以上老年人及 65 岁及以上未满 70 岁卧床不起的老年人，资金的 70%来源于国民健康保险筹集的医疗保险费，30%来源于各级政府财政[⑥]；1984 年日本创立覆盖领取老龄年金或通算老龄年金老年人的退职医疗制度。2008 年日本实施高龄者医疗保险制度取代老年人保健制度和退职医疗保险，将 75 岁及以上者，或者 65 岁及以上未满 75 岁但存在特定残疾状况的老年人确定为被保险人。

---

① 乌日图. 医疗保障制度国际比较研究及政策选择. 北京：中国社会科学院研究生院，2003：138.

② 路婷. 法国医疗保险制度实施重大改革. 中国社会保险，1998，(3)：39-40.

③ 中国医疗保险研究会，中国劳动和社会保障科学研究院. 部分国家（地区）最新医疗保障改革研究（2017 年报告）. 北京：经济科学出版社，2018：130-136.

④ 李国鸿. 法国医疗保险制度改革评析. 国外医学（卫生经济分册），2007，(3)：102-107.

⑤ 中国医疗保险研究会，中国劳动和社会保障科学研究院. 部分国家（地区）最新医疗保障改革研究（2018 年报告）. 北京：经济科学出版社，2020：41.

⑥ 李文静. 高龄化背景下老年人医疗保险之立法因应——日本老年人医疗保险立法之考察. 比较法研究，2013，(3)：94-103.

（三）建立老年人护理保险制度

由于老年人是慢性疾病高发的人群，部分患者需要长期的护理和照顾，年龄的增长更会导致他们长期护理需求的上升。研究发现，我国超过三成的老年人日常活动能力受损，超过四成的老年人器具性日常生活能力受损①，这意味着他们无法完全独立地生活，需要长期护理。同时，老年人长期护理持续时间长，费用将十分昂贵。在人口老龄化的严峻形势下，如何解决长期护理费用已经成为许多国家面临的社会难题，为此，一些国家推出了老年人护理保险，中国也在2016年开始了长期护理保险制度的试点。

德国于1994年颁布《护理保险法》，开始建立强制性长期护理社会保险。护理保险资金由政府、企业、个人和医疗保险机构四方负担。政府承担1/3以上，企业与个人负担较小，护理保险税按照投保人的收入计算，开始税率为1%，从2008年7月1日起税率增加为1.95%，一半由投保人支付，一半由雇主支付。凡法定医疗保险的投保人都参加护理保险。德国长期护理服务分为家庭照护、部分住院照护和完全住院照护3种形式，护理按照需要强度又分为三级。2015年，家庭照护服务一级、二级、三级护理待遇每月分别是468欧元、1144欧元、1612欧元；照护津贴分别是244欧元、458欧元、728欧元；完全住院照护则分别是1064欧元、1330欧元、1995欧元②。

日本的长期护理保险建立于2000年4月1日，以市町村和特别区为实施主体，其护理保险费用的50%来源于被保险者所缴纳的保险费，另外50%由公费负担。公费中，中央政府承担25%，都道府县和市町村各占12.5%。护理保险的参保人分为40～64岁和65岁及以上的国民两类，他们承担的保险金分别占到保险费的28%和22%③。在日本，长期护理服务项目包括居家护理和专门机构护理，老年人要得到护理服务，需要经过严格而具体的审查和认定。需要护理服务的老年人提出申请，政府组织的专门评估机构根据需要照护的程度划分为部分、轻度、中度、重度、最重度和特重度6个不同的等级，每一护理等级给予不同的补贴。

（四）加强社区卫生服务

社区卫生服务是指以全科医师为主体的卫生组织或机构所从事的一种社区定向的卫生服务。社区卫生服务着眼于人的基本保健，是充分利用社区资源和适宜技术对社区人群进行基本医疗、健康教育、健康促进、预防保健、康复和必要的社会服务的基层保健系统。在老龄社会，政府或医疗保险机构可以通过社区卫生服务对老年高危人群进行干预和监测，通过经济、方便的检测手段，使慢性非传染性疾病得以早发现、早诊断、早治疗，达到节约医疗费用的目的。社区卫生机构也能够根据老年人的需求，建立健康档案，发展家庭病床，提供家庭出诊、家庭护理、日间观察、临终关怀等服务。世界各国医疗保险机构越来越重视社区卫生服务的作用。

德国医疗保险制度明确规定，常见病患者必须在社区卫生服务机构就诊。在长期护理保险制度实施后，家庭护理服务也激励社区卫生服务机构提供多种形式的保健服务。为了加强社区卫生服务，德国调整了医生的专业结构，提高全科医师的比例，将专科医师与全科医师6∶4的比例调整为4∶6，同时提高全科医师的收入，以鼓励更多的医务人员去从事社区卫生服务工作。英国社区卫生服务被认为是组织结构和服务功能最完善的，提供服务的主要是全科医师和社区护士，他们属于国家

---

① 赵广川. 老年健康需求视角下长期护理保险制度研究. 南京：南京大学，2016：56.

② 中国医疗保险研究会，中国劳动和社会保障科学研究院. 部分国家（地区）最新医疗保障改革研究（2018年报告）. 北京：经济科学出版社，2020：156-157.

③ 中国医疗保险研究会，中国劳动和社会保障科学研究院. 部分国家（地区）最新医疗保障改革研究（2018年报告）. 北京：经济科学出版社，2020：212.

职工，由国家发给工资。社区卫生服务机构负责对社区居民进行国家卫生服务系统登记和正规体检，对常规病例进行诊治，并为需要入院检查治疗的患者安排预约、诊治和院外监护等。英国非急诊患者必须先找自己的全科医师就医，否则不能享受免费医疗服务。近年来，英国实行"经费跟随患者走"的政策，确保了社区卫生服务的连续性和责任性。

第三节　医药科学技术发展与医疗费用控制

一、医药科学技术发展的趋势

医药科学技术主要研究人的生命过程及其本质、人体结构及其功能、健康基础及其维护、疾病的发病机理及其防治等问题，医药卫生事业的发展在很大程度上依赖于医药科技的进步。

（一）医药科技的发展趋势

医药科技的发展及新技术的应用，给医疗卫生水平带来巨大的变化，是医药卫生事业发展的强大推动力。16 世纪人们创立人体解剖学，使医学从整体水平进入器官水平；17 世纪发现血液循环，促进了生理学的发展；18 世纪开展实验研究；19 世纪创立细胞学和微生物学，使医学从器官水平进入细胞水平；20 世纪上半叶，随着病原流行病学和免疫学等研究的突破，磺胺类药物、抗生素类药物、维生素类药物和疫苗及其他生物制品的研究成功，促进了传染病的控制，从而推动了以传染病防治为主的第一次卫生革命开始过渡到以肿瘤、心脑血管病等慢性疾病防治为主的第二次卫生革命。20 世纪中叶以来，分子生物学、生物技术、基因工程的迅猛发展及其向医学的广泛渗透和应用，促使医学从细胞水平进入分子水平，使得从分子水平上阐明人体结构和功能，为解决医疗领域的重大问题，如肿瘤、免疫、遗传、组织再生、抗衰老、药物开发等提供了理论指导。基础科学研究已经改变了人们对机体及其与疾病斗争的理解，不少遗传病的致病基因、一般疾病的相关基因和病毒致病基因陆续被确定，进一步从本质上证实了基因是决定人类生、老、病、死和一切生命现象的物质基础。医学正在从微观水平逐步阐明许多生命现象和疾病现象的本质，慢性疾病的防治也开始取得显著的成效，健康水平明显提高。

随着自然科学和工程技术科学中许多高新理论和技术方法渗透及应用于医学，医学科技也从生物学单方位的微观研究和深化向宏观不断拓展，出现了社会、心理、生物学全方位研究、多学科融汇、高度综合的趋势。这一趋势正在以个体为中心，从小到细胞、分子以至量子水平，大到群体、环境以至宇宙水平，日益清楚地阐明人体不同层次，特别是微细层次的结构、功能及其相互关系。个体出生直至死亡的生理、病理过程及其自然、社会、心理影响因素日益得到广泛的重视，不断深入地揭示癌症等重大疾病和衰老的发生、发展、转归机制、规律性及干预措施，成功地探索生殖机理、优化生育、卫生保健和延年益寿的原理及方法。医药科技从而在调节人口发展、提高人口素质、防治人群疾病、维护和提高健康水平等方面取得越来越多的成就。

（二）医疗新技术的发展应用

随着医药技术的发展进步，新设备、新技术、新药物不断应用到医疗领域。20 世纪，医药科技进步给人们留下了深刻印象，如在庞大的现代化医院中令人目不暇接的各种诊断治疗仪器和设备。从 20 世纪初的 X 射线、心电图，到中期的电镜、内窥镜、示踪仪、超声诊断仪，再到 CT、正电子发射断层显像（PET）、MRI 等，为疾病的诊治提供了先进而有效的技术支持，使诊断学发生了革命性的变化。准确化、精密化、动态化、微量化、自动化、无伤害化已成为现代临床诊断的特点。此外，肾透析机、起搏器、人工脏器、智能机器设备等的使用，显示出新技术、新材料在临床治疗中的重要作用。随着人类对免疫系统的进一步认识，通过发展免疫抑制剂解决了排异问题，为移植外科开拓了宽广的新领域。腔镜外科的出现，使得手术也向着精细化、微创化的方向发展。同时，基因工程则促进了新药物和新疗法的出现。2003 年美国宣布完成了人类基因组计划，其成果将成为现代生物学、医学用之不竭的源泉。

医学技术的使用给先前主要靠医生个人经验的医学提供了强有力的技术支撑，使得医学在许多疾病面前显得有所作为。然而医学在征服了许多严重疾病、缓解了疼痛之后，它的目标似乎不再清晰。医学技术的飞速发展导致了“技术至善论”，有的医生试图用技术来解决医学的非技术问题，认为人类可以消除一切病痛，人的所有器官都可以像机器的零件一样损坏后任意更换。他们把人当成了“机器”，忽略了人的能动性，甚至出现了科学技术非人性化应用。现实中，医学技术的发展在提高人类健康水平的同时，疾病的总数却也随之增多了。一方面，这是人们对机体认识不断深化的必然；另一方面，人们也越来越多地将人类生命中正常的兴衰变化看作是能够运用药物和技术加以缓解的疾病，如绝经、机体功能随年龄增加而衰弱等。无论如何，有一点是可以确定的，随着医学技术的发展，医疗成本发生了很大变化，而医疗保险不仅要关心医疗服务的质量，也要考虑医疗费用及成本问题。

二、医药科学技术发展对医疗费用支出的影响

高新技术的发展促进了医学的进步，新的诊疗技术手段和药品不断产生并应用于临床治疗，这一方面提高了医疗服务的能力和质量，有利于改善健康水平；另一方面也刺激了医药消费需求的增长，带来了高额的医药费用。

（一）医药科学技术发展增加了医疗服务需求

医药科学技术的发展进步带来了药品的更新换代、检查和治疗设备的推陈出新，如 CT、MRI 等高、精、尖仪器的引进和使用。新设备、新技术、新药品不断应用于临床医学，一方面，可以使某些疾病迅速治愈或消除，从而减少相应的治疗需求；另一方面，人类认识疾病的手段不断进步，使一些过去无法认识的疾病变得可以诊断并得到治疗，相应地增加了这类疾病的治疗需求。20 世纪 20 年代，胰岛素的发现和临床应用，使过去不治的糖尿病患者得到了挽救，如今胰岛素治疗已经成为大部分糖尿病患者的医疗服务需求。一些具有更好治疗效果的检查、治疗手段和新的药物应用于临床，又会形成新的更高的医疗服务需求。同时，医疗高新技术出现后，医生过分依赖高新技术、患者过分相信高新技术的现象也增加了医疗服务需求。伴随着现代医学的标准化、医患关系的紧张和利益的驱动，医生更多地重视和依赖客观检查结果，患者则更多地相信高、精、尖医疗设备和新药、贵药、特效药等，医患共同促使医疗服务需求的增加，结果导致医疗费用不断上涨。从总的趋势看，医药科技的发展对医疗服务和医疗费用需求的影响是正向的，总体上将会增加人们对医疗服务的需求。

（二）医药新技术的滥用造成医疗资源的浪费

医药科技直接促进了医学诊断技术的快速发展。医学影像技术的革命性进步，让人们“洞见脏腑”的幻想成为现实；分子诊断、基因诊断等高新技术的应用，使临床诊断技术如虎添翼。但是在临床应用的过程中，高新技术也带来了人们事先所没有预料到的问题。一方面，不成熟技术的应用浪费了大量的卫生资源。人们完全认识一项新的医药技术需要一定的时间，某些不成熟的技术在应用后，耗费了大量卫生资源，但最终被证实是无效甚至是有害的。例如，孕妇服用药物“反应停”引起了胎儿的畸形；早产婴儿进行吸氧治疗后引起晶体后纤维化增生症；胃病冷冻术的发明和大量应用不但对治疗溃疡病无效，而且造成了患者死亡的不良恶果。另一方面，过度医疗直接推动了医

疗费用的上涨。在商品经济条件下，医院为了经济利益，积极引进高、精、尖的医疗设备，同时采取各种激励措施促使医生多开技术检验单，增加检查项目，引导患者使用新技术、新药品，从而形成过度医疗。美国的调查研究表明，至少有20%的临床检查属于没有必要，47%的临床检查可以取消，并且不会影响医疗质量[①]。过度医疗不仅直接推动医疗费用的上涨，增加患者的经济负担，严重影响医患之间的关系，还给人类健康带来不利的影响。研究发现，在临床发病率中，约有30%属于药源性疾病，中国每年死于西药不良反应的人数可达19万人，老年人死亡中约有1/3是用药不当（多药同服）所致[②]。因此，高新技术必须以审慎的态度使用，否则将造成对患者健康的损害，同时造成医疗资源的浪费。

（三）医药科学技术发展加剧卫生资源的分配不公

医学的终极目的应该是预防疾病及促进健康，但是目前以疾病诊治为中心的理念仍然在临床医学领域占据主导地位，医疗服务体系集中于疾病的诊断与治疗。随着医药科技的发展，广泛而昂贵的治疗虽然挽救了某些危重患者的生命，延缓了死亡的进程，但是这种关注疾病而忽视患者的倾向，已经为患者和社会带来沉重的经济负担。如何解决发展高新技术与适宜技术之间的矛盾，协调关心患者与治疗疾病之间的矛盾成为社会关注的迫切问题。美国曾有人计算，一次人工心脏手术所耗费的资金相当于在诊所中11 900人次保健门诊需要的费用[③]。根据一定时期内卫生资源的有限性，若将资源用于一次人工心脏手术，就意味着有11 900个门诊患者被拒之门外。目前的高精尖医学技术多为事后治疗型技术，治疗范围及其疗效均存在一定局限性，在医疗资源有限的情况下，医疗服务提供中的专科技术含量越高，其人群受益面和程度就越低，服务的公平性就越差。在慢性非传染性疾病成为危害人类健康主要问题的今天，单靠发展疾病的处置系统或被动的个性化治疗已经无能为力。那种过度依赖高科技与实验室检查结果、过度依赖药物与手术的临床诊疗模式，只能加剧卫生资源分配的不公平。忽视疾病预防和健康促进，也会使慢性疾病越治越多，对人类健康水平造成不利的影响。

三、医疗保险费用控制的主要策略和措施

医疗费用的上涨是全世界的趋势。人类疾病谱的变化、高新技术的使用、人口老龄化等因素造成的医疗费用快速增长给许多国家带来了沉重的负担。因此，合理控制医疗费用增长已经成为世界各国医疗卫生改革的重点。

（一）加强对供需双方的费用控制

在医疗保险中，对需方的费用控制实际上是对参保患者就医行为的约束和控制。各国改革的措施主要有以下三点。第一，实行医疗费用分担机制。医疗费用分担机制就是由患者分担一部分医疗费用，通过调整经济利益增强患者的费用意识。常用的方法主要有设起付线、按比例分担、设封顶线以及它们的不同组合。法国自2000年实施《全面医疗保险保障法》以来，在门诊领域，患者需要负担全科医师就诊费用的30%、专科医师就诊费用的30%、药品费用的35%、实验室检查费用的40%；除分娩外的住院费用中，前31天住院费用的20%由患者负担。第二，适当减少医疗费用补偿的范围。门诊、检查和住院治疗是医疗服务的3个主要环节，主要措施有适当减少免费服务项目，增加个人自付项目和比例，控制高科技和昂贵药品，减少医疗保险费用的支出。英国NHS对居民

① 乌日图. 医疗保障制度国际比较研究及政策选择. 北京：中国社会科学院研究生院，2003：133-144.

② 杨志寅. 现代医学科学发展中的缺憾与思考. 中华诊断学电子杂志，2013，1（1）：1-7.

③ 乌日图. 医疗保障制度国际比较研究及政策选择. 北京：中国社会科学院研究生院，2003：133-144.

实行免费医疗，但是处方药、眼科服务和牙科服务需要患者自付费用，同时对成本太高的药品也会从药品目录中删除。第三，加强预防保健和健康促进。慢性非传染性疾病与个人的生活习惯、生活方式、心理状态和社会关系有密切的关系，通过了解健康知识，建立科学的生活方式，可以避免某些疾病的发生或使症状缓解，减少医疗费用的支出。

费用控制机制发展的趋势是从侧重需方控制向侧重供方控制发展。对于供方的费用控制，主要通过合理控制医院规模、加强对医疗的监督管理和发展非住院医疗服务等手段，使医疗服务供方自觉调节服务行为，控制费用的不合理上涨。第一，合理控制医院规模。由于医疗服务市场的特殊性，供方容易出现诱导需求，限制医疗服务供给总量能在一定程度上控制医疗费用。不少发达国家往往限制医院规模的扩大和数量扩张，控制大型医用设备的配置，同时对医院人力资源投入进行控制，如裁减医务人员、调整医生结构、限制医学院校学生的数量等，以减少医疗服务供给。第二，加强对医疗的监督管理。许多国家通过制定药品使用范围和医生行为规范来控制过度医疗行为与药品费用的增长。德国制定了药品费用的法定上限，法国、荷兰、比利时等国制定了医生行为规范监督医疗行为。第三，发展非住院医疗服务。在人口老龄化背景下，高科技的使用会导致慢性疾病患者住院费用高、疗效不佳的状况发生。可以根据慢性疾病和老年人的特点，开设医疗成本低的老年护理院、家庭病房和社区病房等，为疾病诊断明确、病情稳定、需要长期治疗的患者提供上门服务形式的家庭式照顾和保健护理服务。

（二）改革和使用合理的费用偿付机制

医疗保险的传统偿付方式是按照医疗服务数量进行事后偿付，按服务项目付费就是医疗保险中最传统的一种费用偿付方式。在这种偿付方式下，医生为了追求经济利益，往往充分利用高新技术和设备，过度提供医疗服务，造成医疗费用快速上涨。各国在研究如何合理控制医疗费用的实践中，对医疗费用的偿付机制进行了各种各样的尝试，得到大多数国家普遍认可的办法是改革后付制偿付方式，实行总额控制下的预付制。预付制偿付机制通过制定预付标准和总量来约束医疗提供者的医疗行为，使其共同承担经济风险，规范自身的医疗行为，自觉、自愿地使用适宜技术，控制医疗费用。目前，绝大多数国家已经不再实行单一的按服务项目收费的结算办法，改为实行按病种付费、按人头付费、按单元付费和总额预算制等不同偿付方式结合下的多元化混合偿付机制。2017 年《国务院办公厅关于进一步深化基本医疗保险支付方式改革的指导意见》发布，从 2017 年起，中国全面推行以按病种付费为主的多元复合式医保支付方式。针对不同医疗服务特点，推进医保支付方式分类改革。对住院医疗服务，主要按病种、按疾病诊断相关分组付费，长期、慢性疾病住院医疗服务可按床日付费；对基层医疗服务，按人头付费，积极探索将按人头付费与慢性疾病管理相结合；对不宜打包付费的复杂病例和门诊费用，按项目付费。通过以上方式，探索符合中医药服务特点的支付方式，鼓励提供和使用适宜的中医药服务。

（三）重视对药品的管理和调控

药品费用急剧上涨是导致医疗费用上涨的重要因素之一，而随着医药技术的发展，新药、贵药、特效药的使用又加剧了这一趋势。为了控制医疗费用，一些国家逐步修订了有关药品的管理和调控政策。第一，限制医疗保险适用药品的种类。世界各国的医疗保险制度都列有适用药品目录，限制医疗服务中药品的使用。英国的国家处方集列出了所有可在英国销售的药品，同时指出了不适用于 NHS 处方的药品。目前，发达国家已经将适用药品降至 2000 种以下，发展中国家则会更少，遴选和调整也更严格。第二，政府直接控制药价。直接控制药价就是设定最高药品限价，将药价控制在对于一个国家的卫生保健系统来讲较为合理和可负担的水平，这是用间接方式控制医疗费用的一种方法。直接控制药价可用于各种药物，不论其是否属于报销药或限制药。几乎所有的欧洲国家都对专利药品实行直接控制药价。英国以各种形式实行药品价格调控框架，通过设定利润限制来间接调控药品价格；中国则通过开展医保目录药品准入谈判、药品集中带量采购引导药品价格。第三，改革药品费用控制方式。从医院、医生的角度，对处方实行总额预算控制，通过奖惩手段激励医生更多地使用普通药品，完成预算目标；从患者的角度，药品实行费用分担的共付制，在控制药品支出的同时影响患者需求，减少昂贵药品的选择。德国药品领域已经实行费用分摊制，2005 年以后患者药品的共付率是 10%，自付费用约为 5～10 欧元。

（四）促进管理式医疗保险的发展

医疗服务市场是一个主要由医疗机构控制的卖方市场，除非医务人员主动接受医疗保险的管理，否则很难有效控制医疗费用。因此，一些国家尝试将卫生事业与保险业相结合，形成一体化管理的组织形式，使医疗保险的经济利益不仅与医疗服务的数量相关联，而且与医疗服务质量、预防保健的效果相挂钩。从 20 世纪 70 年代起，医疗卫生费用的快速增长一直困扰着美国，1970 年美国卫生总费用占 GDP 的比例是 7.2%，2000 年这一比例上升到 13.6%，到 2009 年已达 17.6%[①]。基于费用控制的需要，美国推出了医疗保险经营管理一体化的管理式医疗保险，对医疗保险的投保人和医疗服务机构同时加强管理。它主要通过医疗保险机构与医疗服务供方签订协议，形成一个密切合作的服务系统，由医疗保险机构对医疗服务进行经营管理和监督控制，向参保人提供一套综合的、连续性的预防、医疗、保健服务。医疗服务机构服务效率越高、质量越好、费用越低，则收益越多，从而促使医疗服务供方降低医疗费用。美国的管理式医疗保险的类型主要有健康维持组织、优先医疗服务提供者组织以及兼容二者的点服务计划。管理式医疗保险是美国医疗保险业一个突破性的发展，对抑制医疗费用的急剧上涨起到了一定的作用。

思考题

1）人类疾病谱的变化对医疗保险提出了怎样的挑战？
2）论述人口老龄化条件下医疗保险的发展趋势。
3）我们应该从哪些方面着手进行医疗保险费用的控制？
4）世界各国医疗保险面临的共同问题有哪些？

（潍坊医学院管理学院　郭健美）

① 侯建林，孟庆跃. 美国卫生费用上涨和控制及对我国的启示. 中国卫生政策研究，2010，（12）：42-50.

第八章　医疗保险国际经验对中国的启示

内容提要

本章主要介绍医疗保险国际经验对中国的启示，首先，明确我国医疗保险改革的历史和现状，了解其目前取得的主要成效和存在的问题。其次，针对我国已出台的有关深化医疗保障制度改革的意见，指出我国医疗保障制度改革的指导思想、原则与目标，提出医疗保障制度建设框架与建设思路。一个有机的管理体制对制度的运行起着决定性的作用，所以将从四个方面对完善我国医疗保险制度管理体制进行深入性研究。最后，结合我国改革与发展的背景，明确我国医疗保险制度改革与发展的路径、具体的实施策略以及策略实施的重点。

第一节　中国医疗保险改革的历史与现状

一、中国医疗保险的建立与发展

我国的医疗保险制度具有城乡两元论的特点。建国初期，医疗保险制度以城市职工和农村居民为主要对象，分为公费医疗制度、劳动保护医疗制度和农村合作医疗制度。劳动保护医疗制度筹资对象以企业为主，农村合作医疗制度筹资来源于生产大队，实行低水平、广覆盖。

1978 年改革以后，原有的医疗保险制度难以适应社会发展，1994 年国家在镇江和九江开展“两江医疗保险制度改革试点”，1997 年出台城镇职工基本医疗保险，2002 年探索建立新型农村合作医疗制度，2007 年制定并实施城镇居民基本医疗保险制度，2011 年基本实现了基本医疗保险全覆盖，参保率达 95%以上[①]。

经过几十年的发展，随着城镇化的迅速推进，越来越多的农村土地被纳入城市，农村居民变为城市居民，新型农村合作医疗制度和城镇居民基本医疗保险制度并存的情况下，产生了一系列的问题：城镇居民与农村居民所享受的基本社会医疗保险待遇不公平；劳动人口的流动导致居民重复参保；两种保险制度分别由不同的部门负责，导致管理资源的浪费；两种保险系统内部信息无法共享，带来管理效率低下的问题[②]。为推进医疗保障制度改革，提高医疗保障制度的公平性，国家于 2016 年提出了《国务院关于整合城乡居民基本医疗保险制度的意见》，将城镇居民基本医疗保险和新型农村合作医疗制度进行整合，建立了城乡居民基本医疗保险制度。随后，各省份以及绝大部分地级市相继印发制度整合文件并启动试点运行，经过三年的时间，总结各试点经验，于 2019 年在全国范围内全面启动实施城乡居民基本医疗保险制度[③]。

---

① 李珍. 基本医疗保险全覆盖：从 0 到 1 史诗般的跳跃. http:/health.people.com.cn/n1/2019/1003/c14739-31383805.html［2019-10-03］.

② 东进. 切实加快医疗保险城乡统筹的步伐. 中国医疗保险，2010，(8)：6-8.

③ 国家医疗保障局. 国家医疗保障局财政部关于做好 2019 年城乡居民基本医疗保障工作的通知. http://www.nhsa.gov.cn/art/2019/5/13/art_78_3554.html［2019-05-13］.

二、取得的主要成效

（一）人群参保覆盖面不断扩展，筹资水平稳步提高

国家统计局数据显示，截至2020年底，我国基本医疗保险参保人数达136 100万人，参保率达95%以上，其中参加城镇职工基本医疗保险人数34 423万人，比上年同期增加1498万人，增幅4.4%，在参加城镇职工基本医疗保险人数中，在职职工25 398万人、退休职工9025万人，分别比上年末增加1174万人和324万人，参加城乡居民基本医疗保险人数101 677万人，比上年减少806万人，降幅0.8%，全年资助8990万人参加基本医疗保险，实施直接救助7300万人次①。

2019年，城乡居民基本医疗保险人均财政补助标准新增30元，达到每人每年不低于520元，新增财政补助一半用于提高大病保险保障能力（在2018年人均筹资标准上增加15元）；个人缴费同步新增30元，达到每人每年250元。2020年城乡居民基本医疗保险人均财政补助标准新增30元，达到每人每年不低于550元，同时个人缴费标准同步提高30元，达到每人每年280元，各统筹地区合理制定筹资标准，提高城乡居民基本医疗保险财政补助和个人缴费标准②。通过稳步提升筹资水平，逐步优化筹资结构，推动实现稳定可持续筹资。

（二）多层次医疗保障体系初步形成

2020年，国家发布的《中共中央 国务院关于深化医疗保障制度改革的意见》明确提出改革发展的目标是："到2025年，医疗保障制度更加成熟定型，基本完成待遇保障、筹资运行、医保支付、基金监管等重要机制和医药服务供给、医保管理服务等关键领域的改革任务。到2030年，全面建成以基本医疗保险为主体，医疗救助为托底，补充医疗保险、商业健康保险、慈善捐赠、医疗互助共同发展的医疗保障制度体系，待遇保障公平适度，基金运行稳健持续，管理服务优化便捷，医保治理现代化水平显著提升，实现更好保障病有所医的目标。"

2009年"新医改"提出了"建立健全覆盖城乡居民的基本医疗卫生制度，为群众提供安全、有效、方便、价廉的医疗卫生服务"的长远目标。为实现这一长远目标，国家发布《国家医保局 财政部 国家税务总局关于做好2020年城乡居民基本医疗保障工作的通知》，该通知中提出的各种保障措施可以概括为"两巩固、一托底、两落实"：巩固住院待遇水平，政策范围内住院费用支付比例达到70%；巩固大病保险保障水平，政策范围内支付比例提高到60%，鼓励有条件的地区探索取消封顶线；同时关注困难群众的医疗服务需求，针对困难群众做到应保尽保；强化门诊共济保障，全面落实高血压、糖尿病门诊用药保障机制。第一层次以基本医疗保险为主体，以大病保险为延伸部分，以医疗救助提供保障，最终体现基本医疗保险的基础性、普惠性、兜底性的功能，第二层次是雇主举办的企业补充医疗保险，第三层次是以个人购买为主的商业健康保险，第四层次是来自社会和市场化的慈善公益和医疗互助，由此形成多层次医疗保障体系。

在慈善捐赠和医疗互助方面，截至2019年底，已出现多家大型数字互助平台、数十家中小型平台，参与成员已超过1.5亿人，2019年共帮助了近4万人次，互助金额规模达50亿元左右③。多层次医疗保障体系的建立，既体现政府在医疗保障体系中的主要责任，也能调动其他主体参与医保的积极性，其中第四层次集中体现深化医疗保障制度改革必须发挥市场决定性作用，最终推动建立

---

① 国家统计局. 2020年国民经济和社会发展统计公报. http://www.stats.gov.cn/tjsj/zxfb/202102/t20210227_1814154.html［2021-02-28］.

② 国家医保局，财政部，国家税务总局. 关于做好2020年城乡居民基本医疗保障工作的通知. http：//www.chinatax.gov. cn/chinatax/n810341/n810755/c5153547/content.html［2020-06-10］.

③ 2020年中国网络互助行业市场现状及发展趋势分析网络互助将数字保险协同发展. https://www.sohu.com/a/444771343_120868906［2022-09-12］.

共建共治共享的医疗保障治理创新格局。

（三）统一部门集中管理

新中国成立以来的70多年的时间里，我国基本医疗保障管理体制经历了三次管理主体的变化，分别为集体管理时期、多部门分割管理时期、统一部门集中管理时期①。在计划经济时期，我国建立了三种医疗保障制度，即公费医疗、劳保医疗、农村合作医疗三种形式，分别由国家、企业、农村合作社进行管理，在运行的后期出现了一系列问题，如职工医疗费增长过快，各级政府财政和企业不堪重负。

伴随着我国经济制度由计划经济转向市场经济，同时由于我国公费医疗和劳保医疗运行过程中产生了极大弊端，随多部门分割的社会医疗保险制度体系造成了各部门管理的运行效率低以及医疗资源的极大浪费，同时由于各部门的医疗保险系统无法共享，这在一定程度上阻碍了医疗保险信息的流动，甚至出现重复参保以及欺保、骗保等问题。因此为了解决多部门管理带来的混乱状态，2018年，国务院下发国家机构改革方案，组建国家医疗保障局，将社会医疗保险制度统一于一个部门进行管理，在一定程度上优化了医疗保险制度，增强了医药价格谈判能力，促进了异地跨省直接就医结算的进一步发展。截至2020年底，住院费用跨省直接结算定点医疗机构数量为4.44万家，国家平台累计直接结算724.83万人次，涉及医疗总费用达1759亿元，医疗保险基金支付1038.43亿元，门诊费用直接结算试点工作稳妥推进，京津冀、长三角和西南5省（自治区、直辖市）等12个先行试点地区开通联网定点医疗机构1.02万家、联网定点药店1.18万家，门诊费用跨省累计直接结算302万人次，涉及医疗总费用达7.46亿元，医疗保险基金支付4.29亿元②。通过设置统一的部门对社会医疗保险基金进行管理，建立起一套医疗保险基金监管体系。据统计，2020年医保局同有关部门联合开展打击欺诈骗取医疗保障基金专项行动，各地共检查定点医药机构62.74万家，查处违法违规违约机构40.07万家，其中解除医保协议6008家，行政罚款5457家，移交司法机关286家；各地共查处违规参保人员2.61万人，其中暂停医保卡结算3162人，移交司法机关2062人。2020年专项治理实施期间，共追回医保资金223.11亿元③。

（四）医保支付方式改革

为了有效控制医疗保险基金的快速增长，2017年，国家出台了《国务院办公厅关于进一步深化基本医疗保险支付方式改革的指导意见》，要求健全医保支付机制和利益调控机制，全面推行以按病种付费为主的多元复合式医保支付方式。按病种付费推行过程中由于缺乏统一的顶层设计，全国性的实践操作遭遇困难，直到2018年国家医疗保障局的成立，针对社会医疗保险制度进行统一管理，才得以推动按病种付费支付方式走上快车道。

2019年，国家医疗保障局在全国30个试点城市开展按病种付费改革试点工作，对全国97.5%的统筹区实行了医保付费总额控制，86.3%的统筹区开展了按病种付费③。2020年10月，又在71个城市开展区域点数法总额预算和按病种分值（DIP）付费试点工作，通过多种支付方式试点改革，探索有效的医保付费方式。

国家医疗保障局《2020年医疗保障事业发展统计快报》数据显示，截至2020年底，全年基本医疗保险基金（含生育保险）总收入、总支出分别为24 638.61亿元、20 949.26亿元，年末基本医疗保险基金（含生育保险）累计结存31 373.38亿元，其中全年城乡居民基本医疗保险基金收入为

---

① 鲁全. 中国医疗保障管理体制变革与发展研究. 中国人民大学学报，2020，34（5）：25-33.

② 国家医疗保障局. 2020年医疗保障事业发展统计快报. http://www.nhsa.gov.cn/art/2021/3/8/art_7_4590.html[2021-03-08].

③ 2019年医疗保障事业发展统计快报. http://www.gov.cn/guoqing/2020-03/30/content_5507506.htm［2022-11-30］.

9014.01 亿元，同比增长 5.1%；支出为 8115.27 亿元，同比下降 0.9%，年末累计结存 6049.88 亿元。全年职工基本医疗保险基金（含生育保险）收入为 15 624.61 亿元，同比下降 1.4%；其中，征缴收入（含生育保险）14 796.47 亿元，基金（含生育保险）支出 12 833.99 亿元，同比增长 1.3%。职工基本医疗保险基金（含生育保险）年末累计结存 25 323.51 亿元，其中统筹基金累计结存 15 396.56 亿元，个人账户累计结存 9926.95 亿元。通过对全国 30 个试点城市进行医保支付方式的改革，在一定程度上控制了医疗保险基金支出增速过快的问题。

三、存在的问题与挑战

（一）现存问题

1. 筹资结构模糊不清

我国现行的两种基本医疗保险制度的筹资主体各不相同。针对城乡居民基本医疗保险的筹资结构进行分析，其筹资主体分为个人和政府。2003 年确立的政府补贴与个人缴费之比是 2∶1，现在普遍成了 3∶1，个别地区甚至达到了 15∶1[①]。随着个人收入的不断提高，个人缴费的比例却没有得到相应的提高，而政府补贴比例却逐年增加，政府补贴的资金来源于国家财政支出，这将不断增大未来医疗保险基金的压力，也会加重财政负担，最终导致城乡居民基本医疗保险制度难以为继。

与城乡居民基本医疗保险中政府承担过多的筹资责任相比，在职工医保中企业则承担了较多的筹资责任。1998 年，国务院发布了《国务院关于建立城镇职工基本医疗保险制度的决定》，明确建立以职工个人和雇主共同缴费的筹资机制。2019 年，全国职工医保单位平均费率为 7.5%左右，略高于国家规定的单位缴费率 6%的水平，个人平均费率为 2%左右。实际上一些地区的单位缴费率更高（如上海为 9.5%），在单位缴费中还有 30%划入个人账户（2020 年取消了该项措施），其实质上体现为单位或雇主责任，这将加大单位缴费的压力，而个人所需承担的责任相对不足。再加上目前我国职工医保强制参保执行不到位，这也导致一些单位往往选择瞒报缴费基数、部分企业特别是小微企业的职工未被纳入职工医保系统内等问题的发生，在一定程度上影响了医疗保险基金收入的增速[②]。

2. 医保待遇出现问题

医保待遇包括医疗保险的保障对象、保障范围和保障水平。参保人在享受医保待遇的过程中会遭遇以下问题。首先，保障对象享受到的医保待遇不公平。我国根据保障对象是否正式就业对对象进行分类，并制定出两种医疗保险制度，分为城镇职工基本医疗保险制度和城乡居民基本医疗保险制度。就业人群中由于所在单位不同，又可以分为机关事业单位和企业，其中机关事业单位由于存在公务员医疗补助，这使得个人的医疗费用负担降低，而对于企业来说，虽然国家出台相关规定鼓励企业建立补充医疗保险，但由于不具有强制性，参与补充医疗保险的企业数量较少，效益较好的企业往往选择参加补充医疗保险，其筹资和职工待遇水平都较高，而那些效益较差特别是有困难的企业，缺乏充足的资金来参加补充医保，其职工医保待遇低很多[③]。

其次，保障范围模糊不清。我国城乡居民基本医疗保险的保障范围最初以大病统筹为主，但随着筹资水平的不断提高以及国民基本医疗服务需求的增加，保障范围逐渐扩大，不仅覆盖门诊服务，还涵盖了康复治疗、预防保健等医疗服务。但我国对于以下问题依然界定不清：保大病还是保小病；普遍受惠还是特殊照顾；重病种支付还是重项目支付。

---

① 郑功成．“十四五”时期中国医疗保障制度的发展思路与重点任务．中国人民大学学报，2020，34（5）：2-14.

② 朱坤，林玲．我国基本医疗保险筹资机制研究．卫生经济研究，2020，37（8）：17-21.

③ 蒋成文．医保待遇调整的实践及相关问题分析——基于贵州省的实践．中国医疗保险，2012，（6）：43-45.

最后，保障水平差距较大。当前我国医疗保险保障水平差距增大，主要体现在两方面：一方面，城乡居民基本医疗保险与城镇职工基本医疗保险、各地区医疗保险保障水平存在差距。总体来看，城镇职工基本医疗保险的保障水平明显高于城乡居民基本医疗保险，2019 年职工次均住院费用为 11 888 元，实际报销比例为 75.6%；城乡居民基本医疗保险参保者则分别为 7049 元和 59.7%。另一方面，由于各地医疗保险统筹任务均由市县一级进行管理，不同地区特别是东西部地区的医疗保险保障水平差距较大，严重影响医疗保险制度的公平性。

3. 医疗保险法制不健全

医疗保险制度是保障广大参保人员的基本医疗服务得到满足的重要措施，而医疗保险法是规范医疗保险制度当事人之间权利与义务关系的法律规范总称，任何一项制度的实施都必须以相关法律规范为前提。

2010 年，我国正式出台了第一部《中华人民共和国社会保险法》，这意味社会基本医疗保险制度从此有法可依、有规可循[①]。

但是首先，《中华人民共和国社会保险法》对医疗保险相关的参保人员、待遇享受条件、支付范围和经办机构职责等内容并未提出具体规定，也没有针对医疗保险制定单项法律，导致各地区在医疗保险制度运行过程中，往往以国务院出台的国家法律指导下的地方行政立法为主，立法主体为省、市级的地方政府，制定的内容大多结合当地医疗保险实施情况出台的一系列条例或意见等相关文件，其影响力与适用性相对较小，缺乏权威性和强制力。其次，在执行过程中，对于不同的医疗保险制度、异地医疗保险制度之间如何确保有效衔接，缺乏法律条文支持，特别是对于农民工群体来说，他们进城务工之前参加的是城乡居民基本医疗保险，而进城之后参加的是城镇职工基本医疗保险，参保人利益如何在两种保险制度转变过程中实现最大化，缺乏相应的法律依据。监督过程中，《中华人民共和国社会保险法》未界定社会保险欺诈行为，并且《中华人民共和国刑法》也仅对保险诈骗犯罪做出了明确定义，并不适用于社会保险诈骗罪，由于缺乏明确的法律条文针对医疗保险基金支付进行有效监督，最终造成医疗保险基金不规范使用与参保人利益受损[②]。

（二）面临的挑战

1. 人口结构变迁

2021 年第七次人口普查数据显示[③]，我国 60 周岁及以上人口占总人口之比为 18.7%，其中 65 周岁及以上人口占总人口之比为 13.5%，人口老龄化程度进一步加深，未来一段时期将面临人口长期发展的压力。在我国现行的职工医疗保险制度下，针对退休人员及其原单位，实行不再缴纳医疗保险费的规定，由于缴费人群相对较少，而享受待遇的人群数量增加，最终导致“医保系统老龄化”严重，给医疗保险基金的筹集与支付带来挑战[④]。同时，随着城镇化速度的加快、交通网络的持续建设，人口流动的规模扩大，出现人户分离的现象，而对于以户籍为参保依据的城乡居民基本医疗保险而言，人口的大规模流动势必给居民医疗保险制度的建设带来挑战。

2. 疾病谱变化

随着我国社会的发展，国民营养状况的改善与影响健康的因素日益复杂，我国疾病谱发生了巨大变化。通过开展预防接种和爱国卫生运动等防控措施，降低了传染病发病率，有效控制了传染病

① 再生，李亚男. 中国医疗保险法律体系的发展与改革. 中国卫生政策研究，2015，8（4）：35-40.

② 王蔚臆. 医保欺诈的成因及其监管探析. 管理观察，2014，（8）：164-166.

③ 第七次全国人口普查结果公布. http://app.cctv.com/special/cportal/newlive/index.html?id=LiveED6A2veSvrnBwQ0sf5Y5210511［2022-07-21］.

④ 梁云，邵蓉. 国外医疗保险模式的比较及对我国的启示. 上海医药，2007，（6）：257-259.

的流行和蔓延。威胁我国居民健康的影响因素由过去的以传染性疾病为主转变为现在的以多种慢性疾病为主。根据《2021 中国卫生健康统计年鉴》资料，2010 年，造成我国居民死亡和患病的前 3 种慢性疾病分别为：恶性肿瘤、心脏病、脑血管疾病。由于慢性疾病是一种终身性疾病，慢性疾病的治疗只能做到缓解症状，无法治愈疾病，因此该类疾病需要长期治疗。同时，随着我国人均预期寿命增加，老年群体数量逐年增多，而慢性疾病患病率高发人群集中于老年人，因此持续性的医疗费用支出给患者个人、家庭、社会带来了沉重的经济负担。据统计，我国的慢性疾病患者已超过 3 亿人，慢性疾病致死人数占到全国因病死亡人数的 80%，导致的疾病负担占到总疾病负担的 70%①。由此可见，居民总医疗费用支出中针对慢性疾病治疗的医疗费用支出比例增大。面对我国居民疾病谱的变化，如何调整社会医疗保障内容应对这一变化，给医疗保障制度带来了一定的挑战。

3. 医疗服务需求多样

随着经济发展水平的不断提高，人们的医疗服务需求日趋追求多样化与高质量，特别是老年人群体既需要满足其基本生理医疗服务需求，还要不断完善老年保健与老年护理等更高水平的医疗卫生服务②。因此，为满足人们多样化、个性化、多层次的医疗服务需求，需要不断完善医疗保障体系，这对我国医疗保险制度提出了新的挑战。

第二节　对完善制度目标和体系设计与改革的启示

一、医疗保险制度建设的目标

“全民覆盖”是我国医疗保障制度建设与发展的目标。为实现这一目标，通过对已有制度进行不断改进与整合，将城乡分割的三元制度转化为城乡融合的二元制度，又逐渐发展成为区域内统一的医疗保险制度，保障全民享有基本的医疗保险，最终建设成全国统一的医疗保险制度，做到真正能够解决源自政策方面而产生的人民健康和医疗保障不公平的问题，从而实现“人人享有健康”的壮丽目标，为整个国家的社会经济发展注入一份力量。

2020 年，《中共中央 国务院关于深化医疗保障制度改革的意见》提出了我国医疗保障制度改革的指导思想、基本原则与改革发展目标。

1）指导思想：以习近平新时代中国特色社会主义思想为指导，全面贯彻党的十九大和十九届二中、三中、四中全会精神，坚持以人民健康为中心，加快建成覆盖全民、城乡统筹、权责清晰、保障适度、可持续的多层次医疗保障体系，通过统一制度、完善政策、健全机制、提升服务，增强医疗保障的公平性、协调性，发挥医疗保险基金战略性购买作用，推进医疗保障和医药服务高质量协同发展，促进健康中国战略实施，使人民群众有更多获得感、幸福感、安全感。

2）基本原则：坚持应保尽保、保障基本，基本医疗保障依法覆盖全民，坚持尽力而为、量力而行，实事求是确定保障范围和标准。坚持稳健持续、防范风险，科学确定筹资水平，均衡各方缴费责任，加强统筹共济，确保经济可持续。坚持促进公平、筑牢底线，提高制度的公平性、协调性，逐步缩小待遇差距，增强对贫困群众基础性、兜底性保障。坚持治理创新、提质增效，发挥市场决定性作用，更好发挥政府作用，提高医保治理社会化、法治化、标准化、智能化水平。坚持系统集成、协同高效，增强医保、医疗、医药联动改革的整体性、系统性、协同性，保障群众获得高质量、有效率、能负担的医药服务。

---

① 杜丁. 我国慢病患者已超 3 亿人专家：慢病治疗不应依赖某种药物. http://finance.china.com.cn/news/20170512/4210999.shtml［2021-12-21］.

② 朱海龙. 老年社会下我国医保基金风险问题研究. 甘肃社会科学，2017，(5)：191-195.

3）改革发展目标：到2025年，医疗保障制度更加成熟定型，基本完成待遇保障、筹资运行、医保支付、基金监管等重要机制和医药服务供给、医保管理服务等关键领域的改革任务。到2030年，全面建成以基本医疗保险为主体，医疗救助为托底，补充医疗保险、商业健康保险、慈善捐赠、医疗互助共同发展的医疗保障制度体系，待遇保障公平适度，基金运行稳健持续，管理服务优化便捷，医保治理现代化水平显著提升，实现更好保障病有所医的目标。

二、医疗保险制度建设的基本思路

中国可主要从以下几个方面加强医疗保障制度建设。

1. 完善待遇保障机制

主要通过对现有医疗保险制度进行分类管理，提高城乡居民筹资水平，提高医保待遇，体现出多缴多得的原则。由于城镇职工基本医疗保险个人账户制度无法体现社会医疗保险的共济功能，大量基金在个人账户沉淀，导致医疗保险基金无法实现应有作用，因此国家于2021年5月改革职工基本医疗保险个人账户，建立健全门诊共济保障机制。同时增强医疗救助托底保障，强化基本医疗保险、大病保险与医疗救助三重保障功能。又加强商业健康保险建设，实现基本医疗保险、大病保险、商业保险、医疗救助等多种保障形式的有效整合与衔接，支持医疗互助有序发展，满足群众的多元保障需求。

2. 完善重大疫情医疗救治费用保障机制

加强公共卫生体系建设，建立与健全出现重大公共卫生事件、重大疫情时医疗服务救治与医疗保险的快速有效支付政策。同时完善异地转诊、异地就医时医保直接结算政策。针对罕见病等特殊群体、特定疾病的药费建立特殊豁免政策，减轻困难家庭疾病经济负担。统筹医疗保险基金和公共卫生服务资金的分配与合理使用，提高基层医疗机构的报销比例，确保基层公共卫生服务与医疗服务的有效衔接与整合。

3. 确保医疗保障基金稳健可持续

2018年12月，国家将生育保险和职工基本医疗保险进行合并，同年又对《中华人民共和国社会保险法》进行首次修订，针对两险合并做出了制度安排。两险合并的实施，有利于扩大生育保险覆盖对象，在强化基金互济性的同时扩大整个基金池，增强医保可持续发展。同时加强对基金的科学监管，基于大数据建立风险预警和防范机制，杜绝系统性风险。在财政方面，加强财政对医疗救助的投入。探索推进市地级以下医疗保障部门的垂直管理，鼓励推进省级统筹，增强基金抗风险的能力。

4. 建立有效的医保支付机制

国家加强对医保药品目录的调整，健全了医保目录动态调整机制。在药品准入与采购以及医用耗材价格制定等方面，多次进行医保准入谈判，推动谈判制度变得更加成熟。创新医保协议管理模式，建立健全跨区域就医协议管理机制，注重加强对定点机构履行协议的监督考核工作。推进医疗保险支付制度改革，开展大数据挖掘研究工作，并基于大数据逐步建立以按疾病诊断相关分组付费为主，按床日、按人头、按服务单元付费等协同发展的多元复合型支付方式。

5. 建立健全严密有力的基金监管机制，确保医疗保障基金的安全高效、合理使用

加强医疗保险基金监管，采用飞行检查等多种手段加强对医疗保险基金使用合理性的审查工作。健全基金监管体制机制，建立多部门协同管理工作机制。积极引入信息技术服务机构、会计师事务所、商业保险机构等第三方力量，参与基金监管工作。推进诚信体系建设，促进行业自律。结合诚信体系建设试点，探索建立严重违规定点医药机构、医保医师和参保人员“黑名单”制度。

第三节　对完善制度管理体制的启示

一、全民覆盖是构建医疗保障体系的共识

医疗水平、接受医疗服务的难度和医药费负担的公平性，是世界卫生组织评价一个国家医疗制度的主要指标。建立全民覆盖的医疗保障体系是实现国家医疗制度目标的有效途径。世界卫生组织发布的《2000 年世界卫生报告》（The World Health Report 2000）显示，2000 年我国卫生系统绩效综合排名居第 144 位，其中公平性排名居第 188 位，我国卫生系统绩效综合排名 2016 年提升至第 64 位。基于 2016 年全球疾病负担的研究，《柳叶刀》杂志于 2018 年发布了《全球 195 个国家和地区的医疗质量与可及性排名》，在 195 个国家中，我国医疗质量与可及性排第 48 位[①]。取得了令人瞩目的提升，其中一个重要因素就是我国基本医疗保险基本实现了全民覆盖，患者自付医疗费用占比明显下降，医疗费用负担的公平状况得到了明显的改善。

习近平总书记于 2021 年 2 月 26 日十九届中央政治局第二十八次集体学习时强调，“社会保障是保障和改善民生、维护社会公平、增进人民福祉的基本制度保障，是促进经济社会发展、实现广大人民群众共享改革发展成果的重要制度安排，发挥着民生保障安全网、收入分配调节器、经济运行减震器的作用，是治国安邦的大问题”[②]。要加大再分配力度，强化互助共济功能，把更多人纳入社会保障体系，为广大人民群众提供更可靠、更充分的保障，不断满足人民群众多层次多样化需求，健全覆盖全民、统筹城乡、公平统一、可持续的多层次社会保障体系，进一步织密社会保障安全网，促进我国社会保障事业高质量、可持续发展。因此建立全民覆盖的医疗保障制度，促进社会保障事业高质量发展可持续发展，是我国社会保障建设的重要任务。

二、制度融合是渐进式的发展过程[③]

科学技术的进步和人口老龄化的快速进展，在提高了我国人口平均寿命的同时，也给我国医疗保险制度的可持续性带来了挑战。同时，大病保险制度保障范围的提高、肿瘤及罕见病等高额药品医疗保险支付范畴的纳入，以及长期护理保险制度的建立与保障范围的逐年扩大，保障了患者的权益，也带来了费用的高速增长与筹资的负担。医养结合制度的推广与完善，在改善了老年人生存质量的同时也给医疗保险和护理保险的支付能力带来了冲击。随着各种人群医疗保障制度的完善以及医疗服务由单一治疗向“预防—治疗—康复—照护”整合性一体化服务转变，如何整合碎片化的医疗保险制度，是政府必须要面对并解决的问题。加强顶层设计，促进卫生服务整合，最终建立国民健康保险制度，是许多国家医疗保险制度整合追求的目标。

其发展路径多数是先从多元化制度构建逐渐发展到二元制度安排，再由二元制度安排发展到一元制度安排；从以抗疾病风险为主的医疗保险制度发展到保障整合型卫生服务体系的健康保险制度。从特定地区、特殊人群的探索式医疗保险制度，逐渐整合为适用于全国居民的国民健康保险制度。最终实现覆盖所有国民、所有疾病，以改善健康状况、提高医疗服务质量、降低疾病经济负担为目标，同时具有可持续发展性的国民健康保险制度。

---

① GBD 2016 Healthcare Access and Quality Collaborators. Measuring performance on the Healthcare Access and Quality Index for 195 countries and territories and selected subnational locations. Lancet，2018，391（10136）：2236-2271.

② 人力资源社会保障部. 习近平：促进我国社会保障事业高质量发展、可持续发展. http://www.gov.cn/xinwen/2022-04/15/content_5685399.htm?token=73ad8429-3744-4954-9853-efd30c9dfd32[2022-11-03].

③ 郑功成. 病有所医：医疗保障制度建设的目标、思路和步骤. 中国医疗保险，2009，（3）：10-15.

三、化繁为简是缩小城乡差别的路径

（一）制度更加公平

2019年，我国各省市基本完成了城乡居民基本医疗保险制度的整合工作，将城镇居民和农村参保人在制度管理上实现了六个统一，即统一覆盖范围、统一筹资政策、统一保障待遇、统一医保目录、统一定点管理、统一基金管理，使城乡居民更加公平地享有基本医疗保障权益。同时建立了以基本医疗保险为主体，以大病保险为延伸，以医疗困难救助为托底，以其他医疗保障制度为补充的医疗保险体系。打破城乡限制，农村和城镇居民参保人享有统一的参保标准和待遇，提高了制度的公平性。

（二）保障待遇更加均衡

实施城乡居民基本医疗保险后，农村居民在看病时和城市居民享受一样的待遇。基于“目录就宽不就窄、待遇就高不就低”的原则，居民可享受的医保报销范围和医保用药范围均得到扩大，提高了待遇公平性。

另外，随着城乡居民基本医疗保险整合后统筹层次的提高，新型农村合作医疗制度参保人就医范围由原来的县医院提升为市级医院，医保报销政策也由原来的“异地就医”转变为本地就医（市级统筹），保障待遇也由原来的新型农村合作医疗制度享受待遇转变为本统筹地区的医保待遇政策，进一步改善了保障待遇的公平性。

（三）管理更加统一

实行城乡居民基本医疗保险制度一体化，对医疗机构实行统一定点管理，对基金账户实行统一基金管理，是城乡居民基本医疗保险的重要内容。所有与医疗保险部门签约定点协议的医疗机构，无论是公立医院还是非公立医院都实行统一管理政策、统一考核机制与准入和退出机制。

通过制度整合、服务一体化，居民可以享有城乡一体化的医保经办服务，提高了服务效率，消除了城乡制度分设、管理分割、资源分散等障碍，促进了医疗服务的便利性，提高了居民满意度。

四、内部市场化是“新公共管理运动”兴起的体现

内部市场化是以西方“交易成本”和“分权管理”等理论为依据，将市场化运行机制引入企业内部，将各基层单位视为独立的经营主体，模拟内部交易、内部结算，促进各主体由被动管理向主动管理转变、由价值约束向价值创造转变的一种企业管理机制，是全面传导经营压力、激发企业活力的有效途径[①]。

以前，卫生行政部门同时担负着医疗服务规划和供给的责任。通过内部市场的建立，政府的功能逐渐由医疗服务提供者向医疗服务购买者转变，成为类似医疗保险部门的第三方付费者。供购分离的设计一方面使得资源由供方完全主导开始向购方倾斜，另一方面确立了购买者寻求“物有所值”服务的导向，注入了成本意识，并在一定程度上解决了职责问题。政府通过内部市场的创建和将一些权力交由自治主体，使权责分配和运行机制呈现了深刻改变：国家—地区自上而下的等级互动模式削弱了，取而代之的是如下两种情况。①加强服务购买者和提供者之间的横向联系，并鼓励服务提供者之间的竞争；②地方责任的强化，由专业人员组成的地方自治组织承担了服务“规购”的责任，地方政府也被赋予了公共卫生职责。与此同时，国家对医疗服务质量、安全性、成本效益的监

① 杨健. 省级电网企业内部市场化建设路径研究. 中国市场，2020，(15)：48，73.

督和规制加强了。国家层面上，卫生部制定和监控标准、规制医疗服务的工作由若干独立的部门协助，这些组织具有较大的自主性、权威性和执行力。国家监管的加强，一方面，由于竞争的医疗服务市场可能会带来质量下降、公平性降低等问题，为保证医疗服务体系的正常运作、实现有规制的竞争，国家监管和市场竞争得到了同步强化；另一方面，内部市场的创建使政府得以超脱医疗服务的日常管理范围，扮演全行业中立和公正的监管者角色①。

第四节　对中国医疗保险制度改革路径的启示

一、改革与发展的背景

如何构建适应当前社会发展需要的医疗保险制度，以及建立有效的实施机制，是全世界都在面对的共同性难题。医疗保障制度的最终目的是改善人群健康状况、减轻患者疾病负担，这种结果必须与国家经济水平相适应，以保证医保财政的可持续性。我国的医疗保障制度属于社会保险模式，"收支平衡" 是医疗保险基金管理的基本原则，增加筹资负担或控制医疗费用是保持医疗保险基金平衡的重要方法。然而人口老龄化的加剧、生育率的逐年下降、三孩政策实施后效果的不尽如人意，以及市场经济的不完善、企业的负担加重等，导致我国社会保险筹资模式难以通过提高筹资水平的方式来解决医疗保险基金的筹资平衡。控制医疗费用、合理使用卫生资源、确保卫生服务的公平性和效率性之间的平衡成为我们解决问题的首选方案。

我国医疗保险制度在逐渐扩大覆盖人群和完善医疗保障制度建设过程中，存在制度的内生式缺陷。从医疗保险基金支付的内容来看，如图 8-1 所示，购买的服务主要有医疗服务、药品，以及医学辅助（化验、设备检查等）服务。从医疗保险基金支付的账户来看，主要有基本医疗保险基金账户、大病保险账户，以及部分地区护理保险支付账户。

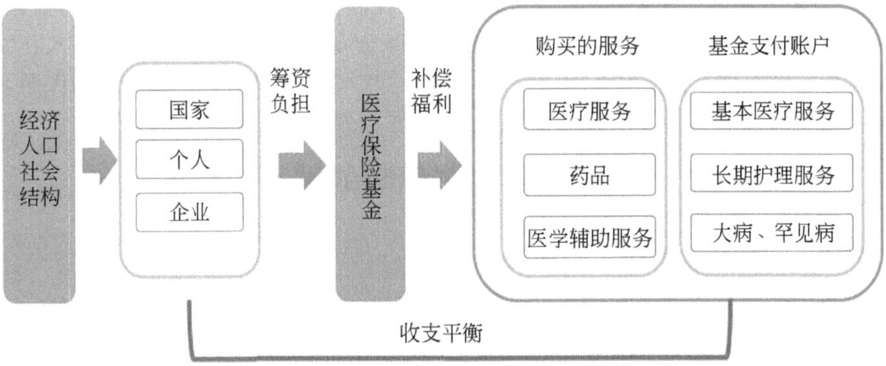

图 8-1　我国基本医疗保险基金支付内容

由此可见，我国医疗保险支付制度、购买服务种类由原来的急性期医疗服务向购买急性期基本医疗服务、大病医疗服务、慢性疾病医养结合服务等扩大。保障人群在逐年扩大、保障能力在逐年提升，提高了医疗保险制度的公平性；但由于缺少针对一级、二级、三级预防服务的管理，疾病发生率的源头无法得到控制，无论怎样监管服务供方，医疗费用也难以得到有效控制。

如何制定与选择基本医疗保险制度模式，如何实现基本医疗保险在不同人群之间的统筹发展、利益协调，如何能够促进基本医疗保险制度包括制度设计、制度运行、政策推进、管理优化等方面

① 华颖. 英国全民医疗服务（NHS）的组织管理体制探析——兼论对中国的启示. 中国医疗保险，2014，(3)：67-70.

的综合提高，如何实现医疗保险全覆盖与可持续发展目标，都需要在深入了解本国国情及制度发展规律的基础上进行深思。从坚持以人为本的科学发展观与构建和谐社会解决民生问题的角度出发，通过制度创新和改进实现基本医疗保障的均等化，打破现行医疗保障制度之间的壁垒，再通过摒弃不合理的制度分类标准，不断对基本医疗保障制度进行调整、融合等方式来消解制度运行中的结构性和具体性的问题，适应社会的进步和发展，进而以顶层设计和具体对策来提高制度运行效率和社会公平性，最终建立适应社会发展的一体化的全民基本医疗保险制度，保证全体居民享有同等的医疗保障权利。

二、制度改革与发展路径

我国基本医疗保险制度变迁可以划分为四个阶段：第一阶段是 1951～1994 年，劳保医疗及公费医疗成立、发展、调整等制度渐进性变迁阶段；第二阶段是 1994～2007 年，职工医疗保险制度成立、探索、推广、调整与改革等激进性制度改革阶段；第三阶段是 2007～2017 年，城镇职工基本医疗保险、城镇居民基本医疗保险和新型农村合作医疗制度创建与发展阶段，属于断裂性制度变迁阶段；第四阶段是 2017 年到现在的制度整合与改革深化阶段，主要是实现城乡基本医疗保险制度整合，开展罕见病、长期护理保险等多种保障制度探索，深化医疗保险支付方式改革以及加强医疗保险基金监管等。

特别是在 2018 年建立国家医疗保障局以后，我国医保改革进入制度整合与深化阶段。国家分别从文件制定和推动重点工作落实两个方面加强改革。2019 年国务院印发了《深化医药卫生体制改革 2019 年重点工作任务》，连续制定出台 15 个相关文件[①]，涵盖健康中国行动、社会办医（由社会资本出资举办的医疗机构）、仿制药品、耗材、药品招标采购、用药管理、互联网收费管理，以及职称制度改革、老年服务体系建设等多个方面；同时深化改革，推动重点工作落实，围绕解决“看病难、看病贵”问题和加强医院管理等方面，提出 21 项具体工作[②]。

2020 年，国家下发《国务院办公厅关于推进医疗保障基金监管制度体系改革的指导意见》，加强了对医保治理能力水平的要求，加强了对医疗保险基金安全管理的力度。同时深入开展长期护理保险制度建设与完善工作。又在罕见病患者医疗保障制度建设领域进行了积极试点改革，进一步完善了医疗保障制度的公平性。

三、改革实施策略的重点

（一）由“医疗保险”向“健康保险”转变

随着卫生服务需求的多元化以及卫生服务提供方式的转变，“以人为中心”“以健康为中心”的具有预防保健、治疗、康复、护理功能的整合性一体化卫生服务体系建设是卫生服务的改革方向。与之相适应的“以预防为主，改善健康为目的”的健康保险制度也进入建设阶段。建立多层次的医疗保障制度，努力从医疗保险向健康保险转变。

完善现有的基本医疗保险制度建设，加大支持商业健康保险发展，进一步完善和规范大病保险、公务员医疗补助及企业补充医疗保险，增强医疗救助托底功能，探索建立防范和化解因病致贫长效机制。完善长期护理保险制度，加强对试点工作的经验总结，将推动长期护理保险制度框架更加成熟定型，为国家试点积累经验。

---

① 国家医疗保障局. 医疗保障政策法. http://www.nhsa.gov.cn/col/col104/index.html［2021-05-21］.

② 国务院办公厅. 深化医药卫生体制改革 2019 年重点工作任务. http://news.cnr.cn/native/gd/20190605/t20190605_524639326.shtml［2019-06-05］.

（二）由“被动买单”向“战略购买”价值医保转变

为了实现医疗保险基金在有限的范围内能够达到改善健康的最终目标，医疗保险基金的使用就需要从“被动买单”向“战略购买”转变，确保医疗保险基金的使用更富价值、更有效率。

加强医疗、医药、医保部门之间的有效合作，从预防的高度、从医疗保险基金合理使用的角度制定系统医疗保险制度体系，从而实现医保、医院、患者三方共赢，达到医疗保险制度的最终目标。例如加强分级诊疗工作，持续推进医保支付方式改革，完善多元复合医保支付方式的先行探索；深化药品和耗材招标采购机制改革，增强服务国家战略的能力，加大高值医用耗材改革治理力度，推进医疗服务价格管理改革，形成稳定可持续的动态调整工作机制，持续优化医疗服务价格结构等。

（三）加强医保监管，确保基金安全

改革完善医疗保险基金监管体制，落实医保部门监管职责，强化医疗保险定点机构的主体管理责任。依托“一网通办”“一网统管”，将人工智能、大数据等新技术引入医疗保险基金监管体系。推进医疗保险基金信用分类管理，实施完善基金信用管理制度。探索实施第三方监管，推进跨部门协同监管，将医保监管与卫生综合监管等有机衔接，推动医保监管结果有效运用。

（四）建设“智慧医保”，全面提升医保治理现代化水平

通过数字化转型，使医保服务进一步升级，全面提升医保治理现代化水平。

依托“一网通办”“一网统管”，进一步推进医保公共服务标准化规范化建设，完善医保公共服务标准化规范化建设，不断提升运行效率和服务质量。推进医保治理数字化转型，全面支撑精细化管理。通过不断提高数据共享和运用能力，完善医保经办管理和公共服务体系，持续提高群众的医保服务获得感。

四、具体的实施策略

（一）加强健康干预，完善健康保险制度建设

随着长期护理保险制度的建设与发展，以及罕见病患者医疗保险制度的探索，我国医保补偿范围由原来的急性期医疗服务向大病医疗服务、慢性疾病医养结合服务等扩大。保障人群在逐年扩大、保障能力在逐年提升，提高了医疗保险制度的公平性。但由于缺少针对一级、二级、三级预防服务的管理，疾病发生率的源头无法得到控制，无论怎样监管服务供方，医疗费用也难以得到有效控制。同时我国长期护理保险的筹资大部分来源于医疗保险，保障对象多数为中重度失能老年人。由于护理保险补偿范围缺少对早期康复干预服务的购买，随着护理保险保障对象的增加、保障范围的扩大，势必会给护理保险基金支付能力带来挑战。

日本在 2008 年成立了健诊制度，为医疗保险对象提供“特定健康检查”和“特定保健指导”服务。健诊制度规定，40～75 岁人群进行健康体检时，如果出现肥胖、代谢综合征等损害健康的影响因素，体检对象必须接受系统健康管理干预，否则在发生相关疾病时无法享受医疗保险补偿。另一方面，65 岁及以上老年人在健康体检时要开展身体虚弱状态评估，一旦出现身体功能减退的情况，就要进行社区早期功能训练，延缓机体功能减退。由此提高家庭生活质量，建立健康生活行为，从而达到抑制医疗费用上涨的目的。根据其实施情况来看，特定健诊和特定保健指导有效减少了医疗保险基金支付的金额。健康诊断和保健指导不仅与大家的健康息息相关，更对卫生财政起着重大影响。

因此我国医疗保险制度应从保障疾病负担向保障健康水平过渡。在扩大保险补偿对象、提高保

障能力的同时，加强三级预防，早期开展社区居民健康干预活动，特别是针对虚弱老年人、认知功能减退老年人开展早期康复干预，减少失能。同时还要加强中年人慢性疾病管理，使之健康地进入老年阶段，提高其老年健康质量，减少医疗保险基金和护理保险基金的浪费。

（二）运用医保支付杠杆，促进不同机构间的功能合作

我国已经进入深度老龄化阶段，人口老龄化带来了多元化的服务需求。医疗服务体系也由传统的急性期治疗为主的医疗服务体系向医养服务结合的整合性卫生服务体系转变，医保支付制度势必也随之转变。这就要求整合性卫生服务体系中的相关部门加强合作，而医疗保险制度方式是促进合作有效与否的关键。

日本在应对老龄化社会医疗保障制度建设方面获得了一定经验。例如为了建立适应高龄社会的医疗服务体系，确保老年人在其之后人生的不同阶段都能够得到应有的服务，同时加强老年健康干预、提高老年人身体功能、防治老年人失能失智，2012 年日本从社会保障制度顶层设计出发，在制定了税收制度一体化的改革方案后，从医疗保障对卫生服务管理的角度，提出了以下五个领域的重点建设工作：①加强对医院/病床的功能分类，加强不同功能医院/病床之间的合作；②完善社区医疗服务能力建设；③完善居家照护综合服务体系，强化照护服务管理、完善居家服务；④建立机构内服务单元；⑤加强重点领域的能力建设。2015 年，日本又建立了社区医疗联合推进法人制度，从法律的层面为社区医养服务结合机构的建立提供了保障，加强社区医疗、保健、照护一体化无缝对接服务，并制定了推进医院等相关组织（医院、诊所、养老照护机构）业务合作方针（医疗合作推进方针）。医保支付就是运用经济杠杆，促进上述机构功能间的分工与合作。

（三）加强价值医疗与保险支付

以价值为基础，建立具有激励机制的价格体系是医疗保险支付制度设计的理论基础，是指导医保支付制度改革的基本理念。医疗服务价值、医疗机构提供的医疗服务的质量水平、医疗服务的数量以及医疗服务行为的规范性等是医保支付的重要依据。

医疗服务价值反映在医疗服务技术成本上，然而医疗费中对医疗服务技术成本的把握则比较困难。要想制定合理的医疗服务技术成本费用，就要考虑技术评价指标、技术成本制定的方法及不同技术水平间的价格区分。评价医疗服务技术最合理的指标应该是通过医疗服务，患者的病情得到改善的程度。但是由于外行人很难对这种医疗服务做一个客观的评价，医疗又有不确定性——并不是只要医疗技术好，患者的疾病就会治愈的，因此美国和日本等国家在制定医疗服务技术成本时采用的是以医务人员劳动投入量为基础进行计算的方式。美国的医疗补助制度 B 部分（Medicaid Part-B），采用“以资源为基础的相对价值比率”（Resource-Based Relative Value Scale，RBRVS）的方法测算医疗技术服务成本，其核心指标就是医疗服务时间。但是光凭医疗服务的时间长短还不能体现医疗服务的难度和劳累的程度，因此又设立了时间补正法，以工作人员的总劳动负荷量为依据进行计算。根据时间补正法，我们可以得出：医疗技术价格＝医疗服务所需要的时间×单位时间的劳务费。但是医院不同、医生的年资不同，劳务费有很大的差异。

保险委员会组织在制定手术价格时，每小时的劳务费以卫生系统公务员的收入基准为基线，然后再根据手术的难易度进行补正。对技术难易程度的评价，采用 RBRVS 中医疗服务相对评价值×修正系数（conversion factor，CF）。国家会根据整体经济医疗费用的变化而定期调整修正系数。该系数由国家根据整体经济及医疗费用的变化而定期调整，内容包括以下部分。①工作总量（total work）、医生劳务费（技术费用）。②诊疗费用：开设经费、医师以外其他人员的工资、材料费、消耗品。③医疗失误保险费：医师赔偿责任险［产品责任险（PLI）］的保险费、诉讼费用。

基于医疗技术制定的医疗服务技术成本，符合价值医疗的理念，具有良性的激励机制。医疗服

务价值的体现不是评价医生个人的水平，而是反映医院总体的医疗技术力量，在医疗价格体系制定中要反映出这种医疗机构总体的技术水平。

因此对高端技术的有效性与安全性进行卫生技术评估与卫生经济评价，加强对服务价值的合理测算，是科学制定医保支付价格的重要基础与重要条件。

（四）基金监管与安全措施

促进管理服务升级，引导制度运行机制革新，推动医疗资源合理化再分配，维护医疗保险基金稳定运行，充分发挥保障功能。厉行贯彻医疗保险基金预算管理制度，建立完善的基金稽核制度和内控制度。建立全流程的动态个人账户管理机制，加强监管个人账户的使用、结算等环节。加快医疗行为、医疗费用各项规范的完善，对“挂床”住院、诱导住院等违法违规行为进行严肃查处。建立医疗保险基金安全防控机制，严肃惩处欺诈骗保行为，高效安全地运行医疗保险基金，促进医疗保险基金合理使用。革新门诊就医服务管理章程，推动定点医疗机构诊疗服务迈向规范化，健全以监控、分析和考核为主的三维医疗服务体系。加快建设全国统一的医疗保障信息平台，进一步推动异地就医门诊费用直接结算。通过协同推动基层医疗服务体系建设、完善全科医师签约服务、规范长期处方管理等，提高参保人员基层就医首诊意愿。此外，与门诊慢特病管理措施相结合，使基层定点医疗机构诊疗及转诊等行为走向规范化。

思考题

1）我国城乡居民基本医疗保险有哪些特点？
2）我国医疗保险制度改革的最新进展包括哪些？改革的目的与目标是什么？
3）我国基本医疗保障建设的基本思路是什么？

［大连医科大学公共卫生学院　张　莹（第二节、第三节、第四节）］
［南方医科大学卫生管理学院　王　冬（第一节）］